【壽縣】壽州孫氏支譜

（卷一至卷三）

1

上海圖書館藏珍稀名人家譜叢刊

上海圖書館 編

上海科學技術文獻出版社

圖書在版編目（CIP）數據

壽州孫氏支譜 / 上海圖書館編．—上海：上海科學技術文獻出版社，2018
（上海圖書館藏珍稀名人家譜叢刊 / 黃顯功主編）
ISBN 978-7-5439-7719-8

Ⅰ．①壽… Ⅱ．①上… Ⅲ．①氏族譜系—壽縣 Ⅳ．①K820.9

中國版本圖書館 CIP 數據核字 (2018) 第 166454 號

責任編輯：施　東
封面設計：何　旸

壽州孫氏支譜
上海圖書館　編
出版發行：上海科學技術文獻出版社
地　　址：上海市長樂路 746 號
郵政編碼：200040
經　　銷：全國新華書店
印　　刷：上海世紀嘉晉數字信息技術有限公司
開　　本：787×1092　1/16
印　　張：101.625
版　　次：2018 年 8 月第 1 版　2018 年 8 月第 1 次印刷
書　　號：ISBN 978-7-5439-7719-8
定　　價：2100.00 圓（全三冊）
http://www.sstlp.com

《上海圖書館藏珍稀名人家譜叢刊》編委會

出版説明

以血緣關係為紐帶的宗法制度，是中國社會的核心傳統之一，家譜即這一文化的具體產物。家譜對於研究中國歷史的史料價值歷來為學界所重，然此類文獻大多為私家編修，傳佈範圍有限；且在漫長的傳承過程中，散佚的情況往往難以避免。故系統地整理出版內容權威、版本可靠的家譜文獻，久爲學界所企盼。

上海圖書館庋藏的中國家譜，其數量和品質均為海內外同類收藏之翹楚。為使這份珍貴的文獻資料得以充分有效的利用，茲由上海圖書館的相關專家，從館藏三萬餘種家譜中遴選出一批精品或孤品，經整理以《上海圖書館藏珍稀名人家譜叢刊》形式按品种陆续影印出版。

本叢刊整理編輯體例如下：

一、按品种分批編輯出版，每批遴選家譜數種全文影印，以最大程度体现文獻原貌。

二、所取家譜纂修年代以民國時期為下限；同一家族若有多次續修之譜，則依版本完整無殘缺、存世稀少等情況綜合選取。

三、每種家譜之前，均約請上海圖書館有關專家撰寫提要，紹介該譜之基本內容、特點和價值。

四、底本偶見極個別缺頁現象，難以配補，暫仍其舊；另凡底本存在錯簡之處，則徑予調整，俾整飭可閱。以上兩種情況，緣體例所限，例不出校記。

本家谱叢刊之整理，由上海圖書館歷史文獻中心總任其事，將分批陸續推出，以期對弘揚吾國傳統文化、促進相關的學術研究有所助益。

上海科學技術文獻出版社

二〇一八年八月

前言

家譜是同宗共祖的血親集團記載本族世系和相關事蹟、反映本家族繁衍發展過程的歷史圖籍。從商代到今天，家譜編修綿亙數千年，貫穿於中華民族的發展歷程中，是中華民族特有的文化現象。家譜中藴涵著大量的社會學、歷史學、人口學、民族學、民俗學、經濟學、教育學、遺傳學等重要資料，與正史和方志構成了中華民族歷史文獻的三大支柱。同時，家譜也是尋根問祖不可或缺的第一手資料，對於加強中華民族凝聚力和向心力有著積極的作用。

經過幾代人的收集、整理，目前上海圖書館藏有家譜30000餘種300000餘册，共計近400個姓氏，收藏的家譜覆蓋全國27個省、自治區及直轄市，是國内外收藏中國家譜原件最多的公藏機構，享有『全球中國家譜第一藏』『中國家譜半壁江山』等美譽。

上海圖書館在家譜收藏方面，具有以下顯著特色：

一、數量最多。據統計，《中國家譜總目》共計收録中國家譜52401種，而上圖所藏家譜即達30,000餘種，將近《中國家譜總目》所收録總數的60%，收藏量雄居世界首位。

二、覆蓋面廣。上圖收藏的家譜覆蓋全國27個省市，僅西藏、新疆、青海、寧夏、内蒙闕如。

三、姓氏較多。上圖家譜收録姓氏近400個。以收藏家譜種數居於前十位的張、陳、王、李、劉、吴、周、朱、徐、黄等姓氏統計，各姓所收家譜總數多達300至800種。另冷僻姓氏有80餘種，如：吾、承、是、生、港、後、平、璩、青、揭等。

四、品種豐富。上圖收藏善本家譜200餘種，包括宋代皇族家譜《仙源類譜》、康熙皇帝十四子允禵家譜、嘉慶皇帝第五子綿愷家譜等玉牒和存世稀少的明代纂修家譜。此外，還有滿、回、蒙、白、土家等少數民族家譜15種，日本、朝鮮等外國家譜12種。

五、名人家譜衆多。上圖藏有名人家譜200餘種，其中不乏名宦政要李鴻章、左宗棠、翁同龢，文人雅士文徵明、董其昌、魯迅，科技精英徐壽、貝聿銘，商界鉅子盛宣懷、葉澄衷、張謇、包玉剛等名人家譜。

六、品質較高。其一，時間跨度大。上圖館藏的家譜自宋代至近年新修譜，各時間段的家譜皆有收羅，整個時間跨度近千年。其二，善本、孤本較多。其中明刊本共計226種，僅次於國家圖書館。其三，統宗譜較多。總計約2000餘種，所涵蓋宗支範圍廣衆，族系傳承時間久遠。其四，名人纂修的家譜衆多。自朱明迄近代，有衆多的政要和文人曾主筆纂修過自己的家譜。名人纂修的家譜資料豐富翔實，可信度較高，有很高的學術研究價值。其五，同一家族在不同時段的續修本較多。有的家族多達十多次纂修的版本都被完整地保存下來，對於研究家譜內容的連續性、纂修體例以及版式等方面的演變，提供了豐富的實例。

爲了讓這些豐富的館藏資源能夠更方便地爲更多的需求者利用，從而更充分地發揮其作用，同時也為了更好地保護好家譜原件，避免因重複使用而造成不可逆的損壞，上海圖書館聯合館屬上海科學技術文獻出版社，針對館藏家譜各方面的特色，從中遴選出一批精品或孤品，傾力打造了這套《上海圖書館藏珍稀名人家譜叢刊》，擬分批影印出版。此叢刊也是上圖近年來『館藏珍稀古籍』整理出版項目之一。

上海圖書館是一座文化積澱與傳承的殿堂，我們這次出版《上海圖書館藏珍稀名人家譜叢刊》，旨在弘揚中華傳統文化，同時爲世界各地的華夏兒女尋根問祖、探尋血脈關聯提供一個資料平臺，也爲提高民族認同感和歷史責任感、爲加強中華民族凝聚力和向心力、爲社會主義文化的大發展、大繁榮和上海的文化大都市建設承擔應盡的職責。

上海圖書館

二〇一八年八月

題要

《[壽縣]壽州孫氏支譜》十卷，（清）孫傳棟纂修。清宣統三年（1911）石印本，十册，書名據書簽題。三修本。卷一序文、譜例、家訓、宗祠圖，餘卷世系、行傳。

孫家鼐（1827—1909），字燮臣，號蟄生，晚號澹靜老人，謚文正，清咸豐九年（1859）狀元，光緒間歷工、禮、吏、戶、刑五部尚書，與翁同龢同為光緒帝師，主辦京師大學堂，任文淵閣大學士、武英殿大學士、學務大臣等，撰修有《欽定書經圖說》、《安徽通志》等。壽州孫氏家族於明初自山東濟寧遷居壽州，以孫節為一世祖，家鼐系第九世長門孫鎣之後。父親孫崇祖（1796—1856）字鼎叔，號朝雲、岫廷，曾任池州府教授。孫家鼐弟兄五人，皆是学有所成，其中大哥、二哥和家鼐都是進士出身，有「一門三進士」美譽。大哥孫家澤（1814—1846），字伯濤，號沛農，又號麗川，道光十八年（1838）進士，任內閣中書國史館分校、禮部祠祭司主事；二哥孫家鐸（1815—1871），字振之，號雪筠，道光二十一年（1841）進士，歷任山西河口鎮同知、瑞州府知府；三哥孫家懌（1821—1890），咸豐二年（1852）舉人，任刑部員外郎，奉天司行走，賞戴花翎；四哥孫家丞（1825—1878），字石筠，優廩生，曾任浙江省樂清縣知縣，補用直隸州知州，工詩善文，著有《淮淝詩文稿》。家鼐裔孫中，以孫多森最為人們熟知。孫多森（1867—1919），字蔭庭，其母李太夫人系李鴻章侄女，因受李鴻章辦洋務影響，思想頗為開放，鼓勵子孫學洋文、辦洋務。多森受母親影響，遂積極投身於洋務實業中。清光緒二十四年（1898）二月在上海創辦國內第一家華商麵粉廠——阜豐麵粉公司，任總經理。北洋時又擔任直隸全省工藝總局總辦、啟新洋灰公司、灤州礦務局協理，創辦或參與創辦了許多重要的經濟實體，如中國實業公司、通惠實業公司、北京自來水公司、河南通豐麵粉廠、山東通益精鹽廠等。後又投身金融業，創辦中國銀行、中孚銀行，先後擔任中國銀行總裁、中孚銀行總經理。另外，孫多鈺（1882—1951），字章甫，多森幼弟，繼承其兄事業，任中孚銀行總經理、交通部次長；孫多慈，又名孫韻君，畫家，師從徐悲鴻。

上海圖書館所藏壽州孫氏譜系第三次修本，該譜存世稀少，原件除上圖外，僅中科院歷史所和吉林大學兩家保存。壽州孫氏譜以世系為主，從其婚配關係中可了解壽州孫氏與李鴻章、周學熙、劉秉璋等豪門世家間的關係。壽州孫氏比較重視家風家規的教育，譜內卷一《家訓》敘及族中子弟需遵守「父慈子孝」、「兄友弟恭」、「和睦九族」、「勿恃強凌弱」、「尊卑長幼」、「戒奢侈」、「崇勤儉」、「重家聲」等家訓條規，有助於家族和睦與穩固發展。

目録

壽州孫氏支譜

卷之

字第　號

孫氏支譜

宣統三年辛
亥十四重修

孫氏族譜序

吾族居壽州數百年矣溯其淵源本籍山東濟甯州自明初始遷壽州遂爲家焉始祖伯仲二人長諱鑑妣王氏次諱鎧妣梅氏始置房城南留犢池之側繼移居東北三步兩橋之西置莊田二處一在城南十里鋪之在城厰即卜地於莊旁迄今莊西有祖塋一處一在城西虎鬪岡遂立塋於莊之西南迄今官瀆有祖塋一處俗尚忠厚不事虛靡

治家勤儉不尚紛華以詩禮傳家耕讀為事二世祖諱用號近橋者齒德兼優孝友素著取信於鄉黨見重於士林郡牧聞而賢之舉為鄉飲大賓其好義輸財周濟閭里捐資守城有功社稷屢膺撫按褒奬今西南城垛有碑文記其事焉至若登鄉薦遊庠序名重藝林者尤指不勝屈此皆載入州志歷歷可考嗣因明末兵荒族譜失傳世系遂無考焉今日者時殊勢異更轉不一氣運盈虛變遷莫

測族中雖無特達之偉人然承祖父遺業子孫滿堂繞膝承歡衣食猶爲粗足敦詩書習禮義紳士代不乏人上不愧先人之餘緒下不墜後世之箕裘凡此莫非先人積德之所致也宗譜既失若不亟爲增序後世子孫愈不知其所自然族衆人繁支派各分祖若宗名諱雖存而尊卑無序長幼無倫概爲記載恐有顛倒舛錯先後紊亂之患其爲不敬孰甚焉不孝孰甚焉琯第即其知之最真分

支最切者亦不過族人中十分之一二焉由始祖
以及高曾詳序於後以示後人俾世世子孫知所
世守於不替云
時
乾隆二年季春上浣吉旦　　七世孫玿謹識

家譜之修吾　祖作賓府君素志也　祖自中年以往厭棄塵囂遷居鄉舍督耕課讀之暇未嘗不念及之奈舊譜被焚三世以上之支派不復記憶遂鬱鬱終身焉丁巳春　叔祖漢倬侶蒼二公暨　叔父耳黃公皆慨然有修譜之志與吾　祖適有合焉因附其後以襄厥事支派之無分者存其名其節東兩公歷代相傳各有確據開具於左然子孫衆多住居星散久之兩不識面者有之尊卑同

諱者有之爰立支派照輩命名自茲以後共興水

木之思勿以世遠而忘墳墓勿以小忿而致參商

敬附數語聊繼　祖志之未逮云

士克祖家傳　多方以自全　同心仰化日

守土享長年　心土二字在傍　祖年二

字在下

乾隆二年三月初十日　九世孫克貽謹識

吾孫氏族譜自乾隆二年經先漢倬公手訂以始遷祖為一世而以極相用三公為二世以節東策簡府都肖宗紹宗八公為三世所訂僅傳有抄本嗣是子姓繁衍遷居散處者一時不及查考數十年來又以兵燹頻經無暇重修同治庚午傳檝姪捐資派人赴各鄉鎮詢訪繕寫稿成尚待核定擇與弟丞悉心參酌以肖宗公舊譜載係用公所出而肖宗公以下世系不詳策簡府都紹宗五公上

下均無世系為東節二公世系可稽而二公所自出則又未載譜以世系為要世係不詳何由秉筆且譜稿載始祖遷壽明值明初而據壽英會載用公生於正德四年去洪武時百數十年矣似不應僅傳一世其中缺畧尤難徵信爰斷以節公為分支第一世而東公別為一譜附刻於後其枝蓬枝蔭枝蕃三公亦不詳所自出行輩後節公三世而與節東二公又為異派則此三公應另為世系附

載譜後方為妥協其漢倬公手訂始祖以下至六
世各名諱仍刻弁譜首仍註明某公與分支某公
行輩不第重先志亦使後世子孫知水源木本之
所自也稿甫成而丞弟樾姪後先去世未付手民
去年族中叔姪兄弟談及族譜失修已久若再遷
延將來更不免抱殘守缺因檢舊譜命傳淦傳斌
兩姪多塗多鑫兩姪孫同為校閱應增者增之應
改者改之歸於劃一失考者仍其舊期年告成爰

書數語以誌顛末至刊刻之貲約費三百餘千文長次兩房支祠捐錢八十千文各房共捐錢四十千文其餘二百千文皆傳楊姪多鑫姪孫捐助亦以成傳樾姪昔日之志云爾

光緒十九年四月

裔孫家懌謹識

三修支譜引

吾孫氏自明初遷壽越四百年先　漢倬公始有修譜之舉時年湮代遠舊譜無徵所謨知者惟始祖以下六世各名諱而已夫以綿歷有明一代而所傳者僅六世已屬可疑且世系不詳尤難徵信迨同治九年傳樾弟倡議重修先叔父和民實君公實尸編緝乃創議以　節公為分支第一世而東公則另有一譜附後其枝蓬枝蔭枝蕃三公亦另為世系至　漢倬公所訂自始祖以至第六世各名諱仍弁譜首所以承先志示本源也斷制謹嚴允堪法式間嘗攷譜牒之由來自魏晉以迄李唐有局有官掌自天府唐末大亂此學維微宋興歐陽氏蘇氏始自為譜其體例惟詳其所自出後之講譜學者咸宗之其有遠代

世系之難詳者概從闕略蓋以傳世既久喪亂宏多典籍淪亡鮮
所攷証故雖以歐陽文忠公之博通淵雅而五代史中之宰相世
系表後賢猶或譏之況其他乎然則和民實君兩公之以節公為
分支第一世誰曰不宜今年族之人有三修之議由各房分任調
查而以棟為專司編緝自經始以迄告成閱時凡十餘月體例一
仍和民實君兩公之舊刊資則侶蒼公一支下長次兩支祠各出
銀幣五十元傳樏棨兩弟各出銀壹百兩傳榞弟出銀二十兩多森
姪出銀七十兩其不足者則由各房領譜人分任之特述其顛末
如右

宣統元年　月　日　裔孫傳棟謹識

孫氏譜例

一譜內自三世以上系次莫考無憑記載故不書

一譜內書名書字書號俾後世子孫命名起字不敢犯也其不知而同者當從音改字以後查明不準復蹈此弊

一行次必書所以序長幼也生書年月日時所以謹人道之始也卒書年月日時所以謹人道之終也葬書某處某山向所以重親體魄之所藏也歲時必拜掃

邱壠所以示不忘親啟子孫孝敬之心也聖門曾氏有曰慎終追遠民德歸厚此之謂也

一正娶書原配續娶書繼配妾書側室以定名分以明所生側室之子如能顯達則毋以子貴昔漢文帝與南粵王書自稱側室之子古人未嘗為諱也

一族中有賢良方正德行可嘉功名可錄者婦女有節孝貞烈可風者從實載入其有詩文著作亦許附載若無其實徒事鋪張反嫌有誣祖之譏故謹之以昭

實錄

一無子立嗣必擇名分相當者於譜內書明如應繼無人準其立愛惟不得抱養異姓之子以致紊宗亂族

琀薰沐謹識

家訓十條

父慈子孝兄友弟恭

喪葬必遵家禮隨家道之豐歉勿奢勿儉致敬致哀

祖宗雖遠祭祀不可不誠春露秋霜君子履之必有悽

愴怵惕之心每年廟祭墓祭必於春二月秋八月擇
日各具衣冠同集宗祠廟祭墓祭畢必有酒食一以
展孝敬之思一以聯敦睦之誼

和睦九族念 祖宗一派流傳各宜相親相愛勿恃強
凌弱勿以智欺愚有事告於同族處分不可因小忿
構訟有傷族好

尊卑長幼禮節不可紊亂疏忽不講

居家宜戒奢靡崇勤儉或耕或耕務正業以培根本

居心要存仁厚勿事殘刻奸巧上虧祖德下剝削子孫

平日宜敬師傅親正人不可呼朋引衆聚飲賭博有墜

家聲

族中子弟有聰俊者宜敦品讀書以期上達不得閒外

事交接官府

姻婚要擇門第不許論財

以上十條皆修身齊家之事舉其綱領加以訓告之詞

吾族人各遵之戒之庶可保世滋大是則厚望也夫

珆薰沐謹立

宗祠圖

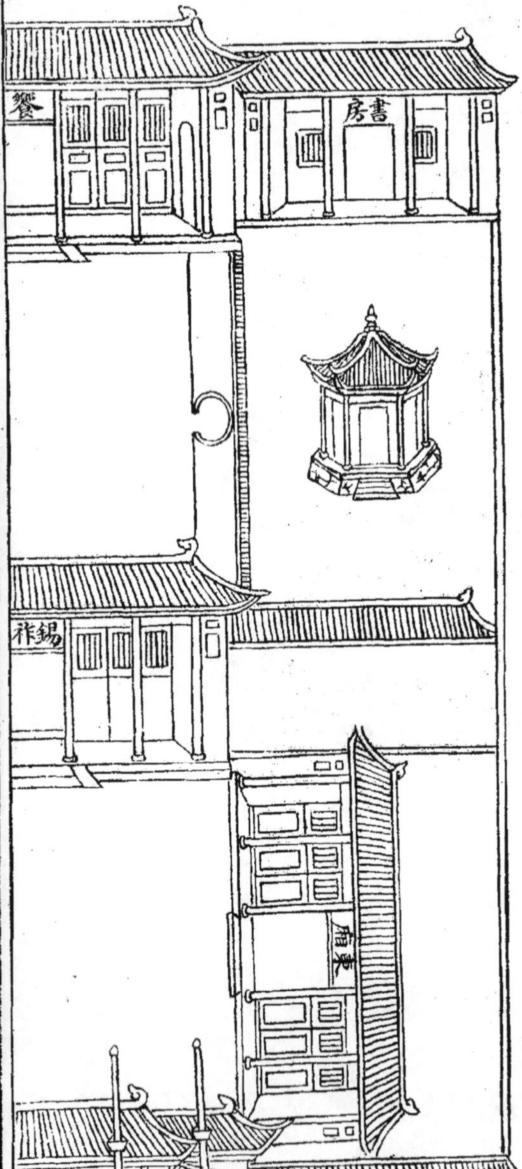

饗
書房
錫祚
東廂
大

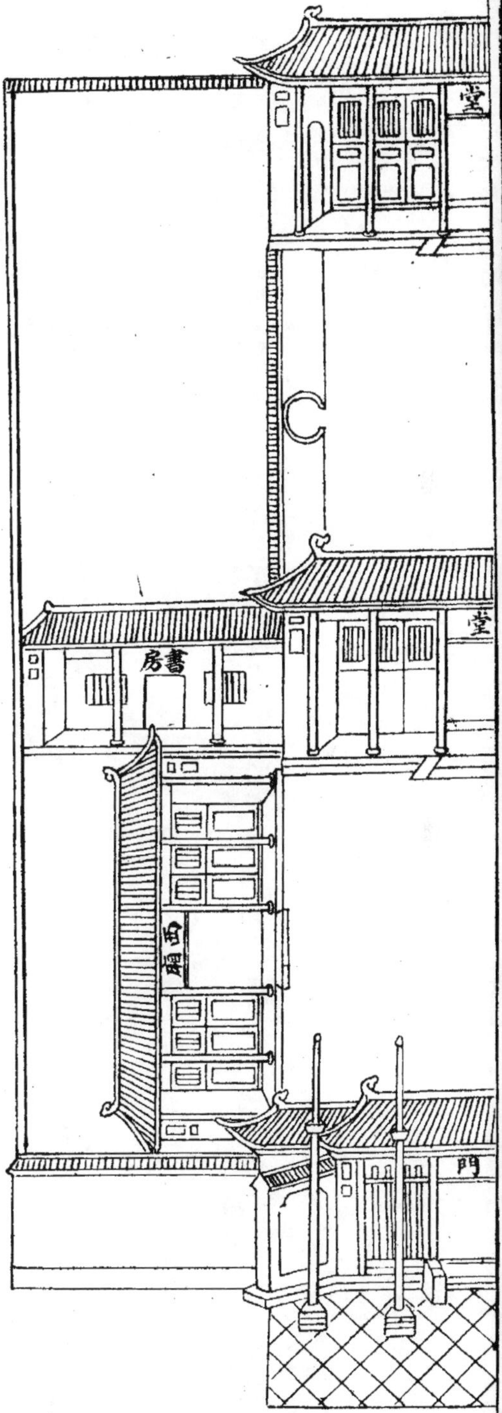
堂
堂
書房
西廳
門

右宗祠圖計饗堂五楹南向神廚五中祀始祖鑑鎧公暨用公節東公肖宗紹宗公樓繼盛公

明武明時公各神主東祀枝華芳公暨派下各神主又東祀枝蕙蘭公暨派下各神主西祀

枝秀茂榮公暨派下各神主又西祀枝蕃蓮蔭公暨派下各神主南為錫祚堂五楹東西廂

房各五楹又南為大門五楹饗堂東為橫經書屋五楹南為懷艱亭又南為廚房

三楹錫祚堂西為西書屋三楹周圍繚以石垣堂宇純用樸素不事丹漆遵舊制

昭儉德也凡我族人念水源木本之皆同各宜相親相愛思創業守成之不易更

宜習儉習勤為士則敦品讀書為農則服田力穡各勤本業勿墜家聲庶幾保世

滋大為吾族之令子即為　祖宗之賢孫也矣

愷元謹識

水來
遠岫來朝
子山午向
宗祠
徽營
水去
下脈

右圖爲宗祠西老塋共五座相傳始遷祖曁分支第一世祖諱節公均葬此塋明末兵燹之後碑碣譜牒均無存某祖葬某座不敢臆斷先世祭掃均於西第二座前排供今仍其舊其龍由卯艮行至大谷堆高起少祖大振精神下脉轉子結穴穴星起突龍虎灣環明堂秀凈對案羣峯叠峙雙墩内向有情水出西湖不見其去吾族繁衍實由此鍾毓之所致也

後裔家鏞謹記

家源敬繪

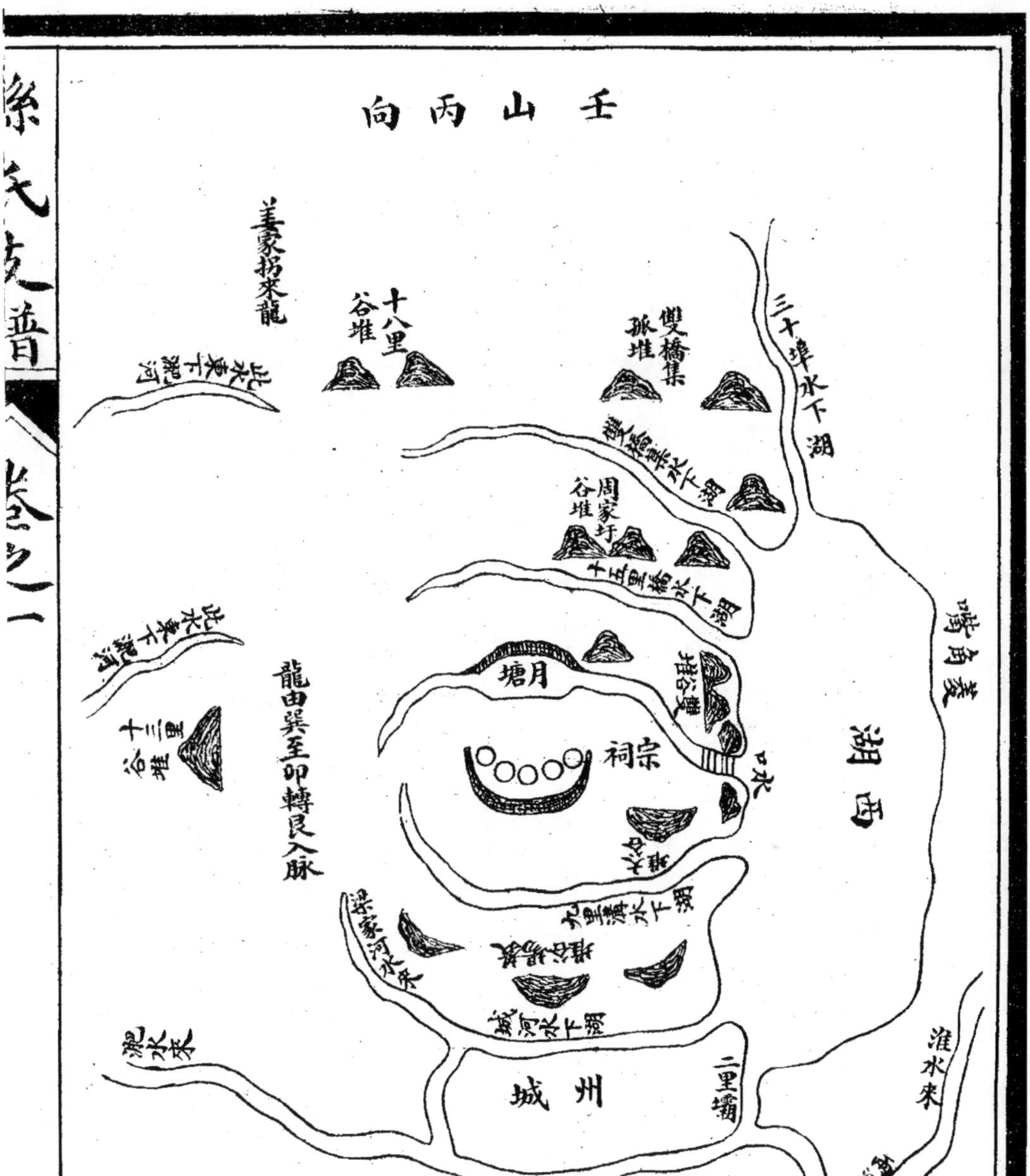
壬山丙向
姜家拐來龍
十八里谷堆
雙橋集
孫堆
三十鋪水下湖
周家圩
谷堆
月塘
宗祠
水口
西湖
龍由巽至卯轉艮入脈
二里壩
州城
淮水來
北山
山口
鳳臺
石頭埠

右圖為宗祠東老瑩第一座係分支第二世祖汝高公祖妣汪孺人合墓西首第一座係分支第三世祖光吾公祖妣張淑人合墓西首第二座係分支第四世伯祖文若公伯祖妣薛孺人合墓東首第一座係分支第四世伯祖燁若公伯祖妣向孺人合墓西首第三座係分支第四世祖　誥贈中議大夫馥若公　誥贈淑人祖妣高淑人合墓其龍自六安分支穿安豐塘歷老君營出雙橋集康家店之間由江家拐北來轉巽至東花園大龍自卯轉艮結穴碑載亥龍入首大谷堆雄鎮乾方為全局之領袖穴星端正水抱山環坐壬向丙水口玉階旗鼓酉方連墩見秀西湖萬頃汪洋此外雙峰列峙甚多龍來巽水聚乾青烏家咸謂三元不敗之局焉

後裔家鏞謹記
家源敬繪

乾山巽向

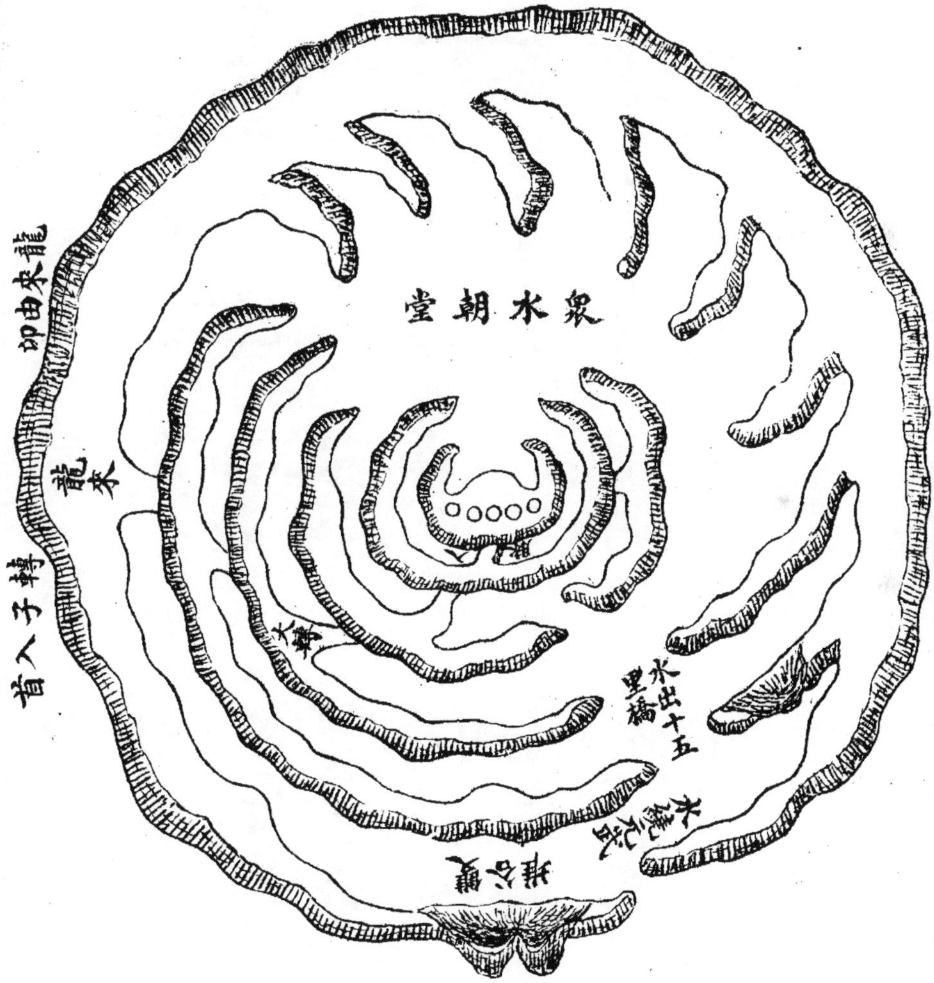

右圖爲宗祠東南松林老塋中爲　誥贈中議大夫高祖履蒼公　誥贈淑人
高祖妣張淑人合墓中左爲　誥贈光禄大夫伯曾祖淮麓公　誥贈一品夫
人伯曾祖妣方夫人合墓中右爲　誥贈榮禄大夫曾祖石舟公　誥贈一品
夫人曾祖妣王夫人合墓又左爲　誥授朝議大夫伯祖莘臣公　誥贈恭人
伯祖妣金恭人合墓又右爲　誥贈中議大夫伯祖心齋公　誥贈淑人伯祖
妣金淑人合墓龍從州幹分支歷巽卯轉子入脉穴盤豐厚水秀沙明穴前一
字文星大案眠弓衆水朝堂風藏氣聚入首細脉隱微草蛇灰線馬跡蛛絲合
水星之體水口羅星鎮塞後繞元武雙墩遥座有情葬時布灰於地雨後細認
蹤跡始得真穴蓋有默相之者非偶然也

五世孫家鏞謹記
　　　　源敬繪

一葬城南十里鋪在城厰莊西老塋正中第一座

明首遷壽始祖孫鑑妣王氏
鎧妣梅氏

一葬城西虎鬬岡官溝莊老塋

兩公墳墓失考未詳某公葬城南某公葬官溝

相

極妣陳氏

用字近橋妣王氏生子肖宗

以上三公世係無考從闕

肖宗
府
策
節妣王氏生子樓
東妣劉氏生子繼盛
簡
都
紹宗

以上八公均係分支第一世行輩

良　體坤

元　體乾

德　繼甯

蒼

樓　妣汪氏生子明武

科

繼仁

選

盛　妣朱氏生子明時

文

榮　小松

安　體蒙

莘　體孝

以上十九公均係分支第二世行輩

光耀
善
亮
登
曉
明武　妣張氏生子四
時　妣楊氏生子三
壽
高
試
光海

枝蘭
枝蕙
枝芳
枝華
枝茂
枝秀
枝榮

以上十一公均係分支第三世行輩惟明
時公一支子孫可考另有支譜

孫氏支譜　卷之一　三

枝

儀

蕃　妣華氏生子三文聘真聘正聘

蘭　妣高氏生子二珆珩

蕙　妣張氏生子四玠玿璉玥

芳　妣向氏生子五烺煇焯炘烱

華　妣薛氏生子一承聘

茂　妣張氏生子一開來

秀　妣姚氏生子三應聘三聘幣聘

榮　妣李氏生子一開承

蓬　妣尹氏生子二清聘禮聘

禮

大成　妣王氏

以上十二公係分支第四世行輩內儀禮二公後裔無考枝茂枝秀枝榮三公另有支譜枝蓬枝蕃大成三公支譜待刊

第　號　敬藏　第　號　敬藏　第　號　敬藏
第　號　敬藏　第　號　敬藏　第　號　敬藏
第　號　敬藏　第　號　敬藏　第　號　敬藏
第　號　敬藏　第　號　敬藏　第　號　敬藏
第　號　敬藏　第　號　敬藏　第　號　敬藏
第　號　敬藏　第　號　敬藏　第　號　敬藏
第　號　敬藏　第　號　敬藏　第　號　敬藏
第　號　敬藏　第　號　敬藏　第　號　敬藏
第　號　敬藏　第　號　敬藏　第　號　敬藏
第　號　敬藏　第　號　敬藏　第　號　敬藏

第　號　敬藏　第　號　敬藏　第　號　敬藏

第　號　敬藏　第　號　敬藏　第　號　敬藏

第　號　敬藏　第　號　敬藏　第　號　敬藏

第　號　敬藏　第　號　敬藏　第　號　敬藏

第　號　敬藏　第　號　敬藏　第　號　敬藏

第　號　敬藏　第　號　敬藏　第　號　敬藏

第　號　敬藏　第　號　敬藏　第　號　敬藏

第　號　敬藏　第　號　敬藏　第　號　敬藏

第　號　敬藏　第　號　敬藏　第　號　敬藏

第　號　敬藏　第　號　敬藏　第　號　敬藏

第　　號　　敬藏
第　　號　　敬藏
第　　號　　敬藏
第　　號　　敬藏
第　　號　　敬藏
第　　號　　敬藏
第　　號　　敬藏
第　　號　　敬藏
第　　號　　敬藏
第　　號　　敬藏
第　　號　　敬藏
第　　號　　敬藏
第　　號　　敬藏
第　　號　　敬藏
第　　號　　敬藏
第　　號　　敬藏
第　　號　　敬藏
第　　號　　敬藏
第　　號　　敬藏
第　　號　　敬藏
第　　號　　敬藏
第　　號　　敬藏
第　　號　　敬藏
第　　號　　敬藏
第　　號　　敬藏
第　　號　　敬藏
第　　號　　敬藏
第　　號　　敬藏
第　　號　　敬藏
第　　號　　敬藏

第　號　敬藏　第　號　敬藏　第　號　敬藏
第　號　敬藏　第　號　敬藏　第　號　敬藏
第　號　敬藏　第　號　敬藏　第　號　敬藏
第　號　敬藏　第　號　敬藏　第　號　敬藏
第　號　敬藏　第　號　敬藏　第　號　敬藏
第　號　敬藏　第　號　敬藏　第　號　敬藏
第　號　敬藏　第　號　敬藏　第　號　敬藏
第　號　敬藏　第　號　敬藏　第　號　敬藏
第　號　敬藏　第　號　敬藏　第　號　敬藏
第　號　敬藏　第　號　敬藏　第　號　敬藏

第　號　敬藏　第　號　敬藏　第　號　敬藏

第　號　敬藏　第　號　敬藏　第　號　敬藏

第　號　敬藏　第　號　敬藏　第　號　敬藏

第　號　敬藏　第　號　敬藏　第　號　敬藏

第　號　敬藏　第　號　敬藏　第　號　敬藏

第　號　敬藏　第　號　敬藏　第　號　敬藏

第　號　敬藏　第　號　敬藏　第　號　敬藏

第　號　敬藏　第　號　敬藏　第　號　敬藏

第　號　敬藏　第　號　敬藏　第　號　敬藏

第　號　敬藏　第　號　敬藏　第　號　敬藏

第　號　敬藏　第　號　敬藏　第　號　敬藏

第　號　敬藏　第　號　敬藏　第　號　敬藏

第　號　敬藏　第　號　敬藏　第　號　敬藏

第　號　敬藏　第　號　敬藏　第　號　敬藏

第　號　敬藏　第　號　敬藏　第　號　敬藏

第　號　敬藏　第　號　敬藏　第　號　敬藏

第　號　敬藏　第　號　敬藏　第　號　敬藏

第　號　敬藏　第　號　敬藏　第　號　敬藏

第　號　敬藏　第　號　敬藏　第　號　敬藏

第　號　敬藏　第　號　敬藏　第　號　敬藏

第一世

節

居城南在城厰敦崇古道隱德弗彰生年無考卒葬宗祠西始祖老塋東側子山午向配王氏本邑人卒年合葬生子一樓

第二世

樓

節子字汝高明省祭官天性誠確不改父道生年無考卒葬宗祠東老塋中第一座壬山丙向配汪氏本邑人卒年合葬生子一明武

第三世

明武

樓子字光吾剛直樸毅治家教子世業日隆舉鄉飲大賓　貤贈中議大夫欽賜道銜加一級傳載省志生於明萬曆三十七年十二月十八日丑時卒於本朝康熙二

第四世

枝華

明武長子字文若邑庠生生於明崇禎五年十月二十五日卯時卒於本朝康熙四年七月十六日午時歷年三十五歲附葬宗祠東老塋西首第二座壬山丙向配薛氏本

第五世

承聘

枝華子字如陵生於順治十年三月初三日巳時卒於康熙四十九年七月十六日巳時享年五十八歲葬祖塋南里許新塋壬山丙向配劉氏本邑人生於順治八年十二

年三月十八
日卯時享年
五十五歲附
葬宗祠東老
塋西首第一
座壬山丙向
配張氏本邑
人靜慈勤儉
貤贈淑
人生於明萬
歷三十八年
十二月初四
日巳時卒於
本朝康熙二
十三年十一
月十六日寅

邑人 旌表
節孝生於明
崇禎七年八
月二十日巳
時卒於本朝
康熙四十五
年九月二十
日巳時享年
七十四歲合
葬生子一承
聘

枝芳
明武次子字燁

月十八日辰
時卒於康熙
四十九年四
月初六日巳
時享年六十
歲合葬生子
一士鉉

烺
枝芳長子字覺

時享年七十三歲合葬生子四枝華枝芳枝惠枝蘭

若庠生賦性磊落尚義輕財生於明崇禎九年十二月十六日未時卒於本朝康熙二十七年二月十四日享年五十四歲附葬宗祠東老塋東首第一座壬山丙向配向氏本邑人生於崇禎十年十月十三日

先庠生生於順治十一年十月十一日卒於康熙五十三年享年六十一歲葬庄西老塋東首第二座配柏氏本邑人生卒年無考繼配孫氏本邑人生於康熙三年八月卒於雍正十年十一月享年六十九歲

子時卒於康熙五十六年四月二十八日巳時享年八十四歲合葬生子五焜煇焯炘烱

塋葬均無考生子二士适士仲士适柏氏出士仲孫氏出

煇

枝芳次子字聖任生年無考卒葬城東南鄉門家嘴庄旁配王氏本

邑人　旌表節孝治家勤儉教子成立卒葬城東鄉生子三士岱士崇士巖

焯

枝芳三子字相炎生於康熙二年九月二十日卒於康熙六十一年十一月享年

六十歲葬家北古堆配李氏本邑人卒葬南鄉瓦廟店莊旁生子四士繩士蟄士敏士顥

炘

枝芳四子字景言生於康熙七年十二月十二日卒於雍正十年七

月享年六十五歲葬於十五里橋蔣家莊東南新塋艮山坤向配戴氏本邑人卒年合葬生子十士松士楷士楝士梅士桐士桂士榕士楫士標士桃

炯

枝芳五子字宏

枝蕙

明武三子字馨

昭生於康熙十一年五月十九日卒於康熙五十年歷年四十歲葬於虎鬭岡新塋辛山乙向配曹氏本邑人合葬生子三士謀士謨士烈移居鳳臺虎鬭岡

瑛 原譜無今據傳惠處抄本舊譜查出

枝蕙長子生年

若邑庠生生於明崇禎十二年十二月初二日巳時卒於本朝康熙三十三年八月享年五十七歲葬於宗祠東後花園莊西新塋坤山艮向配張氏本邑人生於明崇禎十三年十二月十七日卒於本朝雍正

卒葬無考配周氏本邑人無嗣

理原譜無今據傳惠處抄本舊譜查出

枝蕙次子生年卒葬無考配丁氏本邑人無嗣

玠

枝蕙三子生年無考卒葬南鄉莊後配劉

三年四月享年八十七歲合葬生子七瑍珵玠珞瑜玥璉

枝蕙以下支派原譜多漏今據傳惠處抄本舊譜及現居毛炭敞家閑手録吏訂亞方謹註

氏本邑人卒年合葬側室王氏生卒無考生子一鳴雁

珞

枝蕙四子字修長生於康熙十二年六月十二日子時卒於雍正十二年四月享年七十二歲附葬於後花

園莊西老塋右首第一座坤山艮向配朱氏本邑人卒年合葬生子三鳴鳳鳴鶴鳴岐

瑜

枝蕙五子生年卒葬無考配朱氏本邑人無嗣

玥

枝蕙六子字叔仲太學生生於康熙十三年十二月十八日卒於雍正三年五月日享年五十二歲附葬於後花園莊西老塋左側第一座坤山艮向配王氏本邑人卒年合葬生子二鳴

鹿鳴岡

璉（原譜未詳今據傳惠處抄本舊譜查出）

枝蕙七子又名宗漢字殷重生年無考卒葬南鄉甘家橋河南莊旁配陳氏本邑人卒年合葬側室郝氏六安人卒葬六安南鄉乾山

枝蘭

明武四子庠名芝蘭字馥若邑庠生居心仁愛和平廣大温厚端方

巽向生子四鳴鵬鳴和鳴皋鳴鴻俱陳氏出先由後花園遷居南鄉喬家埧遷往毛炭廠居住

珆

枝蘭長子字漢倬歲貢生候選訓導例授修職佐郎生於康熙十

誥贈朝議大夫　晉贈中議大夫欽加道銜加一級傳載省志生於順治五年十一月十四日午時卒於康熙六十年十月二十八日卯時享年七十四歲葬於宗祠東老塋西首第三座壬山丙向配高氏

三年十月初一日酉時卒於乾隆十三年十一月二十二日酉時享年七十五歲葬城東新塘橋西南新塋壬山丙向兼子午三分配陳氏本邑人生於康熙十六年六月二十九日子時卒於乾隆二十年十月

本邑人孝慈
莊靜　誥贈
恭人　晉贈
淑人生於順
治十年十月
初四日午時
卒於康熙五
十四年三月
十一日亥時
享年六十三
歲合葬生子
二珆珩

十八日子時
享年八十二
歲葬城東二
十里馮家圩
南新塋壬山
丙向辛亥辛
巳分金生子
二士毅士植

珩
枝蘭次子字履
蒼號艮園附
貢生　誥贈
中議大夫

欽加道銜
加一級　晋
贈武功將軍
副將銜崇祀
鄉賢祠傳載
省志生於康
熙三十四年
九月十一日
亥時卒於乾
隆四十五年
四月二十六
日戌時享年
八十五歲葬
宗祠東南二
里許新塋乾
山巽向配張

氏本邑人誥贈淑人晋贈夫人生於康熙三十三年六月十三日酉時卒於乾隆二十三年正月二十一日辰時享年六十五歲合葬生子二士謙蟠

第六世

士鉉

承聘子字耳黄生於康熙十三年五月十九日午時卒於乾隆五年二月十六日卯時享年八十三歲葬於朱家岡東北里許新塋西北向配黄氏本邑人生於康熙七年六

第七世

克恒

士鉉長子字南亭生於康熙三十二年十二月初五日卒於乾隆三年正月二十日歷年四十五歲葬於隱賢集東喬家壙西南新塋乾山巽向配黄氏本邑人卒年合葬生

第八世

思祖

克恒長子太學生生年無考卒附葬於父塋左第一座配王氏本邑人　旌表節孝卒年合葬生子一家勤

第九世

家勤

思祖子字景皋號予九庠生生於乾隆十二年九月二十九日子時卒於道光六年八月十二日辰時享年八十歲附葬於祖塋右第一座配陶氏本邑人卒附葬於祖塋左

第十世

體傳

家勤長子從九銜生年無考卒葬曾祖塋左第五座配權氏本邑人　旌表節孝卒年合葬嗣傳倫子紀多爲子

月二十一日子時卒於乾隆十八年二月初五日亥時享年八十五歲合葬生子三克恒克怡克怙

子二思祖敬祖

第二座繼配蒯氏本邑人生於乾隆三十五年七月二十八日巳時卒於道光十八年十一月十六日巳時享年六十八歲合葬生子四體傳體立傳舉傳倫又嗣枝秀第五世孫家忍子傳德爲子

體立

家勤次子生年無考卒葬於曾祖塋左第三座配夏氏本邑人卒年合葬無嗣

傳德

家勤嗣子行三生年無考卒附葬於曾祖塋左第六座

配甘氏本邑人卒年合葬生子四積多成多善多見多

傳舉

家勤四子生年典考卒附葬於曾祖塋右第二座配趙氏本邑人卒年合葬生子一文多

傳倫

家勤五子字敦五從九品銜例授登仕佐郎生於嘉慶十年正月十四日戌時卒於光緒五年六月二十六日戌時享年七十六年葬於宗祠東北里許新塋東北向配高氏本邑人生

於嘉慶八年二月十四日午時卒於道光十八年正月初六日巳時歷年三十五歲附葬曾祖塋左第四座側室中氏附葬家銘塋側辛山乙向生子二紀多多文女三長適本邑聶世道次適本邑楊克忠三適

敬祖

克恒次子庠生生年無考配劉氏本邑人合葬於宗祠東南里許新塋思祖子家勤兼祧生女一適本邑李

本邑周如福紀多多文長女高氏出次三女申氏出紀多兼祧體傳多文出嗣傳壽

克怡
士鉉次子字淪波生年無考配丁氏本邑人卒合葬於祖塋側壬山丙向生子念祖

念祖
克怡子生年無考配柳氏本邑人卒合葬於北山朱家岡東南里許新塋生子一家銘

家銘
念祖子字亦新從九品銜例授登仕佐郎生於乾隆甲戌年二月十四日午時卒於道光癸未年三月二十三日巳時享年六十歲葬於宗祠東南二里許新塋乾山巽向配陳氏本邑

傳壽
家銘長子生年無考配趙氏本邑人繼配林氏本邑人旌表節孝卒俱葬於宗祠東南里許新塋嗣傳倫次子多文為子多文殤立紀多子方澄為應繼多魯子方立為愛繼兼祧奉祀

人生於乾隆癸未年正月十七日子時卒於嘉慶戊辰年二月十四日辰時歷年四十五歲合葬繼配孟氏卒葬於宗祠南里許老塋東南向生子一傳壽女二長適本邑朱陳氏出次適本邑鮑孟氏出又嗣枝

以接宗支

傳壽

家銘嗣子行二號巨川太學生生於嘉慶四年九月初六日卒於咸豐十年閏三月二十六日享年六十一歲葬於西陡澗廟西北二里椿樹圩門

克恬

士鉉三子字遺安太學生生年無考配孔

希祖

克恬子生年無考配施氏本邑人同葬於

蕃第五世孫家標子傳派為子

景唐

希祖子生年無考卒葬馬家集正東二里

首乙山辛向配張氏本邑人卒年合葬側室何氏本邑人生卒葬均無考生子三多齡多崑多崙多齡張氏出多崑多崙何氏出

傳懿

景唐長子生年無考卒葬馬家集正東二

氏本邑氏卒年合葬於祖塋側壬山丙向生子一希祖

宗祠東南一里許新塋東南向生子一景唐

許新塋東南向配氏失傳卒葬宗祠一里許新塋東南向生子四傳懿傳惠傳愚傳恕傳愚傳恕殤

里許新塋東南向配氏失傳生子一多思女一適本邑任

傳惠

景唐次子生年無考配井氏本邑人合葬於宗祠東南二里許新塋生子一多魯女一適本邑薛

枝芳孫

士适
焜長子字繼周
生年卒葬無
考配楊氏本
邑人生子克
壯殤

士仲
焜次子字應伯
生年卒葬無
考配本邑人
氏失傳生子
一克舉

克舉
士仲子

士岱
輝長子字岳宗
生年卒葬無
考配本邑人
氏失傳無嗣

士崇
輝次子字亦廣
號道配庠生
生年卒葬無
考配蘇氏本
邑人生子一
向言遷居瓦

向言
士崇子生年卒
葬無考配本
邑人氏失傳
生子五體文
體中文中永
中德中

體文
向言長子生年
卒葬無考配
本邑人氏失
傳生子一家
言

家言
體文子生年卒
葬無考配許
氏本邑人生
子二傳貴傳
四

傳貴
家言長子配江
氏本邑人生
子一玉多

廟店

體中
向言次子生年卒葬無考配黄氏本邑人生子一家保

家保
體中子生年卒葬無考配熊氏本邑人生子二傳林傳有

傳四
家言次子配劉氏本邑人

傳林
家保長子

傳有
家保次子配黄氏本邑人生子二多貴多元

文中

向言三子生年卒葬無考配本邑人氏失傳生子家真殤

永中

向言四子生年卒葬無考配本邑人氏失傳生子一家學

家學

永中子生年卒葬無考配陸氏本邑人生子一傳傯

傳傯

家學子生年卒葬無考配朱氏本邑人生子二多銀多金

德中
向言五子生年卒葬無考配金氏本邑人生子一家衛

家衛
德中子生年卒葬無考配李氏本邑人生子一傳仁

傳仁
家衛子配朱氏本邑人生子二多禄多壽

士巖
焯三子字魯瞻生年卒葬無考配梁氏本邑人生子克揚殤

士繩

焯長子字紹緒生年卒葬無考配王氏本邑人生子克永殤

士埶

焯次子生年卒葬無考配黄氏本邑人繼配本邑人氏失傳生子一

克配

士埶子

克配黃氏出

士敏
焯三子字統緒生年卒葬無考配曹氏本邑人無嗣

士顥
焯四子字正緒生年卒葬無考配周氏本

克年
士顥子生年卒葬無考配本邑人氏失傳

仿祖
克年子生年卒葬無考配本邑人氏失傳

邑人生子一
克年

士松
炘長子字祚才
生年卒葬無
考配曹氏本
邑人生子三
克振克輝克
良

生子一仿祖

克振
士松長子生年
卒葬無考配
賈氏本邑人
生子一體新

生子家明殤

體新
克振子生年卒
葬無考配本
邑人氏失傳
生子一家成

家成
體新子生年卒
葬無考配石
氏本邑人生
子傳合殤

克輝
士松次子生年卒葬無考配本邑人氏失傳生子二體康體健

體康
克輝長子生年卒葬無考配本邑人氏失傳生子一家旺

家旺
體康子生年無考卒葬於西南鄉塘坊店新塋艮山坤向配傅氏本邑人合葬生子二傳仁傳禮

傳仁
家旺長子生年無考卒葬塘坊店老塋側艮山坤向配孔氏本邑人生子一多健

傳禮
家旺次子殉苗逆難葬於瓦

房圩東南老
塋配本邑人
氏失傳生子
一 多喜

體健

克輝次子生年
卒葬無考配
賈氏本邑人
生子四家祥
家政家俊家
凱家政殤

家祥

體健長子生年
卒葬無考配
郭氏本邑人
無嗣

家俊
體健三子生年卒葬無考配蔣氏本邑人無嗣

家凱
體健四子生年卒葬無考配萬氏本邑人無嗣

克良
士松三子生年卒葬無考配本邑人氏失傳生子一忠祖

忠祖
克良子生年卒葬無考配本邑人氏失傳生子二家勇家爽家爽殤

家勇
忠祖長子生年卒葬無考配本邑人氏失傳嗣家唐子傳湘為子

傳湘
家勇嗣子

士楷
炘次子字玉泉生年無考卒附葬於南鄉十五里橋老塋側艮山坤

希聖
士楷三子生年卒葬無考配本邑人氏失傳生子三堯齡堯鳳承祖

堯齡
希聖長子生年卒葬無考配向氏本邑人生子一家唐

家唐
堯齡子生年無考卒葬迎河集義地配向氏本邑人卒葬孫氏義地

傳燧
家唐長子生年無考卒葬孫氏義地配紀氏鳳臺人合葬生子一多

向配李氏本邑人合葬生子三克賓克謙希聖克賓克謙殤

生子四傳燧傳新傳湘傳機傳湘出嗣家勇爲子傳機出嗣家美爲子女一適本邑畢福

傳新

家唐次子生年無考卒葬孫氏義地配馬氏本邑人葬迎河集義地生子一多貞女一適本邑張登樂

堯鳳
希聖次子生年卒葬無考配楊氏本邑人生子二家旭家定

家旭
堯鳳長子生年卒葬無考配本邑人氏失傳生子二傳安傳密

傳安
家旭長子生於道光四年咸豐十一年殉苗逆難從祀專祠附葬於李家圩北老塋配丁氏本邑人合葬生子一多仁

傳密
家旭次子生年

無考配朱氏本邑人合葬於孫氏大義地繼配氏失傳生子二多信多侶女一適本邑孫培積俱繼配出

家定

堯鳳次子配氏失傳合葬老壩橋東南新塋生子一傳

傳勇

家定子從戎外出殁於山東兗州府

勇女二長適本邑陳家柱次適本邑楊

承祖

希聖三子生年卒葬無考配本邑人氏失傳生子一家美

家美

承祖子生年卒葬無考配本邑人氏失傳嗣家唐子傳機爲子

傳機

家美嗣子生年無考配王氏本邑人卒合葬於孫氏大義地生女一

士棟
炘三子生年卒葬無考配沈氏本邑人生子二克澤克亮克亮殤

士梅
炘四子生年卒葬無考配袁氏本邑人生子一克勤

克澤
士棟長子生年卒葬無考配本邑人氏失傳生子一年祖

克勤
士梅子生年卒葬無考配本邑人氏失傳生子一念祖

年祖
克澤子生年卒葬無考配本邑人氏失傳生子一家威遷河南固始縣

念祖
克勤子生年卒葬無考配本邑人氏失傳生子二家勝

家威
年祖子生年無考卒葬於河南固始縣新塋配本邑人氏失傳合葬生子一傳棋

家勝
念祖長子生年卒葬無考配本邑人氏失傳生子二傳

傳棋
家威子生年無考卒葬河南固始縣新塋配本邑人氏失傳合葬生子一多寶

傳伯
家勝長子配本邑人氏失傳生子一多友

家有

伯傳詩傳詩
出嗣家有為
子

家有

念祖次子生年
卒葬無考配
本邑人氏失
傳嗣家勝次
子傳詩為子

家有嗣子

傳詩

士桐
炘五子生年無考配鮑氏本邑人合葬於姚家莊東南新塋生子三克均克生克友

克均
士桐長子生年無考卒葬滕家窪新塋乾山巽向配本邑人氏失傳合葬生子四遜祖希祖福祖慶祖福祖出嗣克友為子

遜祖
克均長子生年無考卒附葬於滕家窪老塋配本邑人氏失傳合葬生子三家信家合家守家合家守殤

家信
遜祖長子生年卒葬無考配王氏本邑人生子傳由殤嗣家相次子傳友為子

傳友
家信嗣子

希祖
克均次子生年無考卒葬滕家窪老塋側乾山巽向配本邑人氏失傳合葬生子三家相家鳳家龍

家相
希祖長子生年卒葬無考配孫氏本邑人生子二傳卜傳友傳友出嗣家信爲子

傳卜
家相長子生於道光九年十二月初二日子時卒於光緒二十六年十二月初五日午時享年七十三歲附葬於滕家窪老塋配黄氏本邑人生於道光九年卒於同治七年七月十八日

家鳳
希祖次子生於
嘉慶八年卒
年失考配方
氏本邑人生
於嘉慶十八
年卒於光緒
十六年五月
初四日辰時
享年七十八

傳修
家鳳子生於咸
豐九年八月
初二日丑時
配戴氏本邑
人生於同治
二年十一月
十四日子時
生子一多宣

子時歷年四
十歲合葬生
子一多富

歲合葬於滕家窪老塋側生子一傳修女一適本邑曾

家龍

希祖三子生年無考卒葬孫氏大義地配蔣氏本邑人卒年合葬生子二傳法傳勤

傳法

家龍長子

傳勤

家龍次子配吳氏本邑人

克生　士桐次子生年無考卒葬於姚家莊東南老塋配蔣氏

慶祖　克均三子生年無考配本邑人氏失傳卒合葬於滕家窪老塋側生子一家語

金祖　克生子　誥贈昭武都尉生於乾隆五十六年卒於道

家語　慶祖子生年卒葬無考配馮氏本邑人生子一傳洪

家興　金祖四子字印山遊擊銜儘先都司　賞戴花翎生於

傳洪　家語子配杜氏生子二多有多貴多有殤女一適本邑卜

傳萃　家興子字聚亭生於同治元年閏八月初九日亥時配

本邑人合葬
生子一金祖

光二十七年
享年五十七
歲葬於姚家
莊東南老塋
東北向配余
氏本邑人
誥贈恭人生
於嘉慶六年
卒於同治二
年七月享年
六十三歲葬
於宗祠東北
新塋丙山壬
向生子四家
高家型家依
家興家高家

道光十九年
六月二十五
日亥時卒於
光緒十八年
二月二十九
日申時享年
五十四歲葬
於宗祠東北
老塋西側丙
山壬向配廖
氏本邑人
誥封恭人生
於道光十六
年五月初十
日子時側室
湯氏生於道

朱氏鳳臺人
生於同治元
年二月十四
日亥時卒於
光緒四年十
一月十九日
丑時歷年十
七歲葬於孫
氏大義地辛
山乙向繼配
宋氏本邑人
生於同治四
年二月十九
日申時生子
六多勻多蔭
多慶多桓多

克友

士桐三子生年無考卒葬姚家莊東南老塋側配本邑人氏失傳合葬嗣克均三子福祖為子

型家依俱殤女二長適本邑卜次適本邑黃

福祖

克友嗣子生年無考配本邑人氏失傳合葬於滕家窪新塋生子二家魯家保家保殤

光二十八年十月初五日戌時生子一傳萃廖氏出

家魯

福祖長子配朱氏本邑人生子二傳位傳佑

魁多景女四長女朱氏出六子次三四女均宋氏出

傳位

家魯長子

傳佑

家魯次子配楊氏本邑人生子二多能多

士桂
炘六子生年卒葬無考配梁氏本邑人生子克慎殤

士榕
炘七子生年卒葬無考配鮑氏本邑人生子五克鋭克

克鋭
士榕長子生年卒葬無考配蔡氏本邑人生子二有祖

有祖
克鋭長子生年卒葬無考配黄氏本邑人生子二家梁

家梁
有祖長子生年無考卒葬十五里橋老塋配劉氏本邑

聚

傳勲
家梁子配戴氏本邑人合葬於十五里橋老塋生子一

賢克見克魯
克成克魯殤

月祖

家度

月祖
克銳次子生年
卒葬無考配

人繼配呂氏
附葬生子一
傳勲

家度
有祖次子生年
卒葬無考配
黄氏本邑人

家永
月祖長子生年
無考卒葬十

多桂

傳根
家永長子生年
無考卒於咸

郭氏本邑人生子三家永家德家元家元殤

五里橋老塋配葛氏本邑人合葬生子三傳根傳勝傳茂傳勝傳茂殤

豐十一年九月附葬魏家岡新塋配雷氏本邑人生於嘉慶十七年八月初六日未時卒於光緒二十三年正月十七日丑時享年八十六歲合葬生子一多元女二長適本邑孫次適本邑黃

家德
月祖次子生年卒葬無考配孫氏本邑人生子二傳典傳林傳林殤

傳典
家德長子生年無考卒葬十五里橋老塋配趙氏本邑人合葬生子三多秀多訓多海多秀出嗣傳林爲子

傳林
家德次子生卒並配氏均失

考葬十五里
橋老塋嗣傳
典子多秀為
子

克賢
士裕次子生年
卒葬無考配
本邑人氏失
傳生子一耀
祖

耀祖
克賢子生年無
考卒葬東鄉
劉家庵南張
家岡配王氏
本邑人卒葬
東鄉小古堆
集西路南巽
山乾向生子

家培
耀祖長子生年
無考卒附葬
於城東鄉張
家岡老塋側
乾山巽向配
王氏本邑人
卒合葬生子
二傳義傳禮

傳義
家培長子配魯
氏本邑人同
殉苗逆難合
葬於孫氏大
義地生子二
多喜多林女
一適本邑李
移居六安西

二家培家助

北鄉固縣寺

傳禮

家培次子卒年七十三歲配劉氏本邑人生子五多壽多成多福多雙多禔移居六安西北鄉固縣寺

家助
耀祖次子生年無考卒葬小古堆集西老塋側配呂氏本邑人葬於孟家澗東首路南巽山乾向生子四傳任傳志傳信傳廉傳信傳廉殤

傳任
家助長子生年無考卒葬東鄉張家岡南趙家荒新塋乾山巽向配萬氏本邑人附葬趙家荒新塋側生子一多矩

傳志
家助次子配楊

氏本邑人生子二多有多晨

克見
士榕三子生年卒葬無考配沈氏本邑人生子一謹祖

謹祖
克見子生年卒葬無考配沈氏本邑人生子一家督

家督
謹祖子生年卒葬無考配李氏本邑人旌表節孝

克成
士榕五子生年

學祖
克成子生年卒

家詢
學祖長子生年

傳外
家詢子

卒葬無考配
胡氏本邑人
生子一學祖

葬無考配常
氏本邑人生
子二家詢家
欄

卒葬無考配
李氏本邑人
生子一傳外

家欄
學祖次子生年
卒葬無考配
曹氏本邑人
生子二傳得
傳昌

傳得
家欄長子配周
氏本邑人

傳昌
家欄次子

士楫

炘八子字濟用太學生生年無考卒葬於蔣家莊東南老塋第一層左首第二座配萬氏本邑人生子一克惠

克惠

士楫子字嗣僑太學生生年無考卒葬於滕家窪新塋丙山壬向配鄭氏本邑人合葬生子三徵祖德祖述祖

德祖

克惠長子字秉懿號是軒太學生　例贈文林郎　晋贈奉政大夫五品銜候選知縣生於乾隆三十五年五月二十七日辰時卒於道光三十年八月初五日享年八十一歲葬於邊家

家昂

德祖長子字軼凡號應軒太學生　例贈文林郎　晋贈奉政大夫五品銜候選知縣生於乾隆六十年四月十一日丑時卒於同治九年三月初四日亥時享年七十六歲附葬於邊家

傳球

家昂長子字鳴庵從九品銜　例授登仕佐郎生於道光二年二月十八日午時卒於光緒四年四月二十四日未時享年五十七歲附葬於邊家井老塋右首第二座癸山丁向配孫氏

井西南新塋東首第一座癸山丁向配程氏本邑人　例贈孺人　晋贈宜人生於乾隆三十五年六月初三日卒於道光七年十二月十二日享年五十八歲合葬生子二家昂家本女一適本邑薛

井老塋右第一座癸山丁向配陳氏本邑人　例贈孺人　晋贈宜人生於嘉慶元年正月十七日辰時卒於道光二十六年正月十五日辰時享年五十一歲附葬於滕家窪老塋左首第二座丙山壬向側室

本邑人生於道光二年正月初四日卒於咸豐九年八月十一日未時歷年三十八歲葬於吳大莊東南新塋坤山艮向側室楊氏生於道光十六年十一月十一日子時生子二多傑多勳女一適本邑王俱孫

王氏咸豐十一年苗逆陷城殉難　旌表節孝從祀專祠生子五傳球傳璧傳淦傳玫傳瑜女二長適本邑張次適本邑劉俱陳氏出

氏出

傳璧

家昴次子字蒲臣廩生同治丁卯科舉人候選教諭例授修職郎生於道光四年十二月二十三日酉時卒於光緒十年三月二十九日巳時享

年六十歲葬於周家寨王家圩東北坤山艮向配岳氏鳳臺人貢生岳學宏女生於道光四年十月二十五日酉時卒於同治元年九月十六日戌時歷年三十八歲葬於鳳臺岳家前岡直西新塋未山丑向繼

配方氏本邑人生於道光十七年九月十九日子時生子五多俊多价多麻多僐多保女三長適本邑附貢生顧仰中次適本邑劉國禄三適本邑權炳臣多俊長次女岳氏出多价多麻多僐多保三女方氏出

傳淦

家昂三子原名瑞字仲符號麗生庠生五品銜候選知縣 例授奉直大夫生於道光八年正月二十六日酉時卒於宣統元年十月二十七日巳時配何氏本邑人庠生何明珠女 例

封宜人生於
道光七年十
一月十一日
酉時卒於光
緒十三年十
一月初二日
巳時合葬梁
家洞東岸新
塋辛山乙向
生子五多佑
多仕多極多
僎多佺多佺
殤女二長適
鳳臺岳恒春
次適本邑何
汝礪多僎出

嗣傳瑜為子

傳玟

家鼎四子軍功六品銜生於道光九年二月十二日辰時卒於同治四年九月十五日巳時歷年三十六歲葬於王家古堆北新塋坤山艮向配李氏本邑人冠朝之女　侍

旌節孝生於道光九年八月二十六日巳時卒於光緒二十六年十二月二十三日寅時合葬生子二多儀多僖女一適本邑張林香

傳瑜

家昴五子生於道光十六年

咸豐十一年殉苗逆難從祀專祠歷年二十六歲葬於姚家橋西北新塋配吳氏本邑人合葬嗣傳淦四子多僎爲子

傳琨

家本長子字玉山生於道光七年十二月

家本

德祖次子字誠一號務亭廟員例授登

仕郎貤贈奉政大夫五品銜候選知縣生於嘉慶七年二月二十八日卯時卒於同治元年九月初六日亥時享年六十一歲葬於老宅西北新塋卯山酉向配胡氏鳳臺人貤贈宜人生於嘉慶四年九月

十二日子時咸豐十一年殉苗逆難從祀專祠歷年三十五歲配宋氏本邑人生於道光八年六月二十六日卒於道光二十八年七月十五日亥時歷年二十一歲附葬於滕家窪老塋左首第一座丙山壬向

初十日亥時卒於光緒元年正月十六日辰時享年七十七歲葬於斷橋闕東北新塋中一座艮山戌向生子四傳琨傳璟傳珽傳琛女一適本邑王

繼配顧氏本邑人生於道光十一年十月十九日丑時卒於咸豐七年六月二十四日亥時歷年二十七歲葬於胡家大莊東南新塋艮山坤向繼配李氏本邑人待　旌節孝生於道光十六年十月二十三日

酉時卒於光緒二十六年閏八月二十三日子時葬於小南圩門口生子一多鍇女一適本邑吏佩多鍇宋氏出女顧氏出

傳璟

家本次子字著卿號少亭庠

生生於道光九年十一月二十二日未時卒於同治九年二月初四月辰時歷年四十二歲附葬於斷橋闕東北老塋左首第一座長山戌向配宋氏本邑人生於道光九年十月二十五日寅時卒於光緒三十

二年二月二十九日亥時享年七十八歲葬於家東北新塋艮山坤向側室李氏待　旌節孝生於道光二十三年十二月十六日戌時生子四多鎰多鈺多鍈多鈐女一適本邑王多鍈女宋氏出多鑑多鈺多

鈐季氏出

傳珽

家本三子原名瑶字搢笏號琴軒太學生生於道光十一年十一月十一日申時配胡氏鳳臺人立羣之女生於道光十二年九月十二日酉時卒

於光緒四年三月二十一日亥時歿年四十七歲附葬於斷橋闗東北老塋右首第一座長山戌向側室高氏生於道光二十八年七月初一日辰時生子八多錫多鋭多鐈多鋕多錪多銜多録多鍾女二長適本

邑徐善居次適本邑胡慶松多錫多鋭多鎬多銥多鉷多銜多録胡氏出多鍾長次女高氏出

傳璪

家本四子字琢堂號獻廷生於道光十七年三月初九

日亥時卒於同治十年十二月初三日子時歷年三十五歲葬於張家岡南新塋癸山丁向配陳氏本邑人懷月之女生於道光十五年正月十五日辰時生子二毓杰多鎮女一適本邑葛家貴

徵祖
克惠次子太學生生年無考卒葬滕家窪老塋東首第二座丙山壬向配楊氏本邑人合葬生子二家醇家標女一適本陶

家醇
徵祖長子字超然從九品例授登仕佐郎生於嘉慶九年七月二十七日子時卒於咸豐三年正月初十日子時享年五十歲附葬於滕家窪老塋右首第一座丙山壬向配丁氏本邑

傳衡
家醇長子生於道光六年十二月初三日亥時卒於光緒六年三月初十日未時享年五十五歲葬於蘇王壩西南新塋艮山坤向配丁氏本邑人文玉之女生於道光四年十月十一日

人生於嘉慶六年九月初二日未時咸豐十一年殉苗逆難從祀専祠生子二傳衡傳鑄女三長適本邑陳次適本邑張三適本邑畢

長時卒於光緒三十年十二月初九日戌時享年八十一歲合葬生子二多成多生多生出嗣傳鑄為子

傳鑄

家醇次子生於

道光七年十
二月十二日
午時卒於咸
豐十一年九
月歷年三十
五歲殉苗逆
難從祀專祠
配薛氏本邑
人卒葬於蘇
王壩西南新
塋艮山坤向
生女二長適
本邑史邦楨
次適本邑劉
文林嗣傳衡
次子多生爲

家標

徵祖次子字一清生於嘉慶十三年正月十三日卒於同治元年十一月十五日卯時享年五十五歲葬於家北新塋乙山辛向配劉氏本邑人生

子

傳衣

家標長子字相廷庠生生於道光十三年十月十一日寅時咸豐七年三月二十七日禦捻逆陣亡奉旨從祀專祠歷年二十四歲

子雲

於嘉慶十三年正月十四日巳時卒於咸豐七年八月二十七日辰時享年五十歲合葬生子三傳衣傳鈞傳鉞女二長適本邑楊侃次適本邑胡同慶　旌表貞節建碑雙龍橋北傳載州志

騎尉世職誥贈武德騎尉葬於大莊北老塋前一座乙山辛向配丁氏本邑人文盛之女例封宜人生於道光十三年卒於咸豐十一年九月殉苗逆難生子一多吉殤嗣傳鉞長子多彬爲子

傳鈞

家標次子生於道光十七年十一月二十四日寅時卒於光緒三十年七月三十日巳時享年六十八歲附葬於家北老塋東北甲山庚向配姚氏本邑人生於道光十七年辛於咸豐十

一年九月歷
年二十五歲
殉苗逆難嗣
傳鉞次子多
彪為子

傳鉞

家標三子生於
道光二十三
年二月初二
日酉時配王
氏本邑人化
成之女生於
道光二十四

年二月二十三日丑時生子三多彬多彪多彥女三長適本邑葛金有次適本邑陳義有三適本邑江明義多彬出嗣傳衣多彪出嗣傳鈞為子

述祖
克惠三子生年無考卒葬於

家型
述祖長子

朱家小廟東北新塋癸山丁向配張氏本邑人合葬生子二家型家墅

家墅
述祖次子

壽州孫氏支譜

卷之

字第　號

士樑

炘九子字紹堂生年無考卒葬虎鬬岡官溝南岸丁山癸向配萬氏本邑人合葬生子三克萬克堯克長遷居鳳臺縣虎鬬岡

克萬

士樑長子生年無考卒附葬於官溝南岸丁山癸向配梁氏本邑人合葬生子三超羣本祖敬祖

超羣

克萬長子生年無考卒附葬於官溝南岸丁山癸向配紀氏本邑人合葬生子三家禮家寬家廣

家禮

超羣長子生年無考卒葬家東新塋配丁氏本邑人無嗣

家寬

超羣次子配梁氏本邑人無嗣

家廣

超羣三子生年無考卒附葬於家東新塋配陳氏本邑人生子三傳高傳兆傳朋

傳高

家廣長子嗣傳朋次子多新為子

傳兆

家廣次子生年六十九歲卒葬家東三畝地新塋乾山巽向嗣傳朋三子多旺為子

傳朋

家廣三子生年六十二歲卒附葬於家東三畝地新塋乾山巽向配氏失考生子三多開多新多旺多新出嗣傳高多旺出嗣傳兆為子

本祖

克萬次子字冠羣生年無考卒葬莊北康家廟新塋乾山巽向配劉氏本邑人卒附葬於老塋側繼配王氏本邑人合葬生子四家魁家祥家諭家著俱王氏出

家魁

本祖長子生年無考卒葬於康家廟老塋乾山巽向配李氏本邑人葬於莊東北新塋生子一傳志

傳志

家魁子字復心生於嘉慶十二年卒於咸豐八年七月二十一日享年五十二歲葬於官溝北岸新塋寅山申向配劉氏本邑人繼配史氏本邑人附葬老塋側生子二多福多祉俱劉氏

家祥

本祖次子字瑞亭生年無考配滿氏本邑人卒合葬於家東北官溝北岸新塋艮

傳森

家祥子卒葬城南百骨墳東南新塋嗣傳慎次子多祺為子

出女三長適本邑牛國俊次適本邑朱鳳陽三適本邑王利元俱史氏出

山坤向生子二傳英傳森傳英殤

家諭

本祖三子字俞言生於嘉慶十二年卒於同治十一年八月初一日享年六十六歲葬於官溝北岸新塋寅山申向配梁

傳心

家諭長子生於道光十八年八月十六日午時卒於光緒三十一年六月二十七日丑時享年六十八歲葬於官溝北岸

氏本邑人生於嘉慶十三年十二月初六日卒於咸豐七年四月初一日戌時歷年四十九歲合葬生子三傳心傳愼傳愷

老塋寅山申向配劉氏本邑人生於道光十五年九月初六日卒於光緒二十六年十月二十二日子時享年六十五歲合葬生子五多祿多壽多喜多明多禮女一適本邑王國本多壽出嗣傳愷爲子

傳慎

家諭次子生於道光二十一年五月二十六日配朱氏本邑人學盛之女生於道光二十二年五月初九日生子四多禎多祺多文多義女二長適本邑陸恆義多祺出嗣傳森為子

家著

本祖四子生年
失考卒葬官

傳愷

家諭三子生於
道光二十五
年配本邑人
氏失考生子
二多祜多禧
俱殤嗣傳心
次子多壽為
子

傳怡

家著長子原名
得卒葬家西

溝北岸老塋配石氏本邑人生於嘉慶十九年卒於咸豐元年正月十六日寅時歷年三十八歲合葬生子三傳怡傳悟傳錄女一適本邑陳學洛

北新塋配薄氏本邑人卒葬於官溝南岸生子一多安

傳悟

家著次子原名樸生於道光二十六年

傳錄

家著三子生於道光二十九年

傳鈺

家闊長子字式如號翠華庠生生於道光五年正月二十二日辰時卒於光緒二十四年八月二十五日未時享年七十

家闊

敬祖長子字步軒生於嘉慶八年卒於道光十九年九月十五日歷年三十七歲葬於官溝南岸老塋丁山癸向配張氏

敬祖

克萬三子字浩軒庠生生年失考卒於咸豐三年八月二十六日葬於家東南新塋巽山乾向配史氏本邑人卒於道

光二十一年正月初九日合葬生子五家閎家棟家益家檣家讓

本邑人合葬繼配楊氏本邑人葬於家東老塋巽山乾向生子三傳鈺傳書傳鐸俱張氏出

四歲葬於家北新塋子山午向兼癸丁配梁氏本邑人附葬於家東南老塋巽山乾向繼配王氏本邑人樹勛之女生於道光十四年十二月十九日卒於光緒十年三月初三日辰時享年五十一歲合葬生子

一多榮女一適本邑唐從盛俱王氏出

傳書

家閫次子字文楷生於道光十二年卒於咸豐十年十一月十八日歷年二十九歲葬於家東南新塋巽山乾向配劉氏

本邑人生於道光十三年卒於光緒二十七年九月初二日酉時享年六十九歲合葬生子一多植

傳鐸

家闢三子字化成生於道光十六年十二月三十日卒

孫氏支譜 卷之二

家棟

敬祖次子生於嘉慶年卒於道光二十一

傳恕

家棟長子字如心生於道光九年二月十

於光緒十二年二月十一日歷年四十九歲葬於家西北新塋乾山巽向配李氏本邑人合葬生子一多林

年七月二十六日葬於家東南新塋配宋氏本邑人卒於光緒十一年四月十六日合葬生子二傳恕傳志

六日亥時卒於光緒三十年八月初七日辰時享年七十七歲葬於王家小圩西南新塋艮山坤向配王氏本邑人卒於光緒二十一年八月十一日子時合葬生子一多楠女一適本邑陳學雨

傳悉
家棟次子字文心葬於王家小圩新塋乾山巽向

傳誨
家益長子生於道光十五年十月十四日卒於光緒二十五年六月十八日丑時

家益
敬祖三子生於嘉慶十二年十二月十一日卒於光緒十七年享年八十五歲葬

於官溝南岸老塋丁山癸向配朱氏本邑人生於嘉慶十五年卒於同治十一年二月初五日享年六十三歲合葬生子二傳誨傳訓

享年六十四歲葬於家西北新塋乾山巽向配王氏本邑人生於道光十四年十一月二十七日卒於光緒三十四年十一月二十五日寅時享年七十三歲合葬生子二多梓多杰女一適本邑劉傳錦多杰出

嗣傳訓爲子

傳訓

家益次子生於道光二十七年十二月二十六日辛於光緒三十四年正月二十五日寅時享年六十二歲葬於家西新塋艮山坤向

嗣傳誨次子

家櫓 敬祖四子字在東生於嘉慶十五年卒於同治六年四月初八日享年五十八歲葬於家東北老塋配臧氏本邑人卒於咸豐四年四月二十八日

傳信 家櫓長子生於道光十五年卒於光緒十八年正月二十七日申時享年五十八歲葬於官溝西岸新塋坤山艮向

多杰爲子

葬於家東南
新塋巽山乾
向生子五傳
信傳仁傳俊
傳化傳佑

傳仁

家櫓次子生於
道光十八年
二月二十五
日卒於光緒
二十五年九
月二十二日
丑時享年五
十九歲葬於
家西南新塋
嗣傳化次子
多坊為子

傳俊

家櫓三子生於道光十九年三月二十五日配馬氏本邑人生於道光二十七年十二月初二日戌時生女一適本邑胡守新

傳化

家櫓四子生於道光二十三年卒於光緒二十七年三月二十五日寅時享年五十九歲葬於家南老塋配曹氏本邑人生於道光二十六年卒於光緒十七年三月初六日歷年四十六歲合葬生子四多梁多坊

多增多魁女二長適本邑牛玉檢次適本邑石克志多坊出嗣傳仁為子多梁出嗣傳佑為子

傳佑

家櫓五子生於道光二十八年嗣傳化長子多梁為子

家讓

敬祖五子字國家讓子生於道光二十六年

興生於嘉慶二十年卒於咸豐七年四月二十八日享年六十一歲葬於家東南官溝北岸巽山乾向配石氏本邑人卒於咸豐元年三月二十六日合葬生子一傳喜

傳喜

克堯
士標次子生年卒葬無考配王氏本邑人生子一冠廷

冠廷
克堯子生年卒葬無考配王氏本邑人生子二家學家東

家學
冠廷長子生年卒葬無考配王氏本邑人生子二傳江傳河

傳江
家學長子生年卒葬無考配朱氏本邑人生子一多遜

傳河
家學次子生年六十六歲配朱氏本邑人生年八十六歲卒合葬塋地未詳生子

二多 謙多恭

傳繡

家東長子生於道光二十年卒於光緒二十五年三月十七日亥時享年六十歲葬於家北夏家莊戶新塋艮山坤向配劉氏潁上人王璞之女生

家東

冠廷次子生年卒葬無考配劉氏本邑人生子二傳繡傳錦

於道光二十四年三月十二日亥時生子一多朋女一適頴上王金蘭

傳錦

家東次子生年五十九歲卒葬夏家莊户新塋巽山乾向配安氏本邑人卒葬家

西小鳳地新塋艮山坤向生子一多玉移居潁上縣

克長
士標三子生年卒葬無考配張氏本邑人生子四憲祖彰祖昌祖合祖

憲祖
克長長子生年卒葬無考配陸氏繼配湯氏俱本邑人生子五家盈家同家椿家言家修家同家言俱殤家

家盈
憲祖長子生年無考配陸氏本邑人合葬於官溝南岸老塋生子二傳明傳紳

傳明
家盈長子配牛氏本邑人

傳紳
家盈次子原名禧生於道光

盈陸氏出餘俱湯氏出

二十四年十二月二十二日丑時配張氏本邑人生子二多釆多開

家椿

憲祖次子生年無考配黃氏本邑人卒合葬於家北新塋申山寅向生子一傳縉

傳縉

家椿子生於同治六年四月配萬氏本邑人生於同治十一年六月生子二多妙

女二長適本邑詹玉台次適本邑周福軒

家修

憲祖三子生年無考卒葬劉家集西南新塋巽山乾向配賀氏本邑人合葬繼配曹氏本邑人生子一傳琤

多寶女一適本邑詹兆貴

傳琤

家修子生於光緒六年五月十一日辰時

彰祖
克長次子生年
卒葬無考配
馮氏本邑人
生子一家典

昌祖
克長三子生年
卒葬無考配

女一適本邑
蔣鳳龍

家典
彰祖子配宋氏
本邑人

家儒
昌祖長子生年
卒葬無考配

胡氏本邑人
生子二家儒
家楨

陳氏本邑人

家楨
昌祖次子生年
無考卒葬家
北新塋申山
寅向配陸氏
本邑人生子
二傳正傳望

傳正
家楨子配牛氏
本邑人牛玉
香女生子二
多錦多慶

合祖

克長四子生年卒葬無考配路氏本邑人無嗣

傳望

家楨次子生年並配氏無考嗣傳正次子多慶爲子

士桃
炘十子生年卒葬無考配王氏本邑人生子一克有

克有
士桃子無考

士謀
焫長子字文仲生年無考卒葬虎鬪岡應家廟老塋配丁氏本邑人合葬生子一

克善
士謀子生年無考卒葬枸杞岡彌陀菴南老塋艮山坤向配史氏本邑人卒葬虎

振邦
克善長子原名振祖武庠生生年卒葬無考配王氏本邑人生子一家桂

家桂
振邦子太學生生年失考卒葬田家牌坊老塋乾山巽向配張氏本邑人合葬生

傳文
家桂長子生年無考卒葬田家牌坊西新塋卯山酉向配劉氏本邑人卒葬芍北

克善遷居虎
闞岡

闞岡老塋辛
山乙向繼配
戴氏本邑人
卒葬將臺灣
西新塋生子
三振邦懷祖
念祖振邦史
氏出懷祖念
祖戴氏出遷
居枸杞園孫
家瓦房

子五傳文傳
新傳綸傳彬
傳得

鄧家莊新塋
側室賈氏本
邑人附葬田
家牌坊老塋
南二座乾山
巽向生子一
多益賈氏出
女一劉氏出
適本邑楊

傳新

家桂次子生年
無考卒葬田
家牌坊老塋

乾山巽向配劉氏本邑人殉苗逆難生子一多福殤

傳綸

家桂三子生年無考卒葬田家牌坊西卯山乙向配陳氏本邑人殉苗逆難

傳彬
家桂四子生卒無考配袁氏本邑人

傳得
家桂五子生年三十二歲卒附葬田家牌坊老塋第三座乾山巽向配余氏本邑人生於道光

懷祖
克善次子太學
生生年無考
卒葬彌陀菴

家豐
懷祖長子太學
生生年卒葬
無考配聶氏

五年八月二
十六日未時
卒於光緒三
十三年七月
十九日丑時
享年八十三
歲　旌表節
孝合葬生子
一多尚

傳忠
家豐長子生卒
無考配張氏
本邑人

老塋艮山坤向配劉氏本邑人合葬側室朱氏葬瓦房圩西生子三家豐家棟家英家豐家棟劉氏出家英朱氏出

本邑人生子二傳忠傳恕

家棟
懷祖次子生於道光五年五月初八日亥

傳恕
家豐次子生卒無考配黃氏本邑人

傳慶
家棟長子生於道光二十六年卒於光緒

時卒於光緒八年四月十三日酉時享年五十八歲葬於枸杞園西老塋艮山坤向配袁氏本邑人合葬生子二傳慶傳習

十五年十月初四日午時歷年四十三歲葬瓦房圩南龍尾地新塋西北向配黃氏本邑人生於道光二十五年十月十一日亥時生子五多書多賢多魯多壽多儒

傳習
家棟次子生於同治元年八月十三日丑時配王氏本邑人生於同治二年卒於光緒十年年二十二歲歷附葬枸杞園西老塋艮山坤向繼配佘氏生卒無考繼配王氏生於同治十年

家英

卒於光緒二十九年三月初一日歷年三十三歲並附葬龍尾地南老塋生子三多銘多秀多廉多銘元配王氏出多秀多廉繼配王氏出女一余氏出

懷祖三子生年無考卒葬家南新塋艮山坤向配劉氏本邑人合葬

念祖
克善三子太學生生年無考卒葬虎鬬岡老塋配王氏本邑人合葬生子三家林家榮家春

家林
念祖長子生年卒葬無考配許氏本邑人無嗣

家榮

念祖次子生年卒葬無考配黄氏本邑人無嗣

家春

念祖三子生年無考卒葬枸杞園西老塋艮山坤向配黄氏本邑人合葬生子二

傳俊

家春長子生於咸豐十年卒於光緒九年五月歷年二十四歲葬於瓦房圩南新

傳俊傳公

塋巽山乾向配張氏本邑人生於同治四年卒於光緒十二年七月歷年二十二歲合葬

傳公

家春次子生於同治四年十月二十六日配朱氏本邑人生於同治

六年生子四多寅多志多綿多玉女二長適戴

士謨

烔次子字仰文生年無考卒葬虎鬬岡應家廟西南老塋辛山乙向配石氏本邑人合葬生子一克睿遷居

克睿

士謨子字顥庵太學生生於乾隆五年卒於乾隆六十年享年五十六歲葬於虎鬬岡老塋配顧氏本邑人

承祖

克睿長子字奉三庠生生於乾隆三十八年卒於道光二年享年五十一歲葬於虎鬬岡老塋配顧氏本邑

家潤

承祖長子字閣修生於乾隆六十年卒於咸豐七年享年七十三歲葬於虎鬬岡老塋配石氏本邑人合葬

傳書

家潤嗣子生於道光二十五年卒於同治九年歷年二十六歲葬於虎鬬岡老塋配王氏本邑人生於道光

虎鬬岡

合葬繼配湯氏本邑人葬家南新塋生子二承祖守祖

人合葬繼配李氏本邑人附葬家南新塋生子四家潤家齊家炳家存家潤顧氏出家齊家炳家存李氏出

嗣家齊子傳書為子

二十一年九月初六日未時　旌表節孝生女一適本邑劉志經嗣傳統子多謙為子

家齊

承祖次子字治平生於嘉慶十八年卒於

傳統

家齊次子生於道光二十八年卒於光緒

光緒十七年八月享年七十九歲葬於家東南新塋子山午向兼癸丁配陳氏本邑人葬於劉家岡義地繼配高氏本邑人生於道光五年卒於光緒十六年九月二十八日巳時享年六十六歲附葬家東南新

二十年四月三十日巳時歷年四十歲附葬於家南老塋前正中一座酉山卯向兼庚甲配王氏本邑人王克儒女生於咸豐四年八月二十日亥時生子四多謙多妥多清多威多謙出嗣傳書為子

瑩傍生子三
傳書傳統傳
經女二長適
本邑王克連
次適本邑管
孝章長女陳
氏出餘俱高
氏出傳書出
嗣家潤為子

傳經

家齊三子字聚
五號筱甫生
於咸豐九年
十二月二十
六日巳時配
王氏本邑人
王家楨女生
於咸豐十年
正月初五日
寅時生子一
多範女三長
適本邑朱祥
徵次適本邑
梁得爵

家炳

承祖三子生於嘉慶二十一年卒於光緒元年享年五十八歲葬於家東老塋辛山乙向配應氏本邑人合葬生子二傳仁傳伯

傳仁

家炳長子生於道光十八年卒於光緒二十四年七月三十日戌時享年六十一歲附葬於家東老塋辛山乙向配周氏本邑人卒於光緒二十八年葬於家北新塋癸山丁向生子一多

順

傳伯

家炳次子生於道光二十三年卒於光緒二十八年四月二十七日亥時享年六十歲附葬於家南老塋辛山乙向配臧氏本邑人生於咸豐十年

家存
承祖四子生於
道光三年卒
於光緒十八
年享年七十
歲附葬於家

卒於光緒三
十二年四月
二十五日歷
年四十七歲
合葬生子三
多琨多琥多
昌

南老塋辛山乙向配郝氏本邑人合葬

守祖

克睿次子字復三生於乾隆五十三年辛於咸豐二年享年六十六歲葬於虎鬬岡老塋配張氏本邑人合葬繼配段氏

家壽

守祖長子字近仁生於嘉慶十三年辛於道光二十年歷年四十歲葬於家東老塋右第二座酉山卯向兼辛乙配劉

傳新

家壽長子生於道光八年卒於咸豐九年三月初九日亥時歷年三十二歲附葬於家東老塋酉山卯向兼辛乙配陳氏

本邑人附葬家南老塋生子五家壽家康家聲家縣家型俱段氏出

氏本邑人合葬繼配劉氏本邑人生子二傳新傳坊傳新元配出傳坊繼配出

本邑人陳光元女生於道光六年卒於光緒十年三月初二日寅時享年五十九歲葬於家南老塋酉山卯向兼辛乙生子一多賓

傳坊

家壽次子生於道光二十二

家康
守祖次子生於嘉慶十五年四月十七日巳時卒於光緒八年十二月十七日戌

年辛於光緒元年三月十四日卯時歷年三十四歲附葬於家南老塋

傳喻
家康長子生於道光十三年四月十三日戌時卒於光緒十一年十月初二日巳

時享年七十三歲配馮氏本邑人生於嘉慶十四年十月初一日戌時卒於光緒十二年正月三十日子時享年七十八歲合葬於家南老塋右第三座酉山卯向兼庚申生子四傳喻傳錄傳玢傳禮

時享年五十三歲附葬於家南老塋右第一座酉山卯向兼庚甲配王氏本邑人王桃女生於道光十六年九月二十六日寅時生子二多如多益

傳錄

家康次子生於道光十六年六月初六日亥時卒於光緒二十三年十二月初五日丑時享年六十二歲葬於家北新塋亥山巳向兼壬丙配吳氏本邑人吳棖豐女生於道光十五年三

月二十日亥時生子二多林多賢

傳玢

家康三子生於道光十九年七月二十六日午時卒於光緒二十五年七月二十二日亥時享年六十一歲葬於家西北

新塋丑山未向兼癸丁配馮氏本邑人馮增起女附葬於家北新塋子山午向兼癸丁繼配柏氏本邑人柏化貞女生於同治七年十一月十六日寅時生女一柏氏出

傳禮

家康四子生於道光二十四年四月二十五日卒於光緒十二年四月二十七日未時歷年四十三歲附葬於家南老塋酉山卯向兼庚甲配石氏本邑人石兆德女生於道光二十五年

十二月十二日辰時生子一多蘭女二長適本邑岳千世次適本邑劉炳樹

家聲
守祖三子生於嘉慶十六年卒於咸豐七年歷年四十七歲附葬於家北老塋午

山子向兼癸丁配梁氏本邑人附葬於家西老塋傍生女一適本邑劉孝全

家騋
守祖四子生於嘉慶十八年卒於光緒三年享年六十五歲附葬於家東老塋酉

傳寶
家騋長子生於道光十九年十二月二十三日酉時卒於光緒二十三年五月十

山卯向兼辛乙配王氏本邑人合葬生子三傳寶傳華傳習女一適本邑臧春望

八日巳時享年五十九歲葬於應家廟東新塋壬山丙向兼亥巳配李氏本邑人生於道光二十七年十二月二十四日未時卒於光緒三十四年九月二十六日戌時享年六十二歲合葬生子四多勤多儉多

成多顯多儉
出嗣傳華多
成出嗣傳習
為子

傳華
家緜次子生於
道光二十三
年七月十二
日申時嗣傳
寶次子多儉
為子

家型
守祖五子生於嘉慶二十五年卒於同治八年正月二

傳習
家騋三子生於道光二十八年九月初二日未時嗣傳寶三子多成為子

傳廉
家型長子生於道光二十三年卒於光緒十三年三月

十日子時享年五十歲葬於家東新塋亥山巳向兼壬丙配葉氏潁上縣人葉傚春女生於嘉慶二十三年卒於光緒四年三月十四日辰時享年六十一歲葬家東老塋酉山卯向兼辛乙生子四傳廉傳之傳

初十日未時歷年四十五歲附葬於家東老塋左第一座亥山巳向兼壬丙配張氏本邑人張士英女附葬於家西老塋子山午向兼癸丁繼配曹氏陝西陽城縣人曹通來女生於咸豐七年六月十九日戌時

綱傳璋

生子二多道多燧女一適本邑葉西谷多道多燧曹氏出女張氏出

傳之

家型次子生於道光二十八年卒於光緒二十九年七月初一日辰

時享年五十六歲葬於家西新塋子山午向兼癸丁配陳氏潁上縣人生於道光二十八年九月十九日巳時生子四多紹多堯多緒多倉女一適本邑魯作金

傳綱

家型三子字攸倫生於咸豐六年三月二十八日辰時配馮氏本邑人生於咸豐十一年七月十六日戌時生子四多績多聞多聰多學女一

傳璋

家型四子生於咸豐十一年八月十六日申時卒於光緒三十三年十二月初八日卯時歷年四十七歲附葬於家東老塋西第一座配王氏本邑人王克儒女生於同治六年十二月三

十日子時生子三多敬多珠多宣女一

士烈
炯三子生年無考卒附葬於虎鬬岡老塋側申山寅向配方氏本邑人合葬生子三克山克海克泉遷居虎鬬岡

克山
士烈長子生年無考卒附葬於虎鬬岡老塋側申山寅向配岳氏本邑人葬於雙橋集北老塋申山寅向生子三榮祖金

榮祖
克山長子生年無考卒附葬於雙橋集北老塋側申山寅向配朱氏本邑人合葬生子三家茂家訓家盈家訓殤

家茂
榮祖長子生年無考卒附葬雙橋集北老塋側申山寅向配李氏本邑人合葬生子一傳連

傳連
家茂子生於道光七年五月十四日午時卒葬西二十鋪義地西北向配李氏本邑人葬於孫氏大義地生子一多信

祖元祖遷居
州南二十舖

家盎
榮祖三子生年
無考卒葬十
五里橋南王
家谷堆新塋
寅山申向配
邸氏本邑人
合葬生子二
傳修傳洛

傳修
家盎長子生於
嘉慶二十一
年二月初七
日寅時葬於
十五里橋南
王家谷堆傍
老塋配路氏
本邑人生於
嘉慶二十五
年八月初十

日丑時卒於宣統元年正月十二日亥時合葬生子一多彩

傳洛

家盎次子生於道光元年九月初十日未時配姚氏本邑人卒合葬於十五里橋南王家谷堆

老塋側生子
一多林

傳來
家仁長子生於
道光十四年
六月十四日
酉時卒葬西
二十鋪南谷
堆傍新塋配
洪氏本邑人
合葬

家仁
金祖長子生年
無考卒附葬
於雙橋集北
老塋側申山
寅向配劉氏
本邑人合葬
生子三傳來
傳雪傳銀

金祖
克山次子生年
無考卒葬於
雙橋集北老
塋側申山寅
向配朱氏本
邑人合葬生
子三家仁家
禮家信

傳雪
家仁次子

傳銀
家仁三子生年無考卒葬西二十鋪南谷堆北配氏未詳卒葬孫氏大義地生子一多掌

家禮
金祖次子生年無考卒葬雙橋集北老塋側申山寅向配李氏本邑人合葬生子三傳盛傳和傳貴

傳盛
家禮長子生於道光九年十一月十四日丑時卒於光緒二十四年八月二十日亥時享年七十歲葬於雙橋集西馬家岡南新塋坤山艮向配倪氏本邑人生於咸豐七年六月二十

四日生子三多明多越多

考

傳和

家禮次子生於道光二十四年正月十九日辰時配王氏本邑人生於道光二十五年七月初六日卒於光緒十六年八

孫氏支譜　卷之二

月二十一日亥時歷年四十六歲葬於二十舖西黄泥塘東新塋乙山辛向生子三多森多淮多聞女一適本邑宋

傳貴

家禮三子生於咸豐元年二月二十三日

亥時卒於光緒二十四年七月配氏失傳同葬於二十鋪西義地生女一

家信

金祖三子生年無考附葬於雙橋集北老塋側申山寅向配曹氏本邑人合葬生

傳鼇

家信子生於道光二十五年九月二十三日亥時配喬氏本邑人生於道光二十

元祖

克山三子生年無考卒附葬於雙橋集北老塋側申山寅向配宋氏本邑人合葬生子一家玉

家玉

元祖子生年無考卒附葬於雙橋集北老塋側申山寅向配邸氏本邑人葬於十五里橋東南

子一傳䵷

傳華

家玉長子生於道光九年九月十一日戌時卒於光緒二十五年九月十三日亥時享年七十六年十一月初三日亥時生子三多翹多路多三多翹殤

新塋坤山艮向生子三傳華傳厚傳孟

八歲葬於家北谷堆東老塋坤山艮向配周氏本邑人葬於下家溝南新塋巽山乾向繼配姚氏本邑人葬於家東新塋巽山乾向生子四多文多堯多季多春多文周氏出多堯多季多春姚氏出

傳厚

家玉次子生於道光十七年七月二十四日酉時卒於光緒十二年七月二十一日辰時享年五十歲葬於家北谷堆東老塋坤山艮向配徐氏本邑人生於道光十八年生子二多紅多

旭

傳孟

家玉三子生於道光二十三年九月十四日未時卒於光緒十六年九月十四日丑時歷年四十八歲葬於家北谷堆東老塋配張氏本邑人生於

克海
士烈次子生於乾隆二十六年卒於道光四年享年六十四歲葬於虎鬬岡老塋

繼祖
克海長子生於乾隆四十二年葬於虎鬬岡老塋配劉氏本邑人合葬生子一家

家周
繼祖子生於嘉慶五年卒於咸豐七年享年五十七歲配劉氏本邑人塋葬無考

道光二十三年十一月初一日申時生子六多章多蘭多福多壽多喜多勤

傳德
家周長子生於道光十六年七月十三日亥時配李氏河南太康縣人李守保女

配石氏本邑人合葬生子三繼祖繩祖永祖繩祖永祖殤

周

繼配梁氏河南開封府人梁勲臣女生子二傳德傳猷梁氏出

卒葬家西老塋生子一多前女一適本邑朱致和

傳猷

家周次子生年無考卒葬六安州北二十鋪新塋坤山艮向

克泉
士烈三子生於乾隆三十年卒附葬於虎鬬岡老塋側配胡氏本邑人合葬生子一擴祖

擴祖
克泉子生於乾隆五十八年卒於咸豐七年享年六十五歲附葬虎鬬岡老塋側配陳氏本邑人合葬繼配魯氏本邑人生子六家瑞家璠家瓏家琤家璇家璋家瑞家璠家瓏家琤陳氏

家瑞
擴祖長子生於嘉慶十八年卒於咸豐七年歷年四十五歲附葬於家南老塋辛山乙向配杜氏本邑人杜名德女附葬於家東老塋酉山卯向兼辛乙生子一傳法

傳法
家瑞長子生於道光二十一年卒於光緒二十四年四月十三日亥時享年五十八歲附葬於家東老塋酉山卯向兼辛乙配黃氏本邑人黃能海女生於道光二十三年十二月初四日

出家璇家璋
魯氏出

家璠
櫕祖次子生於嘉慶二十四年卒於光緒十六年十月十三日戌時享年七十二

子時生子三多謀多策多懷女二長適本邑陳萃清次適本邑王慶堂

傳仁
家璠長子生於道光十九年卒於光緒三十二年四月二十九日丑時享年六十

歲附葬於家東老塋側戌山辰向兼辛乙配石氏本邑人石易禮女生於嘉慶二十四年卒於同治十三年享年五十六歲合葬生子一傳仁女一適本邑從士廷

八歲附葬於家東老塋戌山辰向兼辛乙配劉氏本邑人劉登雲女合葬繼配李氏本邑人李保生女葬於家南老塋酉山卯向兼辛乙生子二多輅多富女一適本邑陳志田多輅劉氏出多富女李氏出

家瓏

擴祖三子生於嘉慶二十五年卒葬家南新塋坤山艮向配宋氏本邑人附葬於家東老塋辛山乙向生女二長適本邑李金彩次適本邑王文雙嗣家琤次子傳信為子

傳信

家瓏嗣子生於咸豐九年五月二十日亥時配龔氏本邑人龔天成女卒葬家東老塋辛山乙向繼配葉氏本邑人葉心田女生於同治九年九月十二日子時生子五多美多俊多領多

仕多志多美多俊龔氏出多領多仕多志葉氏出

家琤

擴祖四子生於道光七年辛於光緒十六年十月十三日戌時享年六十四歲附葬於家東老塋酉山卯向

傳珉

家琤長子生於咸豐三年六月初八日亥時配羅氏河南淮慶府修武縣人羅天彩女生於咸豐五年五月

兼辛乙配臧
氏本邑人臧
懷山女合葬
生子二傳珉
傳信女一適
本邑劉冠羣
傳信出嗣家
瓏為子

家璇

擴祖五子生年
無考卒葬家
東南新塋酉
山卯向兼辛

二十九日亥
時生子二多
重多材女二
長適本邑陳
記雨次適本
邑李全保

乙無嗣

家璋

擴祖六子生於咸豐九年卒於光緒年葬於家東南新塋酉山卯向兼辛乙配劉氏河南省人劉志東女生女一適本邑石如海

枝蕙孫

鳴雁
玠子生年卒葬無考配王氏本邑人無嗣

鳴鳳
珆長子生年無考卒葬花園莊配季氏本邑人卒合葬生子二克勇克義

克勇
鳴鳳長子生年無考卒葬南鄉楊賢舖西蓮花塻東南新塋配氏失傳卒年合葬生子二惠祖

惠祖
克勇長子生年無考卒附葬於蓮花塻東南老塋側配張氏本邑人卒年合葬生子一家箴

家箴
惠祖子生年無考卒葬於楊賢舖西甘家橋上首新塋配氏失傳卒年合葬嗣家裕子傳保為

傳保
家箴嗣子生於嘉慶二十五年十月十一日寅時配周氏本邑人生於道光十五年正月十九

禮祖

子

日子時生子
二喜多壽多

禮祖

克勇次子生年無考卒附葬於蓮花垻東南老塋配氏失傳卒年合葬生子二家珠家明家明殤

家珠

禮祖長子生年無考卒附葬於甘家橋上首老塋配費氏本邑人卒年合葬生子二傳綉傳文傳文殤

傳綉

家珠子生年卒葬無考配劉氏本邑人生子一祝多

克義
鳴鳳次子生年無考卒葬蓮花塅東南老塋配氏失傳合葬生子二濶祖慎祖

濶祖
克義長子生年無考卒附葬於蓮花塅東南老塋側配張氏本邑人生卒無考生子一家裕

慎祖
克義次子生年

家裕
濶祖子生年無考卒葬廿家橋上首老塋配卞氏本邑人生年無考卒合葬生子一傳保出嗣家箴兼祧家裕家秀

家秀
慎祖子生年無

傳保
家裕兼祧子

傳保
家秀兼祧子

鳴鶴

珸次子生年卒葬無考配賈氏本邑人無嗣

無考卒附葬於蓮花塓東南老塋側配氏失考合葬生子一家秀

考卒附葬甘家橋上首老塋配馬氏本邑人生年無考卒合葬嗣家裕子傳保為子

鳴岐

玿三子生年卒葬無考配曹氏本邑人無嗣

鳴鹿

玥長子字臨九生年卒葬無考配王氏本邑人生子六克筳克廸克建克遜克逸

克筳

鳴鹿長子生年卒葬無考配蘇氏本邑人生子一步祖謹按公為鳴鹿公嫡派原

步祖

克筳子生年無考卒葬後花園西南新塋亥山巳向配羅氏本邑人合葬生子一

家藩

步祖子生年無考卒葬黃家圩西南新塋配張氏本邑人葬於後花園西南老塋

傳仕

家藩子遷居浙江有年光緒三十四年返里祭祖一次生子二名待查

克進克廸以下均早卒無嗣

譜誤以克遷公嗣又誤以步祖公爲克遷公生今據傳殿處抄本舊支譜更正

克廸

鳴鹿次子原譜漏今據傳殿處抄本舊支譜補正

家藩女一適本邑李榮貴

右第一座亥山巳向生子一傳仕女一適本邑朱

克建
鳴鹿三子原譜漏今據傳殿處抄本舊支譜補正

克遜
鳴鹿四子原譜漏今據傳殿處抄本舊支譜補正

克逸

鳴鹿五子原譜漏今據傳殿處抄本舊支譜補正

克進

鳴鹿六子原譜漏今據傳殿處抄本舊支譜補正

鳴岡

玥次子字于皋生於康熙十一年十二月初一日戌時卒於乾隆五十年八月初一日申時享年一百十四歲葬於黃家圩東北新塋壬山丙向配孔氏本邑人生於康熙十七年九月二

克遂

鳴岡長子字懷安生於雍正六年十月二十四日巳時卒於嘉慶六年六月十七日巳時享年七十四歲葬於後花園莊西老塋後地中第一座寅山申向配孔氏本邑人生於雍正三年

炳祖

克遂長子字郁文太學生生於乾隆二十四年七月十一日巳時卒於道光九年十二月初九日亥時享年七十一歲葬於城東北饅頭山下新塋癸山丁向兼子午三分配王氏本邑人

家統

炳祖長子太學生生於乾隆五十二年二月初二日亥時卒於道光十九年十二月二十九日享年五十三歲葬於王家荒西北新塋辰山戌向配王氏本邑人生於乾隆五十四年五月

傳經

家統長子字會一生於嘉慶十七年七月初七日未時卒於光緒六年九月二十日亥時享年六十九歲附葬於王家荒西北老塋左側第一座辰山戌向配孫氏本邑人廩貢生承惠之

十日卒於乾
隆四十二年
十二月初二
日午時享年
一百歲合葬
生子三克遂
克連克遷

四月二十四
日巳時卒於
嘉慶元年六
月二十三日
巳時享年七
十一歲合葬
生子二炳祖
承祖承祖殤

生於乾隆二
十五年二月
初四日未時
卒於嘉慶二
十四年四月
初一日未時
享年六十歲
葬於十五里
井莊東北新
塋申山寅向
生子三家統
家仁家讓女
三俱適本邑
李

十五日子時
卒於咸豐七
年八月十八
日午時享年
六十九歲合
葬側室戈氏
生卒均無考
生子四傳經
傳典傳續傳
樊傳經傳典
傳續王氏出
傳樊戈氏出

女卒於同治
年合葬生子
五多藝多山
多福多慶多
智多慶殤女
二長適懷遠
龔寶映次適
本邑祝崑山
旌表節孝

傳典
家統次子生於
嘉慶二十年
五月二十日

申時卒於咸豐七年六月初一日歷年四十三歲葬於薛家橋北新塋巽山乾向配王氏本邑人生於嘉慶二十年正月十一日丑時卒於光緒二十四年二月二十八日戌時享年八十四歲附葬於王家荒西

北老塋右側第一座辰山戌向生子一多勝女一適本邑枸杞園江明禧

傳續

家統三子生於嘉慶二十三年五月二十日未時卒於光緒十七年正月十八日

午時享年七十四歲附葬於王家荒西北老塋左側第二座辰山戌向配祝氏本邑人生於嘉慶二十五年六月初六日子時卒於光緒二十年六月二十日子時享年七十五歲生子一多祝女一適本邑陳

孔親

傳樊

家統四子生於道光十四年十二月十四日未時卒於咸豐八年九月初四日卯時歷年二十五歲葬於薛家橋北新塋乾山巽向配宋氏本邑人

從九宋維藩女 旌表節孝生於道光十五年六月二十五日辰時卒於宣統二年十二月十五日亥時享年七十六歲葬於南荒田莊東艮山坤向生子一多敬

家仁

炳祖次子太學生生年無考卒葬南鄉朱家廟東北新塋配吳氏本邑人生於嘉慶四年九月初三日卒於咸豐八年七月二十八日辰時享年六十歲附葬於黃家圩老塋左側第一座

傳賓

家仁長子　貤贈奉直大夫生於道光四年卒於咸豐八年八月二十六日未時歷年三十五歲葬於楊家圩莊東北新塋配傅氏本邑人　貤贈宜人卒於咸豐七年合葬嗣傳恕子毓

壬山丙向側室梅氏本邑人附葬於花園老塋後地右首第一座壬山丙向生子五傳賓傳省傳茹傳恕傳悟傳省傳茹吳氏出傳賓傳恕傳悟梅氏出女二長適本邑劉次適本邑余

塋為子女二長適本邑謝次適本邑陳

傳省

家仁次子遇苗逆難生年卒葬無考配趙氏本邑人無嗣

傳茹

家仁三子生年卒葬無考配薛氏本邑人無嗣

傳恕

家仁四子 例贈奉直大夫生於道光十八年十月十五日午時卒於同治五年十月初八日卯時歷年二

十九歲附葬於花園老塋後地右首第二座寅山申向配胡氏鳳臺人廩貢生禮遴之女例封宜人待
旌節孝生於道光十八年二月初二日亥時生子一毓瑩出嗣傳賓兼祧傳恕

傳悟

家仁五子遇苗逆難生年卒葬無考配王氏本邑人無嗣

家讓

炳祖三子字禮端生於嘉慶四年二月十一日未時卒於道光十五

傳宣

家讓長子生年無考卒附葬於楊家圩西北老塋右側第一座乾山

年九月二十三日辰時歷年三十七歲葬於楊家圩莊西北新塋乾山巽向配吳氏本邑人生於嘉慶二年九月初十日巳時卒於咸豐八年八月初八日酉時享年六十二歲合葬生子五傳宣傳倫傳元傳文

巽向配陳氏本邑人卒附葬於花園老塋後地左首第二座寅山申向生子二多善多嚴女二長適本邑陳次適本邑張

傳倫

家讓次子生年無考卒附葬

傳殿女三長適鳳臺陳次適本邑從九例贈登仕佐郎鮑常昭三適本邑鮑

於楊家圩西北老塋左側第一座乾山巽向配邢氏本邑人生卒無考生女一適本邑楊文綉

傳元

家讓三子配劉氏本邑人早卒之嗣

傳文
家讓四子配趙氏本邑人早卒乏嗣

傳殿
家讓五子字鎮邦生於道光十九年十二月二十三日亥時配王氏本邑人王國安女生於道

光十七年八月初十日亥時卒於光緒十年三月初一日申時歷年四十八歲附葬楊家圩西北老塋右側第二座乾山巽向生子六多玉多開多信多樂多明多賢多開出嗣傳顯女一適本邑附生李鵬舉

克連

嗚岡次子生年無考卒附葬於黃家圩東北老塋右側第一座壬山丙向亥巳分金配史氏本邑人生年無考卒合葬生子一志祖女二長適本邑周次適本邑孔

志祖

克連子生年無考卒附葬於黃家圩東北老塋右側配周氏本邑人生年無考卒合葬生子一家凝女一適本邑劉謹按志祖以下原譜漏又誤以煥祖為連公子今據傳殿處抄本舊支

家凝

志祖子生年無考卒附葬於花園老塋側配王氏本邑人生年無考卒合葬生子一傳顯

傳顯

家凝子生年無考卒葬黃家圩西南新塋配周氏本邑人生子一多德殤嗣傳殿次子多開為子

譜補正

克遷
鳴岡三子生年無考卒附葬於黃家圩東北老塋左側第二座壬山丙向配桑氏本邑人生年無考卒合葬生子二煥祖維祖

煥祖
克遷長子生年無考卒葬後花園東北新塋亥山巳向配李氏本邑人生年無考卒合葬生子一家訓謹按公為遷公子原譜誤為連公今據傳殿

家訓
煥祖子字循生生年無考卒附葬於花園東北老塋左側第一座亥山巳向配王氏本邑人生年無考卒附葬於花園東北老塋左側第二座亥山

傳樂
家訓子生年無考卒葬黃家圩東南新塋配周氏本邑人生年無考卒合葬生子一多孝殤嗣傳淇次子多里為子

處抄本舊支譜更正

已向生子一

傳樂

維祖原譜作繼誤

克遷次子生於乾隆三十八年三月初七日寅時卒於道光六年正月十三日寅時享年五十四歲葬於黃家圩東北老塋左側第三

家英

維祖長子生於嘉慶元年十二月二十五日子時卒於同治元年五月初四日亥時享年六十七歲葬於黃家圩西南新塋配劉氏本

傳愷

家英長子生於乾隆五十四年十二月十二日辰時卒於同治元年五月初四日巳時享年六十七歲葬於黃家圩西南新塋配李氏

座壬山丙向兼子午配李氏本邑人生於乾隆三十五年十月二十二日子時卒於道光十三年九月初九日巳時享年六十四歲合葬生子三家英家寬家兆女三長適本邑許家秀次適本邑許樸三適本邑

邑人卒葬城北馬家山新塋繼配方氏本邑人生於嘉慶十二年八月初十日子時卒於咸豐十年七月二十四日戌時享年五十四歲附葬於花園東北老塋右側第四座乾山巽向生子七傳愷傳珠傳魁傳

本邑人嗣傳魁子多長為子

傳魁

家英三子生於道光十六年六月二十三日寅時卒於光緒二十四年九月初九日巳時享年六十三歲葬於花園東北

隗

潤傳瑞傳信傳淇傳珠傳瑞殤女二長適本邑周立和次適本邑李心純傳愷傳珠劉氏出傳魁傳潤傳瑞傳信傳淇長次女俱方氏出

老塋右側第三座乾山巽向配王氏本邑人王福安女生於道光十八年正月二十一日寅時卒於光緒二十三年十月二十三日未時享年六十歲合葬生子五多靜多明多坤多竹多長多長出嗣傳愷

傳潤

家英四子生於道光十八年五月二十八日申時卒於光緒三十四年二月初二日寅時享年七十一歲浮厝於陡澗店西南新塋配江氏本邑人江銀桂女生於道光十六年正月初四

日子時生子三多本多洪多禧多禧殤女一適本邑郭金瑞

傳信

家英六子生於道光二十四年卒於光緒三十年享年六十一歲葬於薛家橋北新塋配郝氏

本邑人生卒無考生子一
多城

傳淇

家英七子生於道光二十八年九月十二日寅時配梅氏本邑人梅長發女生於道光三十年十月二十二日巳時生子

家寬

維祖次子生年無考卒浮厝於花園西老塋前未山丑向配王氏本

四多受多里多聚多勇多勇殤女二長適本邑葛炳前次未字多里出嗣傳樂為子

傳鴻

家寬子生於道光十六年卒於光緒二十四年六月十二日享年六

邑人生子一傳鴻女二長適本邑潘次適本邑湯

家兆

維祖三子生於嘉慶九年二月二十七日卒於咸豐六年七月二十四日亥時享年五十三歲

十二歲葬於花園西南新塋配王氏本邑人生子一多來

傳全

家兆長子生於道光七年八月十三日申時卒於咸豐十一年十二月二十八日戌時歷年三

附葬於黃家
圩東北老塋
左側第四座
壬山丙向兼
子午配李氏
本邑人生於
嘉慶九年二
月二十七日
卒於光緒二
十一年正月
初十日亥時
享年九十一
歲葬於花園
西老塋以西
新塋巽山乾
向生子三傳

十六歲附葬
於後花園又
西老塋左側
第一座巽山
乾向配李氏
本邑人李慶
雲女生於道
光九年十月
二十二日子
時卒於同治
十二年五月
初四日申時
歷年四十八
歲葬於黃家
圩西南新塋
生子一多樺

全傳茂傳現

女二長適本邑孫培植次適本邑馬金瑞

傳茂

家兆次子生於道光十八年九月二十六日卒於同治十二年四月二十四日酉時歷年三十六歲附葬於

後花園又西老塋右側第一座巽山乾向配王氏本邑人待旌節孝生於道光十七年十一月初八日卒於光緒二十八年九月十三日亥時享年六十七歲附葬於後花園又西老塋右側第二座巽山乾向

嗣傳現子多芹為子

傳現

家兆三子生於道光二十七年二月二十六日卯時配關氏山東省人生於咸豐十年十二月三十日亥時生子四多芹多支多儉多

孫氏支譜 卷之二 六十二

鳴鵬

璉長子字萬里生年卒葬無考配劉氏本邑人無嗣

鳴和

克端

楠祖

家合

傳貴

第多芹出嗣傳茂多支殤女二長適本邑何

璉次子又名士德生年無考卒葬六安西南燕山下癸山丁向配楊氏六安人生年無考卒合葬生子二克端克元克元殤

鳴和長子生年無考卒附葬於燕山下老塋下首丑山未向配張氏六安人生年無考卒合葬生子二楠祖義祖

克端長子生年無考卒附葬燕山下老塋側丑山未向配楊氏六安人生年無考卒附葬丑山未向生子一家合

楠祖子生於嘉慶二十四年正月二十五日寅時卒於光緒二十五年九月初十日巳時享年八十一歲附葬於燕山下老塋配徐氏六安人生於嘉慶二十一年八月二十三日戌時卒於光緒十八年三月初十

家合子生於咸豐四年十一月十九日亥時配黃氏六安人黃大海長女生於咸豐五年九月初十日申時卒於光緒五年八月二十七日未時歷年二十五歲附葬於燕山下老塋側第一座癸山丁向生子一多

日巳時享年
七十七歲合
葬生子一傳
貴女二長適
六安廖次適
六安蔣

華女一適六
安方

義祖
克端次子生年
無考卒葬於
廠鎮中塞灣
配陳氏六安
人生年無考
卒合葬生子

一家魁殤

鳴皋
璉三子又名士
明生年無考
卒葬燕山寨
南癸山丁向
配江氏六安
人生年無考
卒合葬無嗣

鳴鴻

克榮

璉四子又名士清生年無考卒葬燕山寨南門下首壬山丙向配姚氏六安人生年無考側室陳氏六安人生年無考生子三克榮克林克中

鳴鴻長子生年無考卒葬燕山寨南灣丑山未向配江氏六安人生年無考卒合葬生子一華祖殤

克林

鳴鴻次子生年無考卒葬陶家衝新塋配楊氏六安人

會祖

克林長子生年無考卒葬燕山寨南門下將軍石後癸

生年無考卒合葬生子二會祖高祖

克中

山丁向配氏失考無嗣

高祖

克林次子生年無考卒葬燕山寨南門西首艮山坤向配氏失考無嗣

喜祖

家法

鳴鴻三子生年無考卒葬舒邑獅子山丑山未向配楊氏六安人生年無考卒附葬生子二喜祖陽祖

克中長子生年無考卒葬燕山南門外下首癸山丁向配楊氏六安人生年無考卒合葬生子一家法

陽祖

克中次子生於道光五年二月二十四日未時卒於同

喜祖子生年卒葬並配氏均失考無嗣

家材

陽祖長子生於咸豐二年十一月十六日酉時卒葬並

傳鎬

家材嗣子生於光緒二十一年七月初一日未時配李

治四年二月
二十二日未
時歿年四十
一歲附葬於
喜祖塋下癸
山丁向配楊
氏六安人生
於道光五年
九月十六日
子時卒於光
緒二十五年
三月初四日
巳時享年七
十五歲合葬
生子三家材
家倫家閑女

配氏均失考
嗣家閑次子
傳鎬為子

家倫
陽祖次子生於
咸豐五年正
月十二日子
時配湯氏六
安人生於咸
豐五年十一
月初八日巳

氏六安人李
平壽女生於
光緒九年八
月十五日戌
時

傳道
家倫嗣子生於
光緒十六年
十月初六日
酉時配許氏
六安人許司
魁女生於光
緒十六年八

二長適六安
張次適六安
唐

時嗣家閑長
子傳道為子

家閑

陽祖三子生於
咸豐七年十
二月二十二
日子時配周
氏六安人生
於同治五年
二月十二日
丑時生子四
傳道傳鎬傳
禮傳樂傳道

月初二日戌
時

傳禮

家閑三子生於
光緒二十四
年四月二十
六日未時

傳樂

家閑四子生於
光緒二十七

士毅
玿長子字海峯邑庠生生於康熙三十四年五月二十六日巳時卒於乾隆三十五年四月十九日辰時享年七十六歲

克靖
士毅長子字右季太學生生於雍正元年五月初九日丑時卒於乾隆五十九年四月十五日巳時享年七十二歲附葬

輝祖
克靖長子字月山號悅三太學生生年無考卒葬南鄉百二十里喬家壩西南新塋申山寅向配方氏本邑人卒年附葬

出嗣家倫為子傳鎬出嗣家材為子

家瑜
輝祖長子字完璞太學生生年無考卒附葬於喬家壩老塋北首第一座申山寅向配葛氏本邑人卒葬北山新塋繼配

年十二月十二日亥時

慎傳
家瑜長子字謹言生於乾隆六十年十一月初五日申時卒於咸豐五年五月初十日申時享年六十一歲附葬於喬家

葬於宗祠東北新塋東首第一座壬山丙向配王氏本邑人生於康熙三十四年五月初六日亥時卒於乾隆三十二年閏七月初七日午時享年七十三歲合葬生子二克靖克蓋克蓋出嗣士植

於宗祠東北老塋東首第一座壬山丙向配丁氏本邑人生於康熙六十一年十二月十四日辰時卒於乾隆三十六年十二月十六日未時享年五十歲合葬繼配張氏本邑人生於乾隆三年九月初三日戌

宗祠東北老塋西首第三座壬山丙向生子三家瑜家楝家乘家乘出嗣顯祖遷居城南隱賢集喬家店西

秦氏本邑人生於乾隆二十八年二月二十六日子時卒於道光十五年七月初九日辰時享年六十四歲合葬生子三統傳慎傳可傳女二長適本邑周大治次適本邑朱惠義統傳葛氏出慎傳可傳二女俱

壙西老塋北首第二座申山寅向配馬氏本邑人馬鳳周長女生於乾隆五十八年正月十六日辰時卒於咸豐七年四月初十日亥時享年六十五歲合葬生子四富多益多紀多魁多女一適本邑余從正

時卒於嘉慶二年五月十五日戌時享年六十歲附葬城東二十五里馮家圩南陳氏祖母老塋東首壬山丙向生子三輝祖法祖滎祖女一適本邑李輝祖法祖丁氏出滎祖女俱張氏出

秦氏出統傳出嗣家棟

可傳

家棟次子字公升生年無考卒附葬於喬家壩西老塋南首第一座申山寅向配任氏本邑人卒年合葬生子五勤多義多禮多文多壽多

家棟

輝祖次子字廷選太學生生於乾隆三十三年十月十二日子時卒於乾隆五十五年十月初九日子時歷年二十四歲葬於北山葛氏祖母側配方氏本邑人旌表節孝生於乾隆三

統傳

家棟嗣子字紹先生年無考卒附葬於北山老塋側配楊氏本邑人卒年合葬生子一宜多咸豐七年殉粵匪難女一適本邑朱

法祖

克靖次子字錦文號景文太學生 誥贈

十三年七月初六日午時卒於嘉慶二十年十二月十七日丑時享年五十歲合葬嗣家瑜長子傳統為子

家政

法祖長子生年無考卒葬於隱賢集東新

振威將軍覃恩晉贈建威將軍頭品頂戴浙江海門鎮總兵生於乾隆　年卒葬城北過街樓北平山北麓新塋護墳地八畝中丁山癸向配陳氏本邑人　誥贈夫人　覃恩累贈一品夫人生於乾隆

塋配王氏本邑人

家起

法祖次子字步雲生於乾隆四十四年正月初十日辰時卒於嘉慶十年二月十七日辰時歷年二十八歲附葬於宗祠東北老塋西

傳德

家起嗣子生年卒葬無考配趙氏本邑人趙尚賢長女咸豐七年殉粵逆難嗣傳煥次子多敏為子

年卒

附葬於宗祠東北老塋西首第二座壬山丙向生子五家政家起家學家興家祥

首第四座壬山丙向配張氏本邑人張秀發女　旌表節孝生於乾隆四十四年五月十八日未時卒於道光十年十月二十三日辰時享年五十三歲合葬嗣家祥次子傳德為子

家學

法祖三子生於乾隆四十八年卒於道光三十年享年六十八歲附葬於城北過街樓北平山北麓老塋側丁山癸向配張氏本邑人卒葬於西老塋側壬山丙向繼配方氏本邑人卒於

傳喜

家學長子生於道光十六年咸豐七年殉粵逆難歷年二十二歲葬於大義地壬山丙向配陳氏本邑人卒於咸豐七年十月初二日巳時歷年十八歲葬於城東南五十鋪江黃城新塋

咸豐十一年葬於城南雙龍橋西北新塋癸山丁向生子三傳喜傳理傳知女一適本邑陳家學次子生於傳喜傳理傳知女俱方氏出

嗣傳理長子多勤爲子

傳知

道光二十一年咸豐十一年殉苗逆難歷年二十歲葬於雙龍橋西北官溝沿北癸山丁向

家興

法祖四子生於
乾隆年
卒於嘉慶
年葬地無考
配金氏鳳臺
縣人　旌表
節孝生於乾
隆四十五年
卒於道光十
九年享年六
十歲葬於北
鄉八公山辛
山乙向生女
一適本邑姚

傳理

家興嗣子字崇
齋　貤贈武
畧騎尉生於
道光十八年
九月十一日
亥時卒於光
緒三十一年
八月二十六
日亥時享年
六十八歲葬
於二里橋南
新塋壬山丙
向配盛氏本
邑人盛伯福

有型嗣家學
次子傳理爲
子

長女　貤贈
安人生於道
光十六年卒
於咸豐元年
歷年十六歲
葬於宗祠西
老塋南隅壬
山丙向繼配
方氏本邑人
方人柳女
貤贈安人生
於道光二十
一年五月十
三日亥時卒
於光緒三年
十一月二十

六日亥時歷年三十七歲浮厝門口小岡地巽山乾向生子五多勤多瑢多琺多琯多昇女一適本邑劉長元待　旌節孝多勤多瑢多琺多琯多昇女俱方氏出多勤出嗣傳喜多昇出嗣傳垚

家祥

法祖五子字瑞徵號稅征誥贈振威將軍　覃恩晉贈建威將軍頭品頂戴浙江海門鎮總兵生於乾隆五十七年八月二十九日辰時卒於咸豐六年三月十四日巳時享年六十六

傳煥

家祥長子字采章號光甫誥贈振威將軍　覃恩晉贈建威將軍頭品頂戴浙江海門鎮總兵生於道光元年十二月二十日辰時咸豐七年殉粵逆難享年三十七歲葬於孫氏公塋

歲葬於宗祠南三里孫氏大公塋中西與方鼎祖墓接界壬山丙向配何氏本邑人　誥贈夫人　覃恩晉贈一品夫人生於乾隆五十八年十月二十三日辰時咸豐七年殉粵逆難享年六十六歲合葬生子

壬山丙向配黃氏本邑人誥贈夫人覃恩晉贈一品夫人生於道光二年七月十八日未時卒於咸豐元年正月初二日酉時歷年三十歲附葬於宗祠南孫氏公塋父墓東側壬山丙向繼配劉氏本邑人

二傳煥傳傯女一適本邑正陽鎮葛傳傯出嗣家起

生於道光十二年七月二十日申時咸豐七年殉粤逆難歷年二十六歲葬於九里溝北滿家莊東新塋艮山坤向生子二多慶多敏女一適本邑陶華多慶與女黃氏出多敏劉氏出多敏出嗣傳傯

榮祖

克靖三子字潤千號任遷太學生生於乾隆四十一年八月初八日午時卒於道光十五年八月二十日午時享年六十歲附葬於宗祠東北老塋西另三座中間護墳地四畝子山午向

家駒

榮祖長子字際華生於嘉慶元年四月初二日寅時卒於道光十六年五月初二日午時歷年四十一歲附葬於宗祠東北老塋另三座中左子山午向兼壬丙三分配王氏本邑人王鳳

傳銓

家駒長子字品三號聘珊從九品銜　勑授登仕佐郎　貤贈武畧騎尉生於道光八年正月十五日寅時卒於光緒十二年十月十五日巳時享年五十九歲葬於城北劉老碑澗北王

兼壬丙三分
配葉氏額上
縣葉家岡人
生於乾隆四
年三月初三
日子時卒於
嘉慶十六年
五月二十日
子時歷年三
十七歲附葬
於宗祠東北
老塋西首另
一座艮山坤
向生子二家
駒家勳

翥女生於嘉
慶元年八月
十二日卯時
卒於咸豐七
年五月十六
日未時享年
六十二歲合
葬生子二傳
鑫傳垚女一
適本邑太學
生張四端

家圩北新塋
乙山辛向配
程氏本邑人
程殿高女
例封安人生
於道光八年
正月初一日
寅時卒於宣
統元年九月
初十日戌時
享年八十二
歲生子二多
疇多珠多珠
殤女二長適
本邑候選縣
丞張元慶次

適本邑老軍營坊劉永福

傳㐂

家駒次子字仲坤　例贈武畧騎尉生於道光十六年六月初九日寅時卒於光緒十二年五月二十三日辰時享年五十一歲葬於

宗祠南孫氏大公塋東北隅酉山卯向配王氏本邑人梨樹店東王起雲女例贈安人生於道光十二年卒於道光三十年歷年十九歲葬於宗祠南三里孫氏大公塋壬山丙向嗣傳理五子多昇爲子

家勳

榮祖次子字仲猷生於嘉慶四年正月二十七日未時卒於咸豐七年十月二十日未時享年六十歲附葬於宗祠東北父塋西首第一座子山午向兼壬丙三分配胡氏本邑人庠生胡

傳森

家勳長子字松筠生於道光六年二月十八日子時同治二年殉苗逆難歷年三十九歲配趙氏本邑人趙鳳英女生於道光五年卒於道光三十年二月初二日歷年二十六歲葬於宗

兆龍女生於嘉慶六年卒於道光二十年歷年四十歲合葬生子二傳森傳晶女一適本邑周培堂

祠南孫氏公塋中以傳晶子多順兼祧

傳晶

家勳次子字鏡軒生於道光十四年四月十一日巳時卒於光緒二十七年五月初二日寅時享年六十八

歲葬於城北
過街樓平山
北伯祖塋西
北新塋丁山
癸向配錢氏
潁上縣人八
里堺錢錫孔
女生於道光
十六年正月
初九日丑時
生子一多順
兼祧傳森

士植

珆次子字軼倫附監生生於康熙三十八年正月二十八日亥時卒於乾隆九年二月二十九日寅時歷年四十六歲附葬於新塘橋西孫氏谷堆老塋西首壬山丙向兼子午三分配王

克藎

士植嗣子字獻猷太學生生於雍正五年十月十四日辰時卒於乾隆五十三年二月十八日亥時享年六十二歲附葬於宗祠東北老塋西首第一座壬山丙向配周氏本邑周家樓人

顯祖

克藎子字廸文太學生生於乾隆二十三年九月初二日午時卒於嘉慶十九年十月初一日午時享年五十八歲附葬於喬家壩西北老塋南首甲山庚向配朱氏本邑九里溝人生於

家乘

顯祖嗣子字粹建庠生生於乾隆三十五年四月二十五日寅時卒於嘉慶五年正月二十五日辰時歷年三十二歲附葬於喬家壩西百步橋東老塋北首第一座甲山庚向配劉氏本

習傳

家乘長子生於嘉慶元年咸豐七年殉粵逆難享年六十二歲葬於百步橋東周氏祖母老塋北首甲山庚向配虞氏本邑隱賢集人生於嘉慶二年卒於咸豐元年享年五十五歲合葬

氏鳳臺人生於康熙三十六年四月二十二日子時卒於雍正十二年七月十八日歷年三十七歲附葬於新塘橋西老塋壬山丙向兼子午三分繼配李氏本邑人　旌表節孝生於康熙五十六年九月十三

生於雍正五年二月初六日子時卒於乾隆五十九年二月初二日辰時享年六十八歲葬於隱賢集東喬家壩西百步橋東新塋甲山庚向側室童氏生於乾隆元年卒葬南門外清真寺西南丁山癸向生子

乾隆二十四年正月十四日巳時卒於嘉慶二十一年正月初四日亥時享年五十八歲合葬側室張氏本邑人生於乾隆　年卒葬喬家壩西百步橋東北新塋坤山艮向生子三家宰家相家修俱張氏

邑人生於乾隆三十六年八月十四日酉時卒於道光十四年九月二十二日戌時享年六十五歲合葬生子二習傳孔傳

生子二壽多法多俱於咸豐七年殉難

孔傳

家乘次子生於嘉慶五年四月初四日子時咸豐七年三月十四日未時殉粵逆難享年五十八歲附葬於喬家壩西百

日亥時卒於乾隆四十八年九月初三日辰時享年六十五歲附葬於城東馮家圩南羅壙墳老塋東首壬山丙向嗣士毅次子克薑為子

一顯祖童氏出

出又嗣輝祖三子家乘為子遷居隱賢集東百步橋東北離城百二十里

步橋東老塋南首甲山庚向配王氏本邑碼頭集人生於嘉慶三年三月初三日午時咸豐七年五月十三日午時殉粵逆難享年六十歲附葬於喬家壩西百步橋東老塋南首甲山庚向生子六繼多明多惠

家宰

顯祖次子字正廷太學生生於嘉慶元年卒附葬於百步橋東北老塋西首坤山艮向配姚氏本邑隱賢集

多見多聞多林多女一適本邑隱賢集陳田倉

洛傳

家宰長子生於嘉慶十八年卒於咸豐六年十二月初七日子時歷年四十二歲附葬於百步橋東北老塋

人卒年合葬繼配楊氏本邑楊仙舖人卒附葬於百步橋老塋北首另三座中一座甲山庚向生子三洛傳派傳洙傳女二長字本邑隱賢集南陳玉琯玉琯歿聞訃絕粒七日而逝旌表貞烈次殤洛傳派傳

東首坤山艮向配陳氏本邑人隱賢集陳崇長女生於嘉慶十八年五月初五日亥時卒於同治九年二月十九日亥時享年五十五歲合葬生子二敘多樹多女二長適本邑郝保元次適本邑王家奪

洙傳姚氏出

二女楊氏出

均附葬於楊氏墓側

派傳

家宰次子生年無考卒附葬於百步橋東北老塋西首坤山艮向配李氏本邑人李崇儉女咸豐七年殉粵逆難合葬生子二福多祿多女一適本邑迎河集陳朝元祿多出嗣顥傳

洙傳

家宰三子生年無考卒附葬於喬家壩西百步橋東北老塋西首坤山艮向配陳氏本邑勺西人卒年合葬繼配陳氏本邑人隱賢集陳桂芝女咸豐七年殉粵逆難葬於百步橋東北老

家相

顯祖三子字輔廷生年無考卒附葬於百步橋東北老塋東首坤山艮向配方氏本邑人咸豐七年殉粵逆難合葬生子

塋側坤山艮向生子一餘多陳氏出

溪傳

家相長子生年無考卒附葬於百步橋東北老塋東首坤山艮向配姚氏本邑隱賢集南灣人卒附葬於楊氏繼伯母塋

二溪傳渭傳
女一適鳳臺
姚家灣姚

北首另一座
甲山庚向

渭傳
家相次子生於
道光七年十
月十九日亥
時卒於光緒
二十三年四
月二十九日
亥時享年七
十一歲葬於
北山瑯琊𡚒
南竹園新塋

孫氏支譜　卷之二

八十七

辛山乙向配
龍氏本邑迎
河集人龍惠
次女生於道
光六年卒於
光緒四年享
年五十三歲
葬於六安北
二十鋪新塋
卯山酉向生
子二多起多
秉

家修

顯祖四子字獻廷生年無考卒附葬於百步橋東北老塋坤山艮向配薛氏本邑人薛家昂女卒年合葬生子一顯傳

顯傳

家修子生年無考卒附葬於百步橋東北老塋西首坤山艮向配佘氏本邑勺西人佘崇賢女咸豐七年殉粵逆難葬於勺西大登橋南丁山癸向嗣派傳次子祿多為子

壽州孫氏支譜

卷之

字第　號

士謙

珩長子字懷六號淮麓太學生 欽旌孝子 勅祀忠義孝弟祠傳載省志 誥贈奉政大夫刑部湖廣司郎中 覃恩貤贈中憲大夫廣西南甯府知府 覃恩累贈光禄大夫太子太

克任

士謙長子字莘臣太學生候選布政司理問 欽加同知銜 晉運同銜 誥授朝議大夫頒給盛世醇良匾額 恩賞大緞入祀鄉賢祠傳載省志生於乾隆七年十二月初二日卯

紹祖

克任長子字念修太學生候選鹽知事例授修職佐郎 貤贈朝議大夫刑部員外郎加二級 覃恩晉贈資政大夫二品銜署陜西陜安道傳載州志生於乾隆二十七年八月二十

家祥

紹祖長子字鶴祝號蓉川附貢生嘉慶庚午科薦卷挑取謄錄 議叙鹽大使 欽加五品銜例授奉政大夫生於乾隆五十年三月十八日卯時卒於咸豐八年五月二十三日亥時

傳柄

家祥長子原名經字授堂增生州同銜試用訓導 議叙五品頂戴署渦陽縣訓導 誥授奉直大夫生於嘉慶十三年八月二十九日 時卒於光緒十年六月二十六日 時享年七

傳武英殿大學士生於康熙五十八年五月初三日亥時卒於乾隆四十六年七月初十日巳時享年六十三歲附葬於宗祠東南老塋左首第一座乾山巽向配方氏本邑人舉人方畯女　誥贈宜人　覃恩

時卒於嘉慶二十一年閏六月二十六日未時享年七十五歲附葬於宗祠東南二里老塋左首第二座乾山巽向配金氏本邑人　誥贈恭人生於乾隆六年三月初三日卯時卒於乾隆五十年十二月初九

七日子時卒於道光二十二年五月初五日巳時享年八十一歲葬於城東蓮花塘新塋第一座卯山酉向配張氏本邑人庠生邁先之女　貤贈恭人　覃恩晉贈夫人生於乾隆二十四年十月初八日子時

享年七十四歲附葬於城東蓮花塘老塋左首卯山酉向配鹿氏阜陽人　例封宜人生年失考卒於嘉慶　年四月十八日合葬繼配趙氏合肥人　例封宜人生年失考卒於道光九年七月二十一日葬於

十七歲附葬於蓮花塘祖塋西北半里趙宜人老塋側壬山丙向配李氏阜陽人　例封宜人生於嘉慶十年十二月二十七日時卒於同治八年三月二十一日享年六十五歲合葬生女二長適阜陽李源

晉贈恭人
覃恩累贈一
品夫人生於
康熙六十一
年二月二十
三日辰時卒
於乾隆十三
年七月二十
七日未時歷
年二十七歲
合葬繼配吳
氏本邑人貢
生與爵女
誥贈宜人
覃恩晉贈恭
人　覃恩累

日亥時歷年
四十五歲合
葬繼配蘇氏
合肥人　誥
贈恭人生於
乾隆三十二
年八月初九
日酉時卒於
嘉慶四年五
月三十日卯
時歷年三十
二歲葬於城
東施家岡南
壬山丙向兼
子午生子五
紹祖承祖國

卒於道光二
十一年六月
十七日未時
享年八十二
歲合葬生子
七家祥錫璜
桂森錫敬錫
疇錫嘏錫熊
女二長適本
邑吳次適本
邑金

蓮花塘老塋
西北半里新
塋壬山丙向
生子二傳柄
傳綸女二長
適阜陽李士
鎔次適本邑
尹傳柄傳綸
長女鹿氏出
次女趙氏出
傳綸出嗣錫
嘏

江次適霍邱
羅鴻昌嗣廷
弼次子振錞
為子

贈一品夫人生於雍正七年五月初一日亥時卒於乾隆四十年二月二十五日午時歷年四十七歲葬於城東鄉二十五里二十店坊馮家圩新塋酉山卯向生子五克任克依克俊克偉克儀女一適合肥貢

榮贈祖玉田紹祖承祖金氏出國榮贈祖玉田蘇氏出承祖出嗣仁

錫璜

紹祖次子原名家瑞字仲屏恩貢生候選直隸州州判例授徵仕郎生於乾隆五十一年閏七月十三日寅時卒於道光十八年十一月初七日子時享年五十二歲葬於城東鄉櫻桃

廷弼

錫璜長子字夢巖太學生生於嘉慶十九年二月初三日亥時卒於同治元年八月二十四日卯時歷年四十九歲附葬於櫻桃園老塋側配林氏霍邱人生卒年失考合葬繼配張氏本

生　誥封奉直大夫候選知州王運崴克任方氏出克依克俊克偉克儀女俱吳氏出

園新塋配薛氏本邑人例封孺人生於乾隆四十九年十二月初七日子時卒於道光二十八年二月初五日申時享年六十五歲合葬生子三作霖廷弼廷贊女五長適阜陽李次適本邑石三適阜陽李四

邑人　旌表節孝生於道光十一年二月初二日卒年失考附葬生子二振鏞振錞俱林氏出振錞出嗣傳柄

適本邑朱五
適定遠方作
霖出嗣錫熊

廷贊

錫璜次子字襄甫太學生浙江候補巡檢署紹興府經歷塘溪鎮巡檢餘姚縣中村巡檢　例授登仕佐郎生於嘉慶二十四年二月初六日卒於

同治二年八月二十一日歷年四十五歲附葬於蓮花塘祖塋側配余氏本邑人生於嘉慶十八年十月初九日卒於咸豐九年十一月十四日歷年四十七歲合葬生子四振衢振興振林振杭振杭殤女一適

浙江湯

傳庚

桂森長子字垣西號先三郡庠生生於嘉慶二十三年十月二十日辰時卒於光緒十六年三月十五日子時享年七十八歲附葬於劉家山老塋

桂森

紹祖三子字小山號丹巖恩貢生候選直隸州州判例授徵仕郎生於乾隆五十四年正月初二日寅時卒於道光二十八年正月二十一日寅

時享年六十一歲葬於城東劉家山新塋壬山丙向配黃氏六安人　例封孺人生於乾隆五十六年六月初八日亥時卒於道光八年六月十四日子時歷年三十九歲合葬生子一傳庚女二長適六安陳次

側壬山丙向配張氏本邑人履慶之長女生於嘉慶二十一年十月十二日辰時咸豐十一年苗逆陷城殉難歷年四十六歲　旌表義烈從祀專祠合葬生子三振鑾振瀛振棫振棫出嗣傳鼎

適六安汪右臣

錫敬

紹祖四子字燮鼎號蓮莊增生生於乾隆五十八年八月十七日戌時卒於道光二十六年四月二十四日未時享年五十四歲葬於

傳鼎

錫敬長子字新甫 例贈武德騎尉候選衛守備生於道光二十年六月十六日申時卒於咸豐八年八月十三日丑時歷年二十九

城東張家岡新塋酉山卯向配張氏本邑人生於乾隆五十八年七月初八日酉時卒於道光三年三月十七日子時歷年三十一歲合葬繼配趙氏合肥人生於嘉慶九年十月十六日申時卒於道光十九年

歲葬於蓮花塘祖塋東首卯山酉向配林氏懷遠人江蘇運同銜江蘇即補直隸州知州之涵之女　旌表節孝　例贈宜人生於道光二十年九月十六日卯時卒於咸豐九年五月十七日辰時歷年三十歲合葬

五月十八日丑時歷年三十六歲附葬側室汪氏鳳陽人生於嘉慶五年二月十二日辰時卒於同治三年七月十三日寅時享年五十五歲葬於城東蓮花塘老塋生子一傳鼎女二長適本邑吳次適阜陽李

嗣傳庚三子振棫為子

傳鼎汪氏出
二女俱趙氏
出

錫疇
紹祖五子原名家治字範存號洛濱增貢生　誥贈奉直大夫五品銜合肥縣教諭　貤贈朝議大夫同知銜加一級生於乾隆五十

傳銘
錫疇長子字棡華號又新優廩貢生同治丁卯科舉人五品銜原任合肥縣教諭例授奉直大夫生於嘉慶二十五年六月十六日

九年四月二十九日亥時卒於道光八年三月初十日巳時歷年三十四歲葬於西廟兒山小龜山麓丁山癸向配張氏本邑人太學生汝廉之女　旌表節孝　誥贈宜人生於嘉慶二年五月十八日子時卒

辰時卒於光緒十九年十二月初八日未時享年七十四歲葬於城東高塘集北大堰新塋乙山辛向配吳氏本邑人太學生肇泰之長女　例封宜人生於嘉慶二十五年三月二十日申時卒於咸豐四年六

於同治二年九月初十日午時享年六十六歲葬於城北梁家瓦房新塋壬山丙向生子二傳銘傳鈞

月二十四日戌時歷年三十五歲葬於城東蓮花塘祖塋北里許新塋艮山坤向側室吴氏生於道光十九年二月初二日辰時卒於光緒八年九月初八日巳時歷年四十四歲浮厝於東鄉側室葛氏卒葬城

南生子四振
業振瀾振沅
振麟女五長
字阜陽李開
濟次字阜陽
李同溥咸豐
十一年苗逆
陷城同時殉
難　旌表義
烈從祀專祠
三殤四適本
邑人韓溥
旌表節孝五
適合肥李仁
美振業振瀾
長次三女俱

吳氏出振沅
四五女側室
吳氏出振麟
葛氏出振瀾
出嗣作霖

傳鈞

錫疇次子字秉
之太學生候
選鹽大使議
敘五品頂戴
賞戴藍翎
例授奉直
大夫　晉贈

朝議大夫同知銜加一級生於道光二年八月十五日辰時卒於咸豐十一年六月十五日申時歷年四十歲附葬於城北梁家瓦房老塋側壬山丙向配張氏本邑人太學生心權之女　例封宜人　晉封恭

人生於道光二年九月十六日子時卒於光緒三十二年閏四月二十四日寅時享年八十五歲浮厝於城南蔡家莊　山　向生子二振紀振淮

錫蝦

紹祖六子原名家澍字鴻薹號菊潭廩生道光乙酉科拔貢試用教諭　覃恩誥贈資政大夫二品銜署陝西陝安道加二級生於嘉慶元年三月十八日卒於道光八年九月二十七日

傳綸

錫蝦嗣子字言如號紫庭增生　覃恩誥贈資政大夫二品銜署陝西陝安道加二級生於嘉慶二十年十月初一日卒於咸豐七年七月二十二日歷年四十三歲葬於城東小古堆集

孫氏支譜　卷三

歷年三十三歲葬於城東蓮花塘東窪新塋配趙氏本邑人　覃恩誥贈夫人生於嘉慶二年卒於嘉慶二十四年五月十二日歷年二十三歲合葬側室周氏生女一字本邑方長慶未婚長慶卒聞訃絶粒

西南新塋丑山未向配金氏鳳臺人金嵐三女　覃恩誥贈夫人生於嘉慶二十年三月初十日辰時卒於光緒九年七月二十九日巳時享年六十九歲合葬生子四毓淦振融振瀷毓棻振潩出嗣作霖

旌表貞烈嗣家祥次子傳綸為子

錫熊

紹祖七子原名家盛字德圃太學生生於嘉慶三年辛於道光十五年二月十四日歷年三十七歲葬於城東蓮花塘小

作霖

錫熊嗣子字雨三　勅贈承德郎布政司理問銜生於嘉慶十五年正月二十七日卒於道光十九年七月初六日歷年

山新塋庚山甲向配趙氏本邑人生於嘉慶　年卒於道光二十三年十二月十三日合葬生女一適定遠方維楨嗣錫璜子作霖為子

三十歲附葬於城東蓮花塘小山老塋側庚山甲向配金氏鳳臺人金嵐長女旌表節孝勅封安人生於嘉慶十二年九月初十日子時卒於同治十年二月三十日未時享年六十五歲合葬生女一適阜

陽李貢江嗣
傳綸三子振
潠為長子嗣
傳銘次子振
瀾為次子

國榮

克任次子原名學田字逸亭號春墅一號香谷增貢生候選訓導勅授修職佐郎生於乾隆

家濬

國榮長子字小谷號丈軒郡增生生於嘉慶二十三年二月十九日同治二年六月初七日苗

傳厚

家濬子字子重雲騎尉世職例授武德騎尉生於道光三十年四月二十九日申時配王氏

五十四年十
月初四日
時卒於道光
二十七年五
月十六日申
時享年六十
歲附葬於城
東施家岡老
塋側子山午
向兼壬丙配
楊氏六安人
國子監監丞
志佶之女生
於乾隆五十
五年十一月
十三日子時

逆陷城殉難
歷年四十六
歲　恩賞雲
騎尉世職
例贈武德騎
尉從祀專祠
葬於城東施
家岡新塋辛
山乙向配楊
氏六安人
例封宜人生
於嘉慶二十
年八月二十
一日寅時卒
於光緒十七
年七月二十

合肥人監生
尚典之女
例封宜人生
於咸豐元年
十月初九日
辰時卒於光
緒四年二月
二十七日寅
時歷年二十
八歲合葬於
北山瑯琊套
繼配劉氏本
邑人德純之
女　例封宜
人生於咸豐
八年三月二

卒於咸豐二年九月初十日子時享年六十四歲合葬側室潘氏生子二家濬家洪女一適六安楊家濬家洪俱楊氏出女潘氏出

八日寅時享年七十七歲合葬側室陳氏生於道光六年正月初八日同治二年六月初七日苗逆陷城殉難歷年三十七歲　旌表義烈從祀專祠生子一傳厚陳氏出

十三日子時生子二多藻多蓉女五長適定遠方燕翼三適本邑張際雲五適本邑李國棟多藻長次三女俱王氏出多榕四五女俱劉氏出

家洪
國榮次子字灊生號訪九邑庠生五品頂戴候選訓導誥授奉直大夫生於道光元年十一月初五日咸豐十一年九月二十七日苗逆陷城殉難歷年四十一歲　恩賞雲騎尉世職

傳壽
家洪子字松泉雲騎尉世職例授武德騎尉生於道光二十八年十月二十六日亥時卒於光緒十二年九月二十日巳時歷年三十九歲葬於城北瑯琊山新塋配李氏阜陽人江蘇

例贈武德
騎尉從祀專
祠葬於城東
施家岡新塋
配方氏本邑
人增廣生二
品封典方標
之女 例封
宜人生於嘉
慶二十五年
四月十六日
咸豐十一年
九月二十七
日苗逆陷城
殉難歷年四
十二歲 旌

太倉州知州
萼馨女 例
封宜人生於
道光二十八
年十一月二
十一日子時
卒於光緒四
年五月初八
日亥時歷年
三十一歲合
葬繼配方氏
本邑人 例
封宜人生於
咸豐三年正
月二十日午
時生子四多

贈祖

克任三子字瑤軒號紉亭太學生候選鹽大使　覃恩誥封朝議大

袁義烈從祀專祠合葬生子一傳壽女二長適本邑徐次適本邑周

家泰

贈祖長子字引恬附貢生刑部員外郎誥授朝議大夫咸豐三年

蔭多藩多葵多荃女二長適桐城鍾多蔭多藩多葵多荃長女俱李氏出次女方氏出

傳洙

家泰長子字伯魯號少引太學生議敘鹽大使　例授修職郎生於

夫刑部河南司員外郎加二級生於乾隆五十六年二月二十二日子時咸豐十一年九月二十七日苗逆陷城殉難享年七十一歲奉　旨優卹　敕建專祠專坊　恩賞雲騎尉世職傳載省志附葬於城東

奉　旨隨呂文節公辦理團練題補河南司員外郎十一年苗逆構亂倡衆守城力竭身殉奉　旨優卹追贈四品卿銜　敕建專祠專坊　恩賞雲騎尉世職傳載省志生於嘉慶二十二年八月二十二日午

道光十七年五月十一日咸豐十一年九月苗逆陷城殉難歷年二十五歲恩賞雲騎尉世職　誥贈武德騎尉從祀專祠葬於城東蓮花塘新塋配林氏懷遠人陝西湖北布政司之望之女誥贈宜人生

施家岡老塋右首子山午向兼壬丙配王氏合肥人貢生候選知州運咸之次女　覃恩誥贈恭人生於乾隆五十四年正月十四日巳時卒於道光六年十二月初九日丑時歷年三十九歲合葬繼配王氏合

時卒於咸豐十一年六月二十九日午時歷年四十五歲葬於城東張家岡南新塋寅山申向配劉氏定遠人　例贈恭人生於嘉慶　　年卒於道光　　年二月二十八日葬於城東蓮花塘新塋　山

年失考卒於咸豐十一年正月二十一日合葬生子一　懋曾女一

傳溶

家泰次子字子澄太學生雲騎尉世職同知銜湖北候補知縣　誥授奉政大夫生於道光二

肥人 例贈
武畧騎尉運
唐之三女
覃恩誥封太
恭人生於嘉
慶十六年八
月初三日子
時卒於咸豐
七年五月二
十九日申時
歷年四十七
歲葬於城東
獅虎村南乾
龍轉辛辛山
乙向兼酉卯
生子三家泰

向繼配王
氏合肥人世
矩之女 誥
封恭人生於
道光四年九
月初二日巳
時咸豐十一
年九月苗逆
陷城殉難歷
年三十八歲
旌表義烈
從祀專祠附
葬於城東張
家岡老塋側
側室施氏生
子五傳洙傳

十一年九月
十八日戌時
卒於光緒二
年十二月十
七日 時歷
年三十六歲
葬於
山
向配宋氏
懷遠人 誥
贈宜人生年
失考咸豐十
一年九月苗
逆陷城殉難
旌表義烈
從祀專祠葬

家德恩詒女五長適合肥王次適合肥蔡三適懷遠林之洛四適合肥王尚辰五適霍邱管家泰家德長二三四女元配出恩詒五女繼配出

溶傳濟傳濱傳渲女一適本邑張傳洓長女俱劉氏出傳溶傳濱傳渲俱王氏出傳濟施氏出

於城東蓮花塘新塋　山向繼配陶氏江蘇常州人候選從九世模之女誥封宜人生於道光二十二年六月二十六日亥時嗣傳熉子多瑛為子

傳濟

家泰三子生於道光二十七年七月二十九日戌時咸豐十一年九月苗逆陷城殉難歷年十五歲從祀專祠葬於蓮花塘新塋

傳濱

家泰四子生於咸豐七年十一年九月苗逆陷城殉難時年五歲從祀專祠

傳湞

家泰五子生於咸豐九年十一年九月苗逆陷城殉難時年三歲從祀專祠

家德

贈祖次子字潤之附貢生候選巡導議叙國子監典簿銜生於嘉慶二十五年八月二十日子時咸豐十一年九月苗逆陷城殉難歷年四十二歲恩賞雲騎尉世職　例贈武德騎尉

傳煩

家德子字伯銘雲騎尉世職遵例作為文生應試生於咸豐四年七月二十四日申時配方氏懷遠人五品銜候選巡檢炳南之女例封宜人生於咸豐四年八月初四日子時卒於光

從祀專祠葬於城東蓮花塘　新塋亥巳山壬丙向配李氏本邑人　欽加五品銜候選鹽大使嘉樂之六女　例封宜人生於嘉慶二十五年十一月十五日辰時卒於同治十三年五月初二日享年五十五

緒六年八月初十日申時歷年二十七歲浮葬於城東蓮花塘新塋繼配管氏霍邱人花翎同知銜甘肅候補知縣樂才之長女例封宜人生於同治元年十月二十六日子時側室陳氏生於同治十年五月

歲葬於城東蓮花塘新塋乾山巽向側室楊氏生於道光十二年六月二十四日亥時咸豐十一年九月苗逆陷城殉難歷年三十歲　旌表義烈從祀專祠葬於城東蓮花塘新塋壬丙兼子午向生子一傳熉

初十日辰時生子四多瑛多鍵多瑜多琛女四長適臨淮藍翎五品銜江蘇候補府經歷郭占崑次適江蘇陽湖花翎四品銜山東候補知縣陶珩三字懷遠林廷銓四字霍邱管傳芾多瑛出嗣傳溶長二女方

女三長適本邑顧慶泰二三殤俱楊氏出

恩誥

贈祖三子字心轂原名家安號理堂太學生雲騎尉世職議敘五品銜　例授奉政大夫　晉封中憲大夫生於道光十年八月初三

氏出多鍵多瑜多琛三四女陳氏出

傳澇

恩誥次子字韻存廩貢生花翎四品銜浙江候補知縣兼襲雲騎尉世職署理縉雲縣知縣誥授中憲大夫生於咸豐九年六月十

日丑時卒於
光緒二十五
年九月初二
日丑時享年
七十歲浮厝
於蓮花塘戌
山辰向配晁
氏六安人附
貢生燕蘭之
女　例封宜
人　晉封恭
人生於道光
十一年十二
月二十九日
午時咸豐十
一年九月二

一日寅時配
王氏鳳臺人
附貢生者馨
之長女　誥
封恭人生於
咸豐七年七
月初六日申
時生子二多
禔多畋多禔
殤女二長適
六安廩生晁
鵬程次適本
邑蕭慶成

傳淑

恩詒三子字子

十七日苗逆
陷城殉難歷
年三十七歲
旌表義烈
從祀專祠葬
於六安東北
鄉單家埠新
塋甲山庚向
繼配高氏舒
城人候選府
經歷軍功升
用知縣帶勇
陣亡奉　旨
賜卹世襲雲
騎尉從祀李
中丞祠高塋

嘉號雛清花
翎五品銜江
蘇候補知縣
誥授奉直
大夫生於同
治六年四月
初七日卯時
配邵氏本邑
人言揚女誥
封宜人生於
同治五年十
月十四日亥
時卒於光緒
十二年正月
二十五日亥
時歷年二十

女　例封宜人　晉贈恭人　生於道光十七年十月初四日丑時卒於同治六年四月十二日子時歷年三十一歲附葬於城東獮虎村老塋右首乾龍轉辛酉山卯向兼辛乙側室周氏定遠人生於道光三十一歲葬於城北馬鞍山西古堆前新塋壬山丙向兼子午繼配楊氏六安人廩貢生廣東候補同知鳳詔五女　誥封宜人生於同治五年八月初一日酉時生子二鑫庚多晟俱楊氏出

十年三月初九日戌時生子五傳瀚傳淓傳淑傳楷傳熣傳瀚殤女八長適六安稟貢生晁承勛次適六安稟貢生同知銜山東候補知縣楊承穀三適本邑監生王寶昌四適本邑附生候補縣丞蔡錦堂五適

傳楷

恩詒四子字希膺號直甫生於同治十二年九月初一日未時配李氏本邑人監生永年之三女生於同治十年十月二十二日丑時卒於光緒二十年七月十七日寅時葬於城東蓮花

渦陽縣六品廕生劉鵬舉六適廬州府方漢七殤八適霍邱縣劉元堅傳瀚傳淓長二三女晁氏出傳淑高氏出傳楷傳烽四五六七八女周氏出

塘新塋巽山乾向歷年二十四歲繼配李氏潁州人雲騎尉世職培元之三女生於同治十一年六月十八日戌時生子三多暄多煥多烇多暄殤女一俱繼配出

傳烽

恩詒五子字耟

雲號儁甫附生生於光緒八年十月初九日酉時配林氏懷遠人拔貢生三品銜四川候補知府之洛之六女生於光緒八年三月二十八日寅時

玉田

克任四子原名慰祖字端卿號黼亭太學生 覃恩誥贈朝議大夫四品銜候選同知生於乾隆五十八年九月二十一日子時卒於道光十二年二月初七日戌時歷年四十一歲葬於

家吉

玉田長子字佑之號常伯太學生候選同知 欽加四品銜 誥授朝議大夫生於道光元年十月初十日亥時卒於光緒十三年正月二十三日酉時享年六十七歲附葬於城東九椏

傳基

家吉長子號少伯太學生 誥贈奉直大夫候選州同加一級生於道光十八年八月十四日卯時卒於光緒六年四月初六日卯時歷年四十三歲葬於九椏椿老塋西首艮山坤向配

孫氏支譜　卷之三

城東九椏椿新塋子山午向兼癸丁配吳氏本邑人廩生吳鈜之三女　覃恩誥封太恭人生於乾隆五十七年二月十一日巳時卒於同治元年九月初四日酉時享年七十二歲合葬生子二家吉家舉

椿老塋左首癸山丁向配趙氏合肥人郡庠生岳荀之長女　誥封恭人生於嘉慶二十五年正月十七日卯時卒於咸豐九年六月二十九日酉時歷年四十歲合葬生子三傳基傳均傳垣女二長字定遠陳

吳氏阜陽人候補知縣茂樹之女　誥封宜人生於道光十七年八月十九日未時生子六多銓多錕多鉁多鉎多鈖多銳女二長適定遠候補布政司庫大使方煥綸次殤

眉壽未婚眉
壽卒聞訃守
貞咸豐十一
年九月苗逆
陷城與妹同
時殉難 旌
表義烈從祀
專祠

傳均
家吉次子字子
可號評山候
選從九 例
授登仕郎
晉贈奉直大
夫五品銜候
選州同生於
道光二十三
年前七月二
十一日寅時
卒於光緒十
九年十月十
五日巳時享
年五十一歲

葬於孟家岡新塋辛山乙向配郭氏合肥人二品封典道平之女誥贈太宜人生於道光二十一年五月初九日亥時卒於同治七年五月初六日亥時歷年二十八歲合葬繼配王氏鳳臺人三品銜候選運

同鼎奎之女
誥封宜人
生於咸豐三
年九月十九
日子時生子
四多鉞多鎰
多鎮多錦俱
王氏出多錦
殤

傳垣

家吉三子字應
長 欽加五
品頂戴江蘇

補用縣丞例授奉直大夫生於道光二十六年五月十五日亥時卒於光緒十九年六月十八日巳時歷年四十八歲葬於城東施家岡祖塋西北新塋癸山丁向配甯氏阜陽人候選府經廳若煥之女 例

贈宜人生於道光二十六年八月十二日未時卒於同治十年十月十七日寅時歷年二十六歲葬於城東施家岡祖塋西北新塋癸山丁向繼配王氏合肥人監生尚典之女　例封宜人生於咸豐四年二月

家舉
玉田次子字菊如號秀升太學生候選州同 欽加運

傳彰
家舉子字采五太學生 誥贈奉政大夫五品銜候選

二十七日長時生子二多鍇多錡多鍇殤俱王氏出女一甯氏出適定遠縣山東候補縣丞方炳夔

同衘　賞戴
花翎　誥授
朝議大夫生
於道光五年
九月初六日
午時卒於同
治九年七月
初二日申時
歷年四十七
歲附葬於九
棡椿老塋側
癸山丁向配
林氏懷遠人
郡庠生道光
壬辰科舉人
內閣中書協

布政司理問
生於同治二
年十一月二
十一日子時
卒於光緒八
年六月二十
九日午時歷
年二十歲葬
於九棡椿祖
塋西新塋卯
山酉向配方
氏本邑人候
選縣丞爾常
之長女　誥
封宜人　旌
表節孝生於

辦侍讀湖北同知署黄州府知府守武昌省城殉難追贈道銜士例銙之女贈恭人生於道光二年十一月二十六日未時卒於同治元年十月二十九日子時歷年四十一歲合葬側室毛氏懷遠人誥封

咸豐九年六月二十二日未時卒於光緒三十三年六月二十五日辰時歷年四十九歲合葬生子一多鈗

宜人生於道光二十四年五月十二日辰時生子一傳彰女二長適阜陽監生甯大有次適霍邱縣湖北候補藩經歷竇以煦傳彰二女俱毛氏出

克依

士謙次子字愼齋號不庵貢生　貤封修職佐郎江蘇江陰訓導覃恩貤封中憲大夫戶部郎中加二級晉贈通奉大夫三品銜直隸候補知府加四級傳載州志著有湘雪軒詩文

澍徵

克依長子原名裕祖字問亭號棣原歲貢生江蘇江陰訓導亳州訓導署合肥教諭　敕授修職佐郎　貤贈通奉大夫直隸候補知府加四級生於乾隆四十年四月二十一日巳時卒

家訹

澍徵長子字魯芹太學生生於乾隆五十九年九月二十二日寅時卒於咸豐五年正月十一日戌時享年六十一歲葬於城東南百二十里油坊莊新塋配裴氏本邑人生於乾隆六十

傳錄

家訹長子字殿勳號次山太學生候選從九　例授登仕佐郎生於嘉慶二十三年十月初九日辰時咸豐七年二月二十日巳時殉粵逆難歷年四十歲葬於城西菱角嘴東新塋配李

集刻有詩雋腹腴行世生於乾隆二十年十一月初十日亥時卒於道光十一年十一月十二日亥時享年七十七歲葬於城東二十五里馮家圩新塋配顧氏本邑人貤贈恭人晉贈夫人生於乾隆十八

於道光二十八年九月二十六日寅時享年七十四歲葬於鳳臺蘆溝集東南里餘新塋配趙氏本邑人貤贈夫人生於乾隆四十一年六月二十九日卯時卒於道光十八年十二月初六日申時享年六十

年正月初六日卯時卒於同治八年九月二十二日午時享年七十五歲合葬生子四傳錄傳裘傳溥傳豫女四長適本邑裴次適阜陽李三適本邑黃四適本邑裴傳裘出嗣家栒

氏本邑人附貢生李文彪女　例封孺人生於嘉慶二十四年五月十三日子時卒於光緒三十二年四月二十八日寅時享年八十八歲葬於城東北湧泉菴東山下艮山坤向生子三多文多慶多猷多猷出

年八月十六日子時卒於道光九年二月二十二日子時享年七十七歲合葬生子二澍徵霞芬女二長適鳳臺金次適定遠劉

三歲葬於鳳臺蘆溝集西里餘新塋生子六家詠家督家馨家栒家誾家沛女四長適定遠方次適鳳臺金三適定遠方四適定遠方家馨出嗣霞芬

嗣傳柯兼祧傳裘

傳溥

家詠三子字廣敦生於道光十年三月初五日卒於咸豐六年十月初二日歷年二十七歲葬於東門外柏家臺新塋配柏氏本邑人

生子一多益

傳豫

家詠四子原名烱字亮夫郡增生試用訓導歷署宿松蕪湖教諭例授修職佐郎生於道光十二年九月二十五日寅時卒於光緒三十三年正

月二十四日午時享年七十六歲葬於城東南百二十里油坊莊老塋側配方氏懷遠人例封孺人生於道光十年十月二十二日卯時卒於光緒十九年十一月十六日寅時享年六十四歲葬於本宅松樹

莊後乙山辛向生子一多煥女四長適合肥郡庠生王潤昌次適宿州廪貢生候選直隸州州判戴以衡三殤四適本邑山東候補縣丞裴乾中

家督

澍徵次子字仲

傳柯

家督長子字執

咸邑增生候選縣丞奎文閣典籍　例授文林郎生於嘉慶六年正月初八日子時咸豐八年十二月十四日午時卒於陝西旅次享年五十八歲浮厝陝西省城南門外十一里鐵爐廟前配余氏本邑人生於

仙太學生生於道光二年六月三十日亥時咸豐十一年九月二十七日苗逆陷城殉難歷年四十歲從祀專祠配薛氏本邑人嗣傳録三子多猷為子

嘉慶四年三月初三日子時卒於光緒十年十二月初四日戌時享年八十四歲葬於南門外周家樓北新塋巽山乾向生子二傳柯傳柱女二長適本邑鄭次適定遠方

傳柱

家督次子字石君太學生生於道光十年九月二十日亥時卒於同治十二年九月初三日亥時歷年四十三歲葬於城東南十三里廟袁家牌坊西北新塋配李氏合肥人生於道光十

家栒
澍徵四子字蓉
卿庠生配黃
氏繼配張氏

一年四月二
十一日子時
卒於光緒二
十一年七月
初二日寅時
享年六十五
歲葬於城南
二里橋新塋
巽山乾向

傳表
家栒嗣子字少
芹庠生生於
道光六年十

當亂離之後生年卒葬均失所考嗣家詠次子傳裘為子

一月二十日卒於同治三年九月十二日戌時歷年四十歲葬於東南鄉松樹莊東新塋配柏氏本邑人卒年合葬生女一適定遠方傳錄三子多猷兼祧

家闓

澍徵五子字含剛庠生配查氏金陵人寄居金陵咸豐三年粤逆陷城全家殉難旌表節孝生女一適本邑王魯氏出

側室魯氏

家沛

澍徵六子字澤九廪貢生生

傳業

家沛長子字駿生生於道光

於嘉慶十四
年四月初九
日　時咸豐
十一年九月
二十七日苗
逆陷城殉難
享年五十三
歲從祀專祠
葬於城南十
三里廟新塋
配趙氏本邑
人生於嘉慶
十二年五月
初六日卒於
道光三十年
十月二十五

十一年九月
二十五日卒
於咸豐八年
二月歷年二
十八歲葬於
城南十里舖
新塋配羅氏
霍邱人廩貢
生羅攸曾女
　旌表節孝
生於道光八
年十一月初
八日卒於光
緒二十五年
六月初四日
戌時享年七

日歷年四十三歲葬於城南十里鋪新塋生子三傳業傳厚傳謹女二長適本邑尹傳珍次適定遠方臻範

十二歲葬於城北陸家小莊艮山坤向生女一適本邑尹繡榮嗣傳謹長子多珊爲子

傳厚

家沛次子字博臣咸豐十一年九月二十七日苗逆陷城殉難從祀

專祠

傳謹

家沛三子字續九生於道光三十年十一月十三日寅時卒於光緒三十一年九月二十一日巳時享年五十五歲葬於塋山向

配陸氏鳳臺人庠生陸萬春女生於道光二十九年四月初七日亥時生子二多𤦲多恕女二長適合肥李立之次適合肥龔吉甫多珊出嗣傳業爲子

霞芬

克依次子原名邁祖字介亭庠生　誥贈通奉大夫直隸候補知府加四級生於乾隆五十二年四月二十二日亥時卒於嘉慶十五年八月二十二日亥時歷年二十四歲葬於城北錢

家馨

霞芬嗣子字詠陶號怡泉太學生　誥贈通奉大夫直隸候補知府加四級傳載省志生於嘉慶七年八月十八日未時卒於道光二十四年十月初五日巳時歷年四十三歲葬於城南

傳賢

家馨長子字景之增生　誥贈奉直大夫五品銜山東候補州同生於道光元年十一月初七日子時卒於咸豐九年九月十八日歷年四十歲葬於鳳臺蘆溝集東湖巽山乾向配金氏

家湖新塋子
山午向配王
氏本邑人
旌表節孝
誥贈夫人生
於乾隆五十
二年十二月
十五日寅時
卒於咸豐七
年閏五月十
五日午時享
年七十一歲
合葬嗣澍徵
三子家馨為
子

九里溝新塋
配方氏本邑
人　誥贈夫
人生於嘉慶
七年十一月
初五日丑時
卒於道光十
年十月初九
日寅時歷年
二十九歲合
葬繼配程氏
本邑人　誥
贈夫人生於
嘉慶十七年
十二月二十
七日辰時卒

鳳臺人　誥
贈宜人卒年
合葬生女二
長適鳳臺胡
次適鳳臺陳
嗣傳箕長子
毓麟為子

傳箕

家馨次子字訪
疇庠生　誥
贈奉直大夫
五品銜山東
候補州同生
於道光五年

於咸豐九年三月二十六日申時歷年四十八歲葬於城南十八里荒新塋生子六傳賢傳箕傳甲傳埗傳根傳晉女一適本邑廖傳賢傳箕傳甲女方氏出傳埗傳根傳晉程氏出

十二月二十七日卒於咸豐四年十月十七日巳時歷年三十歲附葬於九里溝老塋側配薛氏本邑人
誥封宜人
生於道光五年十月初六日卒於光緒元年十月十八日寅時享年五十一歲葬於九里溝

新塋坤山艮向生子一毓麟女二長適本邑從九鄭術懋次適本邑廪貢生楊承恩毓麟出嗣傳賢兼祧傳箕

傳甲

家馨三子字鼎甫太學生生於道光八年

六月二十一日申時咸豐十一年九月十九日茵逆陷城殉難歷年三十四歲從祀專祠葬於城南十八里荒新塋巽山乾向配方氏本邑人生於道光十年七月初九日亥時卒於同治十二年二月十三日申

時歷年四十四歲合葬嗣傳垺次子多年爲子

傳垿

家馨四子字松屏　貤贈登仕佐郎江蘇候補巡檢生於道光十三年十月二十四日午時卒於同治八年

九月初三日巳時歷年三十七歲葬於城東沙石岡新塋配程氏本邑人　貤贈孺人生於道光十一年九月二十二日寅時卒於光緒三年十月二十九日子時歷年四十八歲合葬生子二多齡多年多年出

嗣傳甲

傳根

家馨五子字季深國學生生於道光十七年五月初十日同治二年十月二十八日殉苗逆難歷年二十六歲　恩賞雲騎尉世職例贈武德騎

尉 貤贈通
奉大夫 旌
表忠義從祀
專祠葬於城
東蓮花塘新
塋乾山巽向
配尹氏本邑
人五品銜尹
林謙女 旌
表節孝例
封宜人 貤
封夫人生於
道光十七年
九月二十日
寅時卒於宣
統元年六月

二十日巳時
享年七十三
歲葬於雙橋
集南新塋坤
山艮向傳晉
子毓筠兼祧

傳晉

家馨六子字庶
候號幼泉軍
功歷保補用
道直隸候補
知府　欽加
三品銜　賞

戴花翎　誥
授通議大夫
　晉授通奉
大夫生於道
光十八年八
月十七日辰
時卒於光緒
十七年二月
十九日寅時
享年五十四
歲葬於黃家
郢西新塋巽
山乾向配王
氏本邑人
誥封淑人
晉封夫人生

於道光十八年十二月十九日申時卒於同治九年正月二十六日巳時歷年三十三歲合葬側室申氏誥封太宜人生於咸豐元年二月二十二日子時卒於光緒二十六年十月十三日辰時享年五十歲

葬於城東南
百二十里油
坊莊新塋巽
山乾向生子
一毓筠申氏
出兼祧傳根

克俊
士謙三子字繼
三號坦齋廩
貢生刑部湖
廣司郎中
記名繁缺知
府候選道軍

位祖
克俊長子字巽
亭太學生
貤贈修職佐
郎候選訓導
覃恩晉贈
榮祿大夫三

家珍
位祖長子字南
卿號鴻書太
學生　貤贈
修職郎候選
教諭傳載州
志生於嘉慶

傳斌
家珍嗣長子字
允卿號筠青
恩貢生候選
教諭　例授
修職郎生於
道光十五年

功加一級誥授中憲大夫傳載省志生於乾隆二十二年五月十七日寅時卒於嘉慶十三年二月初七日戌時享年五十二歲葬於城東南百餘里合多鋪坊孫家樓南里許顏家岡新塋甲山庚向寅申分

品銜分省補用知府加三級生於乾隆四十七年七月初五日巳時卒於嘉慶十七年八月二十八日丑時歷年三十一歲附葬於嚴家岡老塋左首甲山庚向配宮氏懷遠人　貤贈孺人　覃恩晉贈一品夫

十二年三月十六日午時卒於道光二十六年四月二十七日卯時歷年四十歲附葬於宗祠南薛家橋北老塋左首第一座癸山丁向配趙氏本邑正陽人候選縣丞士釣女　貤封孺人生於嘉慶十六年五

八月初二日巳時卒於光緒二十一年四月二十一日午時原聘宮氏懷遠人配宋氏懷遠人太學生宋奎第女生於道光二十三年正月三十日辰時卒於光緒四年三月十五日丑時歷年三十六歲葬於城

金配姚氏本邑人　誥封恭人生於乾隆二十二年六月初七日辰時卒於嘉慶二十年三月十二日卯時享年五十九歲合葬生子四位祖申祖成章鼎元

人生於乾隆四十一年四月十八日寅時卒於嘉慶八年十二月二十九日卯時歷年二十八歲合葬繼配方氏定遠人歲貢生候選訓導方玉臺長女　旌表節孝　貤贈孺人　覃恩晉贈一品夫人生於乾

五月二十五日卯時卒於光緒九年十月初九日亥時享年七十七歲合葬側室張氏本邑人生子一傳敏殤女一適定遠五品銜候選從九方為楫女趙氏出傳敏張氏出嗣家樂次子傳斌為長子家琪次子

東二十店西南里許新塋庚山甲向繼配李氏本邑人提舉銜候選知縣世恩女生於咸豐二年四月初十日子時生子五多彝多襄多鎣多鋈多崟女三長適定遠丁酉舉人農工商部主事方燕庚次適定遠

隆五十一年九月二十七日子時卒於道光十四年四月十四日卯時歷年四十九歲葬於宗祠南里許薛家橋北新塋癸山丁向兼子午生子三家珍家樂家琪俱方氏出

傳孚爲次子

太學生方煥緯待　旌節孝三適定遠方昶多彝多襄長次女俱宋氏出多鎣多崟三女俱李氏出

傳孚

家珍嗣次子號少卿太學生江蘇候補巡檢　例授登

仕佐郎覃恩貤贈奉直大夫五品銜江蘇上海縣主簿加六級生於道光十七年十月十一日巳時卒於光緒二十五年六月初六日午時享年六十三歲葬於城南邱家古堆西新塋丙山壬向配方氏定遠

人邑庠生汝椿長女　覃恩貤贈宜人生於道光十七年正月初四日戌時咸豐十一年九月二十八日苗逆陷城同女毛姑殉難　旌表義烈從祀專祠葬於城南邱家古堆新塋庚山甲向繼配黃氏本邑人

從九品銜春和女　覃恩貤贈宜人生於道光二十六年五月十三日未時卒於光緒四年正月初四日未時葬於城南邱家古堆西新塋丙山壬向生子四多涵多淮多源多潞女二長殉難次適定遠直隸候

家樂

位祖次子號恬夫庠生候選訓導　例授修職佐郎生於嘉慶十四年三月二十四日丑時卒

補知縣何炳濤長女方氏出多涵多淮多源多潞次女俱黃氏出

傳熙

家樂長子號小恬候選從九　例授登仕佐郎生於道光十三年五月初五日卯時咸豐十一

於咸豐八年九月初三日戌時享年五十歲附葬於宗祠南薛家橋北老塋右首第一座癸山丁向配楊氏六安人生於嘉慶十三年六月初八日辰時卒於道光二十七年九月二十日戌時歷年三十九歲合

年七月十四日殉苗逆難歷年二十九歲　恩賞雲騎尉世職例贈武德騎尉從祀專祠葬於宗祠西南里許新塋坤山艮向配金氏鳳臺人例贈宜人生於道光十四年五月十四日巳時卒於咸豐五年

葬繼配李氏本邑人生於道光五年四月初三日亥時卒於光緒十六年十二月十六日丑時葬於城東南百餘里合夛鋪風火墻莊西南半里許新塋巳辛兼卯酉山向生子四傳熙傳絨傳文傳粹女五長適

八月初八日戌時歷年二十二歲合葬繼配方氏定遠人　旌表節孝　例贈宜人生於道光二十年十二月初八日申時卒於光緒二十二年五月初三日未時享年五十七歲生子一多永女一適本邑裴俱

定遠五品銜
浙江瑞安縣
縣丞方臻穀
次適定遠光
緒丙子舉人
癸未進士內
閣中書方芾
林四適定遠
廩貢生候選
主簿世襲雲
騎尉方梓林
三五女於咸
豐十一年九
月二十七日
苗逆陷城同
日殉難　旌

方氏出

傳文

家樂次子號郇
堂太學生生
於道光十八
年二月初九
日戌時卒於
光緒八年四
月初六日亥
時葬於宗祠
西南二里許
新塋配李氏
本邑人貢生

表義烈從祀專祠傳熙傳斌傳文長次三女俱楊氏出傳粹四五女俱李氏出傳斌出嗣家珍

李世南女生子三多藻多芑多奠殤女一適江蘇太倉州候選縣丞張之簡

傳粹

家樂三子字子純生於咸豐七年四月十七日卯時卒於光緒三十二年八月二

家琪

傳昭

十五日酉時配王氏鳳臺人生於咸豐九年五月二十六日亥時卒於光緒二十六年正月二十五日辰時生子三多棨多檠多榮殤女一適鳳陽柳蝦民

位祖三子字玉農太學生貤贈登仕佐郎江西候補巡檢　覃恩晉贈奉直大夫五品銜在任候補縣丞江蘇上海縣主簿加六級　覃恩累贈榮祿大夫三品銜分省補用知府加三級生於嘉慶十六年十一

家琪長子號紹農太學生江西候補巡檢　例授登仕佐郎　覃恩貤贈奉直大夫五品銜江蘇上海縣主簿加六級生於道光十三年九月十二日戌時卒於光緒二十二年十一月二十二日亥時享年六十四

月十六日未時卒於咸豐七年七月二十五日戌時歷年四十七歲附葬於宗祠南薛家橋北老塋左首第二座癸山丁向配方氏定遠人太學生　貤贈朝議大夫運同銜直隸鉅鹿縣知縣銘恩女　貤贈孺

歲葬於城南十三里廟高家莊新塋壬山丙向配王氏本邑人歲貢生候選教諭鴻女　例封孺人　覃恩貤贈宜人生於道光十三年八月十三日巳時卒於光緒二十一年十二月初三日亥時享年六十三

人　覃恩晉
贈宜人　覃
恩累贈一品
夫人生於嘉
慶十七年十
月十九日戌
時卒於光緒
三年七月初
一日子時享
年六十六歲
合葬生子六
傳昭傳孚傳
棨傳祚傳謨
傳楨傳孚出
嗣家珍傳棨
殤

歲合葬生子
三多循多館
多鐈女四長
字本邑河南
候補典史薛
毅生三適本
邑時桂芬次
四殤

傳祚

家琪四子號錫
臣候選從九
例授登仕
佐郎　覃恩

貤封朝議大夫候選知府生於道光二十五年三月二十七日卯時卒於宣統元年三月二十八日寅時享年六十五歲葬於城南十三里廟楊家崗新塋乙山辛向配何氏定遠人附監生 國史館謄録議敘

鹽太使克昌之女　例封孺人　覃恩貤贈恭人生於道光二十九年九月初八日戌時卒於光緒十九年正月二十九日子時歷年四十五歲合葬生子五多鋑多鑲毓新多錦多誌女一適定遠庠生凌穀年

傳謨
家琪五子號子
嘉太學生
覃恩貽贈奉
直大夫五品
銜江蘇上海
縣主簿加六
級生於道光
二十八年七
月二十六日
巳時卒於光
緒十三年十
一月十三日
辰時歷年四
十歲葬於城

東南鄉宜豐鋪風火牆北首乙山辛向配徐氏本邑人懷甯縣教諭元春六女
覃恩貤封宜人生於道光三十年十二月十七日卯時生子五多銳多銑多鍠多鍾多鏡女三長適定遠盧貢生方煥經次適本

邑留學日本畢業生劉屏周三適本邑太學生張立正

傳楨

家琪六子原名紳字友三號立幹太學生國史館謄錄議叙縣主簿分發江蘇署武進縣小

河司巡檢兩
次兼理上海
縣縣丞　欽
加五品銜
賞戴藍翎
賞換花翎
特授上海縣
主簿升授宜
興縣縣丞
覃恩賞加六
級　誥授奉
直大夫　覃
恩晉封朝議
大夫四品銜
候選布理問
覃恩累封

榮祿大夫三品銜分省補用知府加三級生於咸豐二年七月二十六日巳時卒於宣統三年二月初二日酉時享年六十歲厝於城南十三里廟高家圩東南子山午兼癸丁向在任十八年歷辦河工積勞病

故經上海縣
紳士稟請優
恤傳載上海
縣志配魏氏
本邑人候選
從九殿臚女
誥封宜人
覃恩晉封
太恭人　覃
恩累封一品
太夫人生於
咸豐三年正
月初五日午
時生子四多
沅多鏻多濟
多濬女一多

濬女殤

申祖　克俊次子字肖亭太學生候選太常寺典簿　勅授文林郎生於乾

家驄　申祖長子字軼羣號鐵卿軍功六品頂戴　生於嘉慶十年正月初三

傳緒　家驄長子字述之軍功六品頂戴生於道光五年七月二十七日申

隆四十八年十一月二十一日亥時卒於嘉慶二十五年六月初二日未時歷年三十八歲葬城南馬家店西南新塋山　向配黃氏本邑人敕封孺人生於乾隆五十一年九月十四日卯時卒於道光二

日未時卒於咸豐七年十月二十八日亥時享年五十二歲附葬於馬家店西南老塋子山午向配宮氏懷遠人生於嘉慶六年八月初九日寅時卒於咸豐八年四月二十五日子時享年五十八歲合葬側室

時卒於同治四年七月二十八日子時歷年四十一歲葬朱家寺西南新塋丁山癸向配金氏鳳臺人廩生塀女生於道光三年五月十四日辰時卒於道光二十四年八月十六日丑時歷年二十二歲葬朱家

十五年三月初五日辰時享年六十一歲葬城南楊家岡新塋子山午向生子一家驄女一適六安黄

閔氏本邑人葬於朱家寺南新塋辛山乙向生子二傳緒傳薪俱宫氏出

寺老塋側繼配方氏本邑人生於道光十一年二月二十七日亥時卒於道光二十七年四月初一日未時歷年十七歲葬朱家寺南黄泥谷堆壬山丙向楊氏懷遠人青陽縣教諭依園女生於道光八年十二

月二十二日巳時卒於光緒十五年八月初三日寅時享年六十一歲合葬生子一多保女二長適合肥陳澤明次適本邑裴文潮俱楊氏出

傳薪

家驄次子庠生

生卒無考葬於城南余家莊子山午向配方氏本邑人葬於朱家寺東南新塋戊山辰向傳緒子多保兼祧

成章
克俊三子字誼亭號瘦生
誥贈奉政大

家球
成章長子字玉書號長卿五品銜候選縣

傳鎣
家球子字幼書號泝泉候選從九品　例

夫五品銜候選縣丞傳載州志生於乾隆五十七年六月十一日辰時卒於道光十四年七月初三日卯時歷年四十四歲葬於城南十五里橋北新塋癸山丁向配王氏本邑人　誥封宜人生於乾隆五十七

丞　誥授奉政大夫傳載州志生於道光七年五月初二日午時卒於光緒六年十二月初六日申時享年五十四歲附葬於城南十五里橋北老塋癸山丁向兼子午三分配姚氏本邑人五品銜候選教諭厚

授登仕佐郎
誥封中憲大夫生於道光二十七年四月十一日丑時配方氏定遠人承德郎方灝之女誥封恭人生於道光二十二年四月初二日寅時生子三多治多治多怡女三長適懷遠廪生宋乃琛次

年十二月初
六日申時咸
豐十一年九
月二十七日
亥時苗逆陷
城殉難享年
七十一歲
旌表義烈從
祀專祠合葬
側室張氏
旌表節孝
誥封宜人生
於嘉慶十二
年四月十九
日辰時卒於
同治六年四

田之女　誥
封宜人生於
道光五年六
月初七日亥
時卒於光緒
二十四年五
月初六日未
時享年七十
四歲合葬於
城南十五里
橋北老塋生
子一傳鎣女
一咸豐十一
年九月二十
七日苗逆陷
城殉難　旌

適定遠候選
縣丞汪鳳詔
三適本邑太
學生李明鑄

月二十六日巳時享年六十一歲葬於城南十五里橋北新塋壬山丙向生子二家球家鸞女二長適本邑張次適本邑李家球家鸞張氏出二女王氏出

表義烈從祀專祠附葬於城南十五里橋北老塋側

家鸞

成章次子字仲翔候選從九品　例授修職佐郎生於道光十年十一月十七日酉時卒於咸豐元年十二

傳詩

家鸞子捐名培基字雅堂六品銜湖北候補巡檢署黃陂站巡檢敕授登仕佐郎生於道光三十年正月

月二十七日巳時歷年二十二歲附葬於十五里橋北老塋癸山丁向配王氏本邑人　旌表節孝生於道光九年正月十二日巳時卒於同治元年正月十六日酉時歷年三十四歲合葬生子一傳詩女二長

二十一日寅時卒於光緒十五年八月二十九日巳時歷年四十歲葬於　山向配胡氏臨淮人太學生胡乃濟女生於咸豐四年六月十三日申時生子四多濤多汶多灃多淮女三長適懷遠宋

適本邑邵次

適本邑汪

乃昌次適懷遠宋乃怡三適臨淮郭鳴鐸

鼎元

克俊四子字垢銘號敬亭太學生生於乾隆六十年正月二十八日子時卒於道光十五年八月初四日辰

家琳

鼎元子字佩之號少銘庠生生於嘉慶十七年八月二十二日申時卒於咸豐七年七月初九日午時歷年

傳泗

家琳子字磐川庠生傳載州志生於道光十四年五月初十日巳時卒於光緒十五年七月二十四日未時

時歷年四十一歲葬於城南十五里橋北新塋　山向配方氏定遠人生於乾隆五十八年二月二十三日寅時卒於嘉慶二十四年十月初八日卯時歷年二十七歲合葬繼配方氏本邑人生於嘉慶七年

四十七歲葬於南鄉九里溝新塋　山向配方氏定遠人生於嘉慶十九年十二月十四日丑時卒於咸豐七年七月初二日午時歷年四十四歲合葬生子一傳泗女四長適定遠方次殤三字定遠武咸豐

享年五十六歲葬於下塘集西南雙廟東北里許午山子向兼丁癸配史氏本邑人生於道光十五年正月二十三日卯時卒於咸豐七年五月十五日未時歷年二十二歲附葬於十五里橋北老塋西側　山

正月二十六日卯時卒於咸豐七年六月十六日辰時享年五十八歲葬於城南九里溝北新塋　山向側室陳氏　旌表節孝生子一家琳女五長適定遠武次適定遠方三適本邑方　旌表貞節四適本

十一年九月二十七日苗逆陷城殉難　旌表義烈從祀專祠四適本邑黄

向繼配張氏本邑人生於道光十九年二月初八日亥時卒於光緒二十九年七月十九日午時享年六十五歲葬於方羅集北八里洄滋橋上首　山向生子五多和多容多宜多輯多昌女五長女於咸

邑尹五適本
邑薛家琳長
次女元配出
三四女繼配
出五女陳氏
出

豐十一年九
月二十七日
苗逆陷城殉
難　旌表義
烈從祀專祠
次適本邑時
三適合肥丁
四適本邑李
五適定遠方
長女史氏出
多和多容多
宜多輯多昌
次三四五女
俱張氏出

克偉

士謙四子字約齋號立人貢生　誥封奉政大夫候選同知　晉贈中憲大夫禮部祠祭司主事加四級累贈光祿大夫太子太傅武英殿大學士生於乾隆二十六年十月二十九日

誥祖

克偉長子字鳳章號陶圃太學生江蘇常州府督糧通判　誥授奉政大夫　覃恩貤贈光祿大夫太子太傅武英殿大學士生於乾隆五十二年六月初一日亥時卒於道光二十七年

家燁

誥祖長子原名坤字后山附貢生五品銜候選訓導　誥授奉政大夫　晉贈朝議大夫同知銜甘肅候補知縣加二級生於嘉慶二十年十月初十日卯時卒於光緒四年七月二十六

傳樑

家燁長子原名筠字搢書同知銜　賞戴花翎甘肅候補知縣　誥授奉政大夫生於道光十八年七月三十日辰時卒於光緒十二年四月二十七日午時歷年四十九歲附葬於北山

亥時卒於道
光八年正月
初八日辰時
享年六十八
歲葬於鳳陽
府西南鄉發
紅山申山寅
向配方氏鳳
臺人歲貢生
候選訓導方
若桂女　　誥
封宜人　　晉
贈恭人　　累
贈一品夫人
生於乾隆二
十四年六月

十二月十五
日辰時享年
六十一歲葬
城東黃家圩
子山午向兼
癸丁配王氏
合肥人候選
知州運咸長
女　　誥封宜
人　　覃恩貤
贈一品夫人
生於乾隆五
十一年九月
初六日寅時
卒於咸豐七
年九月十三

日午時享年
六十四歲葬
於城北王家
岡卯山酉向
配楊氏定遠
人乙酉拔貢
江蘇候補知
縣楊誠長女
　誥封宜人
　晉贈恭人
生於嘉慶十
七年九月二
十三日卯時
卒於道光二
十七年六月
十六日酉時

鳳臺王家岡
老塋北首卯
山酉向配邵
氏本邑人庠
生廷揚長女
　誥贈宜人
生於道光二
十年八月二
十六日巳時
卒於咸豐十
一年九月二
十七日苗逆
　陷城殉難
旌表義烈從
祀專祠歷年
二十二歲合

初七日亥時卒於道光十四年二月初八日未時享年七十六歲合葬生子三誥祖本崇祖女四長適本邑廩生吳寶忠次適定遠廩貢生嘉慶巳卯舉人刑部浙江司郎中軍機章京方銘彝三適懷遠廩貢生

日巳時享年七十二歲合葬生子二家燡家咸女三長適本邑太學生黄生榕次適本邑方吉生三適合肥郡增生趙汝能

歷年三十六歲合葬繼配方氏本邑人太學生方琛次女　誥封宜人　晉贈恭人生於道光十一年八月初一日辰時卒於光緒十年閏五月二十五日亥時享年五十四歲附葬於城東南黄家圩老塋左首

葬繼配唐氏定遠爐橋人提舉銜候選鹽大使唐秉銳長女　誥封宜人生於道光二十六年十月二十九日巳時卒於光緒二十一年六月十二日巳時享年五十歲葬於城東南黄家圩南首新塋坤山艮向

楊榮袞四適
定遠庠生方
銘端

第一座亥山
巳向生子一
傳樑女一字
本邑邵咸豐
十一年九月
二十七日苗
逆陷城殉難
旌表義烈
從祀專祠傳
樑女俱楊氏
出

生子一多玖
女三長適江
蘇宜興湖北
候補巡檢程
祖植次適定
遠附貢生候
選府經歷方
燕庠三適本
邑太學生王
錫齡待　旌
節孝長女邵
氏出多玖次
三女俱唐氏
出

孫氏支譜　卷之三

家成

誥祖次子原名載字持中號澤山太學生候選從九例授登仕佐郎　誥封奉直大夫五品銜河南候補巡檢生於道光六年二月初三日子時卒於光緒十一年二月初六日亥時享

傳孔

家成長子字景融從九職銜例授登仕佐郎生於道光二十五年三月二十四日子時卒於同治十二年正月二十七日巳時歷年二十九歲葬於城東黃家圩老塋乾山巽向配夏氏

三十七

年六十歲葬於城東黄家圩新塋乾山巽向配黄氏本邑人太學生黄宗漢次女　誥封宜人生於道光四年九月十八日辰時卒於同治元年八月二十二日申時歴年三十九歲合葬側室楊氏江蘇清河縣本邑人候選從九夏廸簡長女生於道光二十三年五月二十六日子時待旌節孝嗣傳灼長子多康爲子

傳灼

家咸次子字景明號菊舫太學生州同銜

人楊崇玉長女生於道光十九年四月二十八日卯時卒於同治九年八月十六日丑時歷年二十四歲葬於城東黄家圩新塋乾山巽向生子三傳孔傳灼傳槺女一適本邑太學生陳叙九傳孔傳灼女俱黄

浙江試用縣丞　例授宣德郎生於咸豐六年十月十五日子時配王氏本邑人六安營把總王振邦長女　例封安人生於咸豐七年正月初四日子時卒於光緒八年十一月二十三日辰時歷年二十六歲

氏出傳源楊
氏出

葬於城東黄家圩新塋乾山巽向繼配李氏本邑正陽人山西候補知縣代理絳州知州李華東次女生於咸豐十一年六月十一日巳時生子四多康多强多廸多佶女三長適本邑山東候補縣丞蔡文銘次

適浙江紹興陳宗訓三字本邑蕭多康多强長女王氏出多廸多佶次三女李氏出多康出嗣傳孔爲子

傳標

家咸三子字夢九五品銜河南候補巡檢署理澠池縣

典史兼理澠池縣南村巡檢　誥授奉直大夫生於同治七年九月初四日寅時配徐氏鳳臺人記名提督徐思忠長女　誥封宜人生於同治六年十二月二十三日戌時生子一多庚女五長適本邑袁家荃

本
克偉次子字培元號瀛槎廩貢生國子監肄業議敘訓導　敕授修職郎　覃恩貤贈朝議大夫詹事府右贊善加四級

家春
本長子字和卿號小槎郡增生生於嘉慶二十二年十二月二十日卯時卒於同治五年四月初三日辰時享年五十歲

二三四五女未字

傳楣　除名
案附譜末

傳繡
家春長子太學生生於道光十八年十一月初八日午時卒於光緒十八年十二月二十九日享年五十五歲葬於城北

生於乾隆五十八年七月二十六日卒於咸豐五年二月二十八日享年六十三歲葬於城南十里鋪壬山丙向配方氏定遠人方玉壎女玉坤本生女　貤封恭人生於乾隆五十七年十月初十日子時卒於

葬於十里鋪北卯山酉向配方氏定遠人方銘恩女生於嘉慶二十三年四月初二日卒於同治十二年四月二十九日亥時享年五十六歲葬於城北錢李坂新塋乾山巽向生子三傳繡傳綬傳紳

錢李坂新塋辛山乙向配劉氏本邑人生於道光十九年正月初九日卒於咸豐八年四月歷年二十三歲葬於城北錢李坂繼配皮氏穎上縣人生於道光十四年正月初四日卒於光緒十七年五月十二日

道光八年十二月三十日巳時歷年二十七歲合葬繼配孔氏鳳臺人孔昭禮女　貤封恭人生於嘉慶十七年二月二十九日巳時卒於光緒十六年十二月二十日亥時享年七十九歲附葬塋左壬山丙向

亥時享年五十八歲葬於城北錢李坂艮山坤向嗣傳紳子多趆爲子

傳綬

家春次子字若甫生於道光二十七年五月二十六日丑時卒於光緒六年六月十七日辰時

生子二家春家桂俱方氏出

歷年三十四歲葬於城北錢李坂配方氏定遠人方任清女生於道光二十八年八月初二日未時生女一適福建候官陳學鵬以傳紳子多超兼祧

道光八年十二月三十日巳時歷年二十七歲合葬

繼配孔氏鳳臺人孔昭禮女　貤封恭人生於嘉慶十七年二月二十九日巳時卒於光緒十六年十二月二十日亥時享年七十九歲附葬塋左壬山丙向

亥時享年五十八歲葬於城北錢李坂艮山坤向嗣傳紳子多趆爲子

傳綬

家春次子字若甫生於道光二十七年五月二十六日丑時卒於光緒六年六月十七日辰時

生子二家春家桂俱方氏出

歷年三十四歲葬於城北錢李坂配方氏定遠人方任清女生於道光二十年八月初二日未時生女一適福建候官陳學鵬以傳紳子多超兼祧

傳紳

家春三子生於道光三十年十一月二十五日寅時卒於光緒七年十一月初五日戌時歷年三十二歲葬於城北錢李坂乾山巽向配常氏潁上縣人常國鑣女生於咸豐三年正月十

家桂
本次子字一山號綺珊太學生從九職銜生於道光三年十一月二十九日寅時卒於同治十一年八月十五日未時享年五十歲附

七日未時生
子一多超

傳琭
家桂長子字聘侯號式如邑庠生同治癸酉科拔貢生於道光二十六年四月二十八日辰時卒於光緒十四年八月二十三日辰時

葬於十里鋪老塋右首壬山丙向配方氏定遠人廪貢生嘉慶巳卯舉人刑部浙江司郎中軍機章京方銘彝女生於道光元年九月二十五日寅時卒於光緒九年四月初六日亥時享年六十三歲合葬生子

歷年四十三歲葬於康家橋南乙山辛向配胡氏本邑人胡運昌次女生於道光二十六年十月十三日申時生子三多提多祚多祿女三長適河南固始吳濟康次適霍邸劉傳震三殤

二傳琢傳璋
女一適定遠
方維幹

傳璋

家桂次子字達
之號謹四郡
庠生生於咸
豐元年十二
月十四日寅
時卒於光緒
十一年十二
月初十日戌
時歷年三十

五歲附葬於十里鋪老塋右側乙山辛向配方氏懷遠人方宜良次女生於咸豐二年九月二十日卯時卒於光緒三十三年十月二十九日丑時享年五十六歲合葬生子一多藝

崇祖

克偉三子字鼎叔號巢雲又號岫亭廩貢生候選訓導署池州府教授　誥封中憲大夫宗人府主事加四級　累贈光祿大夫太子太傅武英殿大學士生於乾隆六十年十月二十日

家澤

崇祖長子字伯濤號沛農又號麗川廪生道光乙未舉人戊戌進士內閣中書國史館分校宗人府主事禮部祠祭司主事加四級　誥授中憲大夫　覃恩貤贈光祿大夫內閣學士兼

傳棣

家澤長子字幼農號笠隆優廩貢生五品銜　賞戴藍翎候選鹽大使廬州府訓導　誥授奉直大夫生於道光十四年三月初四日子時配林氏懷遠人廩貢生　誥贈資政大夫山東

申時卒於咸豐四年四月十九日亥時享年六十歲葬於城南十里鋪新塋壬山丙向兼巳亥配林氏懐遠人廩貢生
貤封奉直大夫廣西象州知州恩奎長女　誥封太恭人　累
贈一品夫人生於乾隆五

禮部侍郎銜署工部左侍郎加三級生於嘉慶十九年三月十九日寅時卒於道光二十六年八月十四日卯時歷年三十三歲附葬於城南十里鋪新塋丙山壬向配林氏懐遠人邑庠生士佑長女　誥封恭

兖沂曹兵備道之爕長女
誥贈宜人生於道光十一年十月二十四日亥時卒於同治八年正月十二日亥時歷年三十九歲葬於東九里溝之新塋午山子向繼配胡氏本邑人太學生候選從九聲貴次女

十七年前四
月初五日巳
時卒於同治
十二年十月
二十三日辰
時享年八十
二歲合葬生
子五家澤家
鐸家懌家丞
家鼐女三長
次殤三適本
邑庠生方煥

人　貤贈一
品夫人生於
嘉慶十六年
九月二十日
長時卒於同
治九年七月
二十三日辰
時享年六十
歲葬於城南
東九里溝新
塋午山子向
兼丁癸側室
王氏懷甯縣
人　例封太
宜人　晉封
太淑人生於

例封宜人
生於道光二
十七年十月
初八日卯時
生子七多照
多煌多煊多
炳多燿多煦
多烺女二長
適懷遠副貢
生江蘇候補
知府宋乃鵬
次適阜陽庠
生河南候補
知縣署新安
縣知縣甯文
祺多照多煌

道光二年十二月二十三日長時卒於光緒十一年正月初三日巳時享年六十三歲葬於東九里溝之新塋午山子向生子六傳棟傳樅傳栻傳櫺傳樞傳梓傳櫺殤女二長適定遠楊道煞道煞幼殤過門守

多煊多炳多燿林氏出多煦多烺長次女胡氏出多煊出嗣傳樞

傳栻

家澤三子字韻笙郡廩生咸豐辛酉科拔貢太湖縣教諭卓異保升知縣揀發直

貞孝事翁姑教養嗣子撫育孫曾三世遺孤茹苦含辛迄於成立
旌表貞節
次適阜陽五品銜候選知縣李汝楫傳棟傳縱長次女林氏出傳栻傳櫺傳樞傳梓王氏出傳縱出嗣家丞

隸北河保升直隸州知州歷署正定定州等州縣補授趙州直隸州知州山東候補道花翎二品銜
誥授資政大夫生於道光二十年四月十六日申時配方氏懷遠人方炳南女
誥封夫人生於道光二十

年十一月十
三日丑時卒
於光緒三十
年正月初三
日辰時享年
六十五歲葬
於
　塋
山　向側室
蔡氏生子三
多祁多礽多
禔女四長適
直隸遷安縣
知縣孔繁潽
山東人次適
直隸元氏縣

知縣洪士端
涇縣人三待
字四殤

傳樞

家澤五子字小
川鹽提舉銜
賞戴藍翎
湖北候補通
判誥授奉
直大夫生於
道光二十四
年六月十五
日子時卒於
光緒四年四

月十四日寅時歿年三十五歲葬於東九里溝新塋乾山巽向配方氏懷遠人增生方鴻渥女　誥封宜人生於道光二十三年正月十一日亥時嗣傳棟三子多煊為子

傳梓
家澤六子字琴舫邑庠生謄録議叙鹽大使分發兩淮試用生於道光二十七年五月初四日辰時原聘宋氏本邑人庠生景純次女生於道光二十四年未成婚避亂同至江西病歿於

同治元年四月十六日葬進賢門外施家橋配吳氏霍山人潁州府教授應熉四女生於道光二十四年八月二十三日酉時卒於同治七年二月二十九日辰時歷年三十五歲葬於東九里溝新塋午山子向

繼配范氏江蘇上元縣人二品銜署安廬滁和道范先謨長女生於咸豐二年六月二十七日子時側室金氏生於光緒六年生子一多韶女一適鳳陽庠生山東候補知縣黃乃漢多韶范氏出女吳氏出

家鐸

崇祖次子字振之號雪筠郡廩生道光丁酉科拔貢已亥科順天舉人辛丑 恩科進士歷任江西安仁彭澤貴溪知縣歷署廣昌南昌廬陵知縣河口鎮同知瑞州府知府誥授朝議

傳楙

家鐸長子字伯郁號小筠邑廩生咸豐辛酉科拔貢候選教諭 敕授修職郎誥贈資政大夫二品銜記名簡放道生於道光十六年六月十二日午時卒於光緒二年十二月初三日

大夫　晉贈
資政大夫二
品頂戴江蘇
候補道　覃
恩貤贈光祿
大夫戶部右
侍郎加三級
生於嘉慶二
十年九月十
八日午時卒
於同治十年
三月初九日
巳時享年五
十七歲葬於
城南油坊店
新塋乾山巽

子時歷年四
十一歲葬於
丁家山新塋
午山子向兼
癸丁三分配
羅氏霍邱人
廪貢生候選
訓導欽曾女
誥贈宜人
晉贈夫人
生於道光十
四年七月二
十一日申時
卒於咸豐二
年八月初三
日　時歷年

向配方氏鳳臺人歲貢生孝廉方正英山訓導德注長女　誥封恭人　晉封太夫人　貤封一品夫人生於嘉慶二十年三月初十日子時卒於光緒二十七年正月初七日卯時享年八十七歲合葬生子三

二十歲合葬繼配劉氏江蘇常州府陽湖縣人江西貴溪縣鷹潭司巡檢廷榮女　誥贈宜人　晉贈夫人生於道光十一年三月初四日辰時卒於同治六年六月二十三日酉時歷年三十七歲附葬吳氏兼

傳楙傳樾傳
檙女三長適
湖北漢黃德
道何維鍵望
江縣人次適
刑部主事程
炳舒城縣人
三適江蘇豐
縣知縣王之
全鳳陽人

湖人道光巳
酉拔貢花翎
道銜江蘇候
補知府吳儉
女　誥封太
宜人　晉封
太夫人生於
道光二十一
年四月十八
日酉時生子
五多璐多瑬
多玢多瑩多
珍女三長適
內閣侍讀譚
寶椿浙江山
陰人次殤三

適巳丑科進
士戶部主事
二品銜 賞
戴花翎山東
候補道方燕
年定遠縣人
多璐多瀅長
女劉氏出多
玢多瑩多珍
次三女吳氏
出

傳樾

家鐸次子字仲

山太學生軍功累保江蘇候補道　賞戴花翎　賞加二品頂戴誥授資政大夫生於道光十九年八月初二日辰時卒於光緒十二年十月十六日酉時歷年四十八歲葬於城南二十鋪新塋坤山艮向配

方氏定遠人
兩淮鹽運使
方濬頤女
誥贈恭人
晉贈夫人生
於道光十八
年卒於咸豐
九年七月十
五日歷年二
十二歲合葬
繼配李氏合
肥人兩廣總
督　予謚勤
恪李瀚章女
誥封恭人
晉封夫人

生於道光二十二年十一月二十六日子時卒於光緒十九年五月初十日巳時附葬於城南二十鋪新塋寅山申向側室方氏江蘇人生子六多鑫多森多培多焱多堃多鈺女四長適丁酉科舉人顧震福江

蘇山陽人次
適候選道李
國成合肥人
三適黃宗嶽
江西盧陵人
四適候選道
施肇祥浙江
錢塘人六子
長次女俱李
氏出三四女
方氏出

傳棅

家鐸三子字穉
筠廩貢生辛
卯舉人南陵

縣教諭江西
補用知府署
臨江府知府
庚子江西文
闈外監試花
翎分省補用
道　誥授中
憲大夫生於
道光三十年
三月初三日
子時配張氏
浙江錢塘人
優貢江西德
化縣知縣光
裕之女　誥
封恭人生於

咸豐元年七月十二日丑時卒於光緒二十八年正月二十日酉時享年五十二歲葬於城南油坊店新塋生子一多巘女三長適山東候補道方燕年定遠人次適湖北補用道何聲潤望江人三適候選知府

家懌

崇祖三子字和
民號介臣廩
監生咸豐壬
子科順天舉
人選授休甯
縣教諭議敘
知縣刑部員
外郎奉天司
行走　賞戴

李士偉直隸
永年縣人

傳樸

家懌長子字古
香號質夫歲
貢生光祿寺
署正銜候選
訓導　勅授
儒林郎　誥
贈中憲大夫
四品銜分部
主事生於道

花翎　誥授
奉政大夫
覃恩貤封光
祿大夫工部
左侍郎加三
級生於道光
元年六月初
二日丑時卒
於光緒十九
年十二月十
六日未時享
年七十三歲
葬於城東李
家窪新塋卯
山酉向配胡
氏臨淮人廩

光二十二年
五月二十九
日戌時卒於
光緒二十八
年十月二十
五日子時享
年六十一歲
附葬於城東
李家窪老塋
左側卯山酉
向配方氏定
遠人同治戊
辰科進士鴻
臚寺卿汝紹
女　勅封孺
人　誥封太

貢生候選教
諭胡文光女
誥封宜人
貤封一品
夫人生於道
光元年十二
月二十日亥
時卒於光緒
十六年十二
月初一日酉
時享年七十
歲合葬生子
二傳樸傳楫
女二長適本
邑太學生朱
汝茂次適合

恭人生於道
光二十年九
月二十日申
時生子一多
敉女一適涇
縣光緒庚子
辛丑併科舉
人陸軍部主
事潘肇翰

傳楫

家懌次子字幼
和號濟川附
貢生議敘布

上海圖書館藏珍稀名人家譜叢刊

肥江蘇候補道郭寶銘

政司理問銜例授孺林郎生於道光二十七年九月十二日未時卒於光緒九年八月初七日寅時歷年三十七歲附葬於城東李家窪老塋右側卯山酉向配胡氏臨淮人庠生乃孚女例封安人生於道

光二十八年七月二十日子時卒於光緒二十六年四月二十七日未時享年五十三歲合葬生子一多隲

家丞
崇祖四子字賈君號石薌廩貢生同知銜

傳樅
家丞嗣長子號樹人優廩生貤贈文林

浙江候補知
縣署樂清縣
知縣　誥授
朝議大夫
覃恩貤贈光
祿大夫吏部
右侍郎加三
級生於道光
五年八月三
十日丑時卒
於光緒四年
二月初九日
申時享年五
十四歲葬於
城南滕家窪
山

郎太湖縣教
諭　晉贈奉
政大夫四品
銜山東候補
知縣生於道
光十七年八
月初一日辰
時卒於同治
七年七月二
十六日戌時
歷年三十二
歲葬於城南
九里溝
山　向配
程氏阜陽人
程敏達女

向配李氏阜陽人庠生廷幹繼女候選通判廷璋十女 誥封宜人 覃恩貤封一品夫人生於道光四年五月二十九日辰時卒於光緒十九年十一月十九日子時享年七十歲合葬側室張氏江蘇人生於

誥贈恭人生於道光十八年八月二十八日巳時咸豐十一年九月苗逆陷城殉難 旌表義烈從祀專祠歷年二十四歲葬於城北丁家山山 向生子一多勳女一適直隸候補道程文葆阜陽人

道光二十八年十一月十六日子時生子一傳枧女二長適合肥廩貢生江蘇候補知縣郭慶祺次適合肥翰林院庶吉士商部主事龔心銘長次女李氏出傳枧張氏出嗣家澤次子傳樅為長子

傳枧

家丞次子字奏亭號仲敔邑廩生光緒丁酉科拔貢江蘇候補知縣同知銜現署睢甯縣知縣誥授奉政大夫生於同治十年正月二十九日申時配虞氏合肥人太學生虞樹藩女生

於同治七年十一月二十六日午時側室馬氏江蘇如皋人生子二多琦多鋐女四長字陝西平利李三字江西鄱陽金多琦多鋐長次三四女俱虞氏出

家鼐

崇祖五子字蓉卿號燮臣郡優廩生道光己酉科拔貢咸豐辛亥恩科順天舉人己未科一甲一名進士欽授翰林院修撰歷任詹事府左右春坊贊善翰林院侍講侍讀侍講學士

傳榕

家鼐長子字幼康　誥贈中憲大夫補用郎中生於道光二十七年十月初一日卯時卒於同治元年九月二十五日寅時歷年十六歲葬於　山向聘宋氏懷遠人庠生

侍讀學士詹
事府少詹事
內閣學士兼
禮部侍郎銜
工部左侍郎
戶部右侍郎
兼管錢法堂
事務兵部右
侍郎吏部右
侍郎都察院
左都御史工
部尚書兼管
順天府府尹
事務吏部尚
書禮部尚書
協辦大學士

宋復心女
誥贈恭人
旌表貞節生
於道光二十
八年正月初
九日酉時卒
於同治十三
年四月十七
日丑時歷年
二十七歲葬
於　山　向
嗣傳檠長子
多焌為子

東閣大學士　體仁閣大學士　文淵閣大學士　經筵日講起居注官　武英殿大學士翰林院掌院學士　文淵閣領閣事稽查欽奉上諭事件處　國史館正總裁　資政院總裁會議政務處大臣

傳燊

家鼐次子字景周二品廕生歷任工部兵部陸軍部主事歷充工部都水司幫稿兼司務廳行走　會典館協修纂修兵部職方司黃檔房坐辦幫管川陝股議功所正副管股冊檔處

歷署工部左
侍郎禮部左
侍郎吏部左
右侍郎工部
尚書刑部尚
書戶部尚書
都察院左都
御史歷充咸
豐辛酉科山
西鄉試正考
官同治壬戌
科癸亥　恩
科會試同考
官湖北提督
學政會試鄉
試覆試閱卷

督辦馬館監
督派幫辦處
總辦收支所
職方司總辦
兵學館提調
陸軍部郎中
充兵學館總
辦軍計司郵
賞科科長兼
司長上行走
署司長　晉
一品廕生以
四品京堂補
用　誥授中
憲大夫生於
同治二年三

大臣　朝考
閱卷大臣
殿試讀卷大
臣考試廕生
閱卷大臣考
試中書閱卷
大臣考試漢
御史閱卷大
臣考試翰詹
閱卷大臣考
試試差閱卷
大臣已丑科
會試知貢舉
壬午科順天
鄉試副考官
丁酉科順天

月二十三日
子時配程氏
江西新建人
戶部主事程
廸之長女
誥贈恭人生
於咸豐十一
年三月十七
日子時卒於
光緒七年七
月初四日戌
時歷年二十
一歲繼配王
氏山東常山
人分省知府
王燕詳三女

鄉試正考官
光緒辛丑壬
寅　恩正併
科戊戌科會
試正考官教
習庶吉士本
衙門撰文庶
常館提調協
辦院事　奏
辦院事　國
史館纂修協
修　起居注
協修　武英
殿提調總纂
纂修協修
文淵閣校理

誥封恭人
生於同治元
年七月初七
日寅時側室
王氏山東人
生於同治八
年正月初一
日辰時生子
二多熿多烇
女二長適浙
江嘉興錢瀛
洲侍　旌節
孝次字懷甯
陳秉璥多熿
長女繼配出
多烇次女側

文淵閣直閣事　咸安宮總裁　實録館纂修覆覈　朝審大臣驗放官缺大臣揀選官缺大臣查估承修工程大臣管理溝渠河道大臣查庫大臣總理學務大臣管理京師大學堂事務管理官書局事務

出多焌出嗣傳榕為子

政務大臣查
辦事件大臣
抖晾　實録
大臣恭辦
慶典大臣
會典館正總
裁　玉牒館
總裁　欽派
謁　陵隨
扈大臣　特
派進講　上
書房行走
毓慶宫行走
　賜西苑門
内騎馬　賜
紫禁城内騎

馬　賜西苑
門乘坐二人
肩輿　賜西
苑門内乘坐
船隻拖牀
賜頤和園内
乘坐二人肩
輿　賞游頤
和園重晏鹿
鳴七旬八旬
賜壽　恩賞
温藻暢謨臺
衡篤祜耋學
調元匾額德
並甘盤資舊
學望齊潞國

重耆英中朝
補袞推良輔
内閣傳經錫
大年對聯
恩賞　聖訓
書籍畫軸如
意人參壽字
虎字福壽字
松壽字益壽
字永壽字榮
慶字安樂字
泰來字　恩
賞綢緞紗葛
春牌貂皮食
物瓷器手爐
朝珠荷包白

玉煙壺白玉
佩天鵝絨冠
蟒袍夾緞金
龍褂江綢青
獺皮袍大卷
江綢小卷江
綢八絲綢三
鑲如意無量
壽佛　恩賞
遺念服物
恩賞暖橋
賞加太子太
傅銜　賞加
頭品頂戴
賞戴花翎
賞穿帶膝貂

褂　賞用紫
韁　誥授光
禄大夫　晉
贈太傅　特
謚文正　賞
給陀羅經被
　派貝勒奠
醱照大學士
例　賜卹入
祀賢良祠
賞銀三千兩
治喪靈柩回
籍沿途地方
官妥為照料
生於道光七
年三月十二

日午時卒於
宣統元年十
月十七日辰
時享年八十
三歲葬於城
東南鄉柳樹
圩新塋乾山
巽向配宋氏
懷遠人州同
銜宋幹之女
誥封一品
夫人生於道
光十年二月
初二日亥時
卒於光緒十
一年六月初

一日卯時享年五十六歲合葬側室王氏河南人生於道光二十八年十月二十五日亥時生子二傳榕傳婺女五長適舉人內閣中書王昌年山東長山人次適直隸候補道徐楨祥江蘇嘉定人三適江蘇候

克儀
士謙五子字習堂號省齋增貢生誥贈

延禧
克儀長子字枕泉號賓閣太學生貤封

補道胡銘業湖北天門人四殤五適直隸候補道劉體智廬江人傳榕傳棨長次女宋氏出三四五女側出

家策
延禧長子字菊人太學生貤封奉直大

傳師
家策子字擇三生於咸豐十年正月初六

奉直大夫布政司理問加二級 晉贈奉政大夫同知衔署直隸撫甯縣知縣傳載省誌生於乾隆三十四年六月十三日亥時卒於嘉慶十九年三月初一日辰時歷年四十六歲葬於城東南百二十里北橋

奉直大夫布政司理問加二級 晉贈奉政大夫同知衔署撫甯縣知縣生於乾隆五十六年三月初九日酉時卒於同治元年閏八月二十一日亥時享年七十三歲葬於城北平岡新塋午山子向配姚氏本

夫同知衔署撫甯縣知縣生於嘉慶二十三年十月初二日亥時卒於同治十三年十二月二十九日酉時享年五十七歲附葬於北橋灣老塋側午山子向配范氏合肥人生於嘉慶二十一年六月初六日丑

日亥時配仇氏本邑人生於咸豐四年十一月初三日辰時生子二多瑞多璠

灣新塋乾山巽向配何氏鳳陽人 誥贈宜人乾隆辛未進士山東平度州知州直隸北運河同知何燧女生於乾隆三十四年九月二十九日亥時卒於嘉慶九年二月二十三日巳時歷年三十六歲合葬繼

邑人 誥贈宜人生於乾隆五十六年正月初九日子時卒於嘉慶十六年二月二十六日卯時歷年二十一歲附葬於北橋灣老塋側午山子向繼配湯氏潁上人 誥贈宜人生於嘉慶四年卒於嘉慶二十

時卒於光緒十年十一月十八日亥時享年六十九歲合葬生子一傳師

家錫

延禧次子字仲祺號金如廩監生咸豐辛酉科舉人壬戌科會試挑取謄錄 國

傳渙

家錫嗣子字少祺五品銜直隸補用知縣署萬全縣縣丞易州州判誥授奉政

配鮑氏江甯上元人附生鮑璉女　誥贈宜人生於乾隆四十八年二月二十五日亥時卒於嘉慶二十三年四月初五日巳時歷年三十六歲葬於城南鄉炎劉廟西十里黃家樓新塋卯山酉向兼甲庚生子

二年六月十二日辰時歷年十九歲葬於城南十五里橋新塋范氏合肥人誥贈宜人生於乾隆六十年六月二十二日卯時卒於同治二年五月初七日申時享年六十七歲合葬生子七家策家錫家銓家

史館議叙知縣歷署直隸交河撫甯廣昌威縣知縣　欽加同知銜　誥授奉政大夫生於道光二年五月十九日午時卒於光緒三年十二月十二日卯時享年五十六歲葬於城北平岡新塋午山子向配林

大夫生於咸豐五年八月二十一日戌時卒於光緒二十一年歷年四十一歲葬於直隸保定府四平莊新塋辛山乙向配王氏懷甯人直隸候補知縣王翊宸女　誥封宜人

五延禧蔭祖善祖茂章錦章女四長適合肥太學生王世穀次適定遠太學生方錫瓈三適懷遠廩貢生江蘇新陽縣巡導候選知縣二品封典林士傑四適懷遠太學生
貤封榮祿
大夫甘肅布政使司加二

職家益家昌家興女四長適本邑廩生
誥封榮祿
大夫二品頂戴記名運司方瑤次適咸豐辛酉舉人陝西汧陽縣知縣升用同知林之焜三適六安拔貢許人鵠四適懷遠增生貴池訓導宋復忱長女湯氏

氏懷遠人廩貢生歷任廣西象州知州湖北來鳳縣知縣林士端女 誥封宜人生於嘉慶十九年五月二十二日卒於同治十一年二月十六日享年五十九歲合葬側室余氏合肥人生於道光六年五月十

級林士修延禧蔭祖善祖茂章長次三四女俱何氏出錦章鮑氏出

出家策家錫家銓家熾家益家昌家興次三四女俱范氏出家益出嗣錦章

七日申時卒於光緒八年十月十二日亥時享年五十八歲葬於直隸保定府四平莊新塋辛山乙向王氏直隸清苑縣人生於咸豐五年二月十六日卯時生女五長適懷遠雲騎尉世職林介楠旌表節孝

次適鳳臺武舉廖振鵬三適光緒壬午舉人内閣中書江西候補知府署冀都直隸州知州懷遠孫介弼四適五品銜歷任直隸廣昌山東霑化等縣知縣桐城鍾樹聲五適浙江紹興金照長女余氏出次三四

女俱林氏出
五女王氏出
嗣家昌次子
傳煥為子

家銓

延禧三子字景
之生於道光
三年六月初
七日子時卒
於咸豐三年
正月二十一
日寅時歷年
二十一歲葬

傳潔

家銓嗣子字少
景號晉夫候
選縣丞 例
授修職郎生
於咸豐六年
二月二十七
日辰時配劉
氏本邑人太

於城北清水澗新塋癸山丁向配王氏合肥人太學生王世縠女生於道光三年九月二十一日寅時卒於同治八年二月初四日寅時歷年四十七歲合葬三子嗣家熾三子傳潔爲子

學生劉錫珠女生於咸豐六年九月二十八日辰時生子一多琛女一殤

家熾

延禧四子字季昌號雲溪候選從九例授登仕佐郎生於道光四年七月二十六日丑時卒於同治七年十月十四日未時歷年四十五歲葬於城北平岡新塋坤山艮向配竇氏霍邱

傳澐

家熾長子字少雲號塤伯江蘇候補巡檢生於道光二十六年九月初九日卯時卒於光緒二十三年二月十五日丑時享年五十二歲葬於城北平岡東老塋側午山子向配陳氏懷遠

人生於道光元年八月十九日卯時卒於咸豐元年正月二十六日辰時歷年三十一歲合葬繼配李氏本邑人李景運女生於道光七年十二月二十三日卯時卒於咸豐六年二月二十七日巳時歷年三十

人生於道光二十八年十二月十二日巳時生子五多啟多敏多枚多裴多敬啟敏敬俱殤女三長三殤二適鳳臺孔繁彌待　旌節孝

傳洵

家熾次子字信

歲葬於城北平岡新塋張氏本邑人廩膳生候選訓導張希陶女
旌表節孝生於道光十九年三月十三日子時卒於光緒十五年四月三十日丑時享年五十一歲葬於城北平岡新塋午山子向生子五傳

臣號景蘇八品頂戴生於咸豐七年十二月十八日午時配宋氏懷遠人貴池縣訓導宋復恍女生於咸豐四年十二月二十八日子時生子一多錚女一

傳治

澐傳濂傳潔傳洵傳治傳澐竇氏出傳濂傳潔李氏出傳洵傳治張氏出傳濂出嗣家益傳潔出嗣家銓

家熾五子字映華號平卿生於咸豐十年七月初九日申時卒於光緒三十一年七月十九日巳時歷年四十六歲厝於山東德州南關義地坤山艮向配孔氏鳳臺人孔繁祉女生於同治五年十月二十日子時

家昌
延禧六子字星
府生於道光
九年二月二
十七日卯時
卒於同治十
三年七月初
九日子時歷
年四十六歲
葬於城北平
岡東新塋午

生子二多恭
多慧

傳淙
家昌長子字海
洲生於道光
三十年九月
二十二日戌
時配方氏本
邑人廩生方
蘭生女生於
咸豐七年四
月二十八日
亥時生子三

山子向配方氏定遠人候選府經歷方鍾元女生於道光七年正月二十四日未時卒於同治五年八月初九日亥時歷年四十歲合葬生子二傳淙傳渙女二長適江甯陳濟光次適鳳臺許華祝傳渙出嗣家

多祥多春多疇女一

錫爲子

家興

延禧七子字榮村六品銜生於道光十年八月十二日未時咸豐七年二月二十一日午時禦粤逆陣亡歷年二十七歲
恩賞雲騎尉世職 例

傳溙

家興長子字鏡湖雲騎尉世職 例授武德騎尉生於咸豐四年八月十八日巳時卒於光緒二十二年十月二十五日亥時歷年四十三歲葬於

贈武德騎尉葬於城北鄉平岡新塋午山子向配張氏本邑人旌表節孝例封宜人生於道光十一年七月十三日巳時卒於同治十一年正月十三日亥時歷年四十一歲合葬生子二傳溱傳漢

城南北灣橋西新塋子山午向配馬氏本邑人馬登標女例封宜人生於咸豐十一年七月十三日辰時生子三多時多璋多彬多祝女三長適合肥項以琳次適合肥李仁寬三字合肥龔多祝出嗣傳漢爲子

傳漢

家興次子字作雲生於咸豐六年五月十二日未時嗣傳溱次子多祝為子

蔭祖

克儀次子字慶餘附貢生生於乾隆五十七年七月初

家煜

蔭祖長子原名英字育才生於嘉慶十九年八月初二

傳沂

家煜長子字魯泉六品頂戴生於道光十五年五月初

七日午時卒於道光三年八月初九日寅時歷年三十三歲葬於城北李家窪新塋艮山坤向配何氏鳳陽人生於乾隆五十五年十月十二日丑時卒於同治元年十月十四日丑時享年七十三歲合葬生子

日未時卒於道光十八年七月二十六日丑時歷年二十五歲附葬於城北李家窪老塋側艮山坤向配李氏本邑人兩淮候補鹽大使李嘉藥女 旌表節孝生於嘉慶十八年四月二十八日申時卒於光緒

七日午時卒於光緒四年五月二十七日寅時歷年四十四歲葬於城北李家窪新塋庚山甲向配楊氏懷遠人楊觀衣女生於道光十三年十一月十六日子時卒於光緒十六年六月二十一日戌時享年五

二家煜家選
女三長適定
遠方次適定
遠方汝詵三
適六安附生
晁貽法

十四年十月
初六日卯時
享年七十五
歲葬於城北
李家窪新塋
艮山坤向生
子一傳沂

家選
蔭祖次子字萬
青邑庠生
誥贈奉直大

十八歲葬於
城北李家窪
新塋生子四
多聞多福多
年多富女二
長適合肥黃
成序次適本
邑姚俊傑侍
桂節孝

傳馨
家選長子字鏡
仙五品銜兩
淮試用鹽大

夫五品銜兩淮即補鹽巡檢生於嘉慶二十五年十月二十七日午時卒於同治八年八月二十四日子時享年五十歲葬於城南宋家莊新塋配方氏定遠人方鐸女誥贈宜人生於嘉慶二十四年八月二

使　誥授奉直大夫生於道光二十三年四月初二日丑時卒於光緒三十一年五月初六日享年六十三歲葬於城南宋家莊新塋配宋氏懷遠人山東候補同知宋存尉女生於道光二十一年十二月二十

十一日寅時卒於同治三年九月初五日申時歷年四十七歲合葬生子四傳馨傳彬傳錩傳壽女三長適本邑太學生姚濟康次適本邑候選廵檢余浩恩三適霍邱李旌表節孝

四日亥時側室尚氏江蘇清河縣人生子二多澳多淮女一適霍邱文生李鑫多澳女俱宋氏出多淮尚氏出

傳彬

家選次子字仲樵太學生生於道光二十四年七月十八日辰時卒於光緒二十八年七月十四日酉時享年五十九歲葬於城南宋家莊新塋丁山癸向配楊氏本邑人楊和美女生於

道光二十二年二月二十六日丑時卒於同治二年正月二十三日亥時附葬於城南宋家莊午山子向繼配朱氏本邑人朱登厚女生於道光三十年九月二十四日未時卒於光緒四年十月初八日亥時歷

年二十九歲葬於城北李家窪新塋亥山乙向龔氏合肥人五品銜兩淮即補鹽巡檢龔毓恒女生於同治八年三月十三日子時卒於光緒三十一年十二月初八日亥時歷年三十七歲葬於城南宋家莊老

塋側丁山癸向生女一嗣傳鍇次子多濬爲子

傳鍇

家選三子字鐵臣儘先千總生於咸豐二年十月初六日卯時配陳氏本邑人陳霖女生於咸豐五年二月

初四日卯時卒於光緒十九年十一月初四日戌時歷年三十九歲葬於城南宋家莊邱家谷堆北邊丁山癸向兼丑未三分生子二多臻多濬女一適鳳臺張金鑑多濬出嗣傳彬

傳壽

家選四子字介祺五品銜藍翎儘先千總生於咸豐七年八月初五日寅時卒於宣統元年五月初四日亥時享年五十三歲厝於城北李家窪新塋配王氏本邑人生於咸豐十年十二

月初三日子時卒於宣統元年正月二十日子時享年五十歲厝於城北李家窪新塋生女三

善祖

克儀三子字性亭號雪香太學生候選布政司理問加

家順

善祖長子字裕如太學生生於道光九年正月二十五

傳恒

家順嗣子字少軒生於同治元年四月初三日戌時配

二級誥授奉直大夫生於乾隆六十年十一月初三日子時卒於道光二十七年六月二十四日巳時享年五十三歲葬於走馬嶺南新塋子山午向配方氏定遠人誥封宜人生於嘉慶二年十一月二十日午時卒於光緒十二年四月初八日亥時享年五十八歲葬於城南劉家岡頭東北新塋坤山艮向配黃氏本邑人合葬繼配陳氏合肥人卒於咸豐十一年八月初五日未時葬於袁家樓東南里許新塋丙

趙氏本邑人趙聯芳女生於同治二年十一月二十八日午時生子七多繼多棣多靄多綿多泉多雖多肅女二長適河南固始吳維機次未字

孫氏支譜 卷之三

九日亥時卒於道光十三年九月二十日子時歷年三十歲合葬側室李氏附葬於走馬嶺老塋左王氏生於嘉慶十六年七月初七日戌時卒於咸豐十年七月十七日亥時享年五十歲附葬於走馬嶺南老

山壬向嗣家豫長子傳恒爲子

家豫

善祖次子字雨軒邑庠生生於道光二十六年十一月初六日子時卒於光緒二年八月十八日巳時歷年三十一歲葬

傳輔

家豫三子字幼軒太學生生於同治十三年十月初四日亥時配吳氏河南固始人附生浙江布政司理問升用知州

瑩右生子二家順家豫女一適本邑方家順李氏出家豫王氏出女方氏出

於張家圩後新瑩辛山乙向配宋氏定遠人附生候選縣丞宋聲愷女生於道光二十三年二月初九日丑時生子三傳恒傳升傳輔女二長適固始庠生吳鸞次適本邑胡蘭芳傳恒出嗣家豫傳升殤

誥授奉政大夫吳之乾女生於同治十二年四月初三日辰時生子二多麒多麟女三

茂章

克儀四子字暢甫附貢生覃恩貤贈中憲大夫刑部奉天司主事加四級傳載州志生於嘉慶五年八月十八日午時卒於同治元年三月二十五日辰時享年六十三歲葬於走馬嶺

家亨

茂章長子字元鼎　覃恩誥贈中憲大夫刑部奉天司主事加四級生於道光三年正月二十一日卒於道光二十二年二月初九日亥時歷年二十歲附葬於劉木匠店老塋左首午山

傳奭

家亨嗣子字偶卿號少鼎邑廩生光緒壬午科舉人癸未科進士刑部主事奉天司行走加四級　欽加四品銜　誥授中憲大夫生於咸豐四年閏七月十五日午時卒於光緒三十一

宅第西南一里内新塋子山午向兼癸丁三分配趙氏本邑人附貢生趙孔讓次女　覃恩貤贈恭人生於嘉慶五年八月二十七日卒於道光十五年三月二十九日辰時歷年三十六歲葬於窑口集西南四

子向配何氏定遠人歲貢生寧國府訓導何錫鑽次女　旌表節孝　覃恩誥封太恭人生於道光三年六月十三日寅時卒於光緒十七年十月初十日卯時享年六十九歲合葬嗣家夔長子傳奭為子

年十一月十七日戌時享年五十二歲附葬於合易鋪西南四里内大長岡老塋左首子山午向配程氏本邑人候選從九程連甲長女　覃恩誥封恭人生於咸豐二年二月二十三日戌時卒於光緒十六年

里劉木匠店新塋午山子向繼配陸氏合肥人太學生陸昌齡長女　覃恩誥贈恭人生於嘉慶十三年六月十五日卒於道光二十一年十一月初十日巳時歷年三十四歲葬於劉木匠店老塋午山子向側

十月三十日卯時歷年三十九歲合葬繼配劉氏陝西長安人咸豐丙辰科進士花翎鹽運使銜湖南常德府知府劉餘慶長女誥封恭人生於同治四年二月初三日寅時生子二多虞多甸女二長適桐城

室魏氏生於嘉慶十九年二月初五日卒於咸豐六年四月二十日巳時歷年四十三歲葬於走馬嶺老宅東南冲田内新塋子山午向劉氏生於道光九年十月十一日子時卒於同治九年九月十五日未時

光緒丁酉科舉人世襲雲騎尉廕用通判民政部民治司主事馬振彪次適涇縣附貢生四品銜直隸元氏縣知縣洪世端多虞多甸長次女俱程氏出

歷年四十二歲葬於走馬嶺老宅西南冲田外新塋卯山酉向生子七家亨家開家夔家浟家芹家鵬家佑女八長適本邑丙午科舉人內閣中書山西補用府蒲州府永樂鎮同知趙懷芳次適定遠候選從九

家夔

茂章三子字星五號蓮溪郡增生　覃恩貤封中憲大夫刑部奉天司主事加四級生於道光十二年二月十六日丑時卒於光緒十五年十月初五日申時享年五十八歲葬於城東南

傳沔

家夔次子字直卿號宗若郡廩生光緒乙酉科拔貢廣東候補直隸州州判　敕授文林郎生於咸豐六年三月十四日亥時卒於光緒二十七年十月二十三日巳時歷年四十六歲附

品方瀰三殤
四適合肥五
品銜國子監
典簿王宗培
　旌表節孝
五適合肥太
學生王尚典
咸豐十一年
苗逆陷城殉
難　旌表義
烈從祀專祠
六適六安太
學生胡熙元
七適合肥五
品銜陳鴻熙
八適本邑太

鄉合易舖西
南四里內大
長岡新塋子
山午向配王
氏合肥人附
貢生咸豐辛
亥　制科孝
廉方正花翎
議叙知州
贈知府銜王
世溥三女
貤封恭人生
於道光十二
年四月初六
日丑時生子
三傳奭傳沔

葬於合易舖
西南四里內
大長岡老塋
右首子山午
向配王氏合
肥人六品頂
戴廕用州判
王尚馨長女
　敕封孺人
生於咸豐六
年十二月二
十三日子時
卒於光緒十
六年正月二
十日丑時歷
年三十五歲

學生江卿雲
家亨家開家
夔長次三四
女俱趙氏出
家浹陸氏出
家鵬五六七
女魏氏出家
芹家佑八女
劉氏出

傳拆女三長
適定遠庠生
陳清沂　旌
表節孝次適
本邑廩生趙
咸章　旌表
節孝三適定
遠光緒庚子
辛丑併科舉
人浙江候補
知縣方肇榜
傳奭出嗣家
亨

合葬繼配方
氏鳳臺人候
選縣丞方爾
常次女　敕
封孺人生於
同治七年閏
四月二十三
日卯時卒於
光緒三十二
年六月初九
日酉時歷年
三十九歲生
子二多軫多
軾女一多軫
多軾王氏出
女方氏出

傳折

家夑三子字鷴卿一字鼇峯號容菴附監生廣東試用鹽巡檢　例授登仕佐郎生於同治五年正月二十七日卯時配胡氏臨淮人庠生胡乃濟三女　例授孺人生於同治四年正月

三十日亥時生子六多軫多輿多轍多輪多輗多軏女二長字懷遠林

家淢

茂章四子字泮艇太學生覃恩貤封中憲大夫刑部奉天司主事加四級生於道光十七年

傳述

家淢長子字梓卿號琴圃庠生生於光緒三年十一月初七日子時配李氏本邑人增生李會

六月二十二日寅時卒於光緒二十九年十月初十日酉時歷年六十七歲配陳氏本邑人附貢生陳獻禧女　貤封恭人生於道光十七年正月二十一日申時卒於光緒三十年三月二十二日午時享年六

芳長女生於同治十三年七月十一日未時生子五多貅多羆多彪多麒多獬女一字本邑洪紹聞

十八歲合葬生子一傳述女四長適本邑權榮生次適定遠庠生試用鹽巡檢何維森三適合肥庠生王德棻四適本邑顧慶奎

家芹

茂章五子字獻之候選從九

傳覺

家芹長子字子尹生於光緒

品　例授登
仕佐郎生於
道光二十七
年正月十六
日巳時配余
氏本邑人太
學生余崇陶
長女　例封
孺人生於道
光二十四年
九月十七日
亥時卒於光
緒三十四年
九月二十七
日巳時享年
六十五歲葬

三年三月初
七日亥時配
彭氏本邑人
從九品彭秀
森長女生於
同治十三年
六月二十七
日申時生子
二多敬多簡
女二多簡出
嗣傳韶

傳韶

家芹次子字韻
臣號慕虞生

於
山
向生子四傳
覺傳韶傳軒
傳蘇女四長
適本邑尚冠
甲次適本邑
胡懷慶三適
本邑鄧傳科
四適　霍邱伊
佩衷

於光緒七年
二月初八日
子時卒於光
緒二十九年
正月二十九
日辰時歷年
二十三歲葬
於
山
向配朱氏
霍邱人廪生
朱培善長女
待　旌節孝
生於光緒五
年十月二十
一日子時嗣

傳覺次子多蘭為子

傳軒

家芹三子字子美生於光緒八年十一月二十八日未時配皮氏本邑人庠生皮國鈞長女生於光緒六年九月二十八日子時生子

一多胄女一

傳錄

家芹四子字壽山生於光緒十二年五月初二日辰時配宋氏本邑人太學生宋玉球次女生於光緒十年正月二十八日未時

家鵬

茂章六子字雲程郡庠生生於道光二十八年十一月二十三日寅時卒於光緒二十六年十二月十一日戌時享年五十三歲葬於　　山　　向配顧氏本邑人庠生顧含純長女

傳翕

家鵬長子字卓如生於同治十一年正月二十八日巳時配程氏本邑人從九品程獻廷長女生於同治九年三月初十日亥時生子二多鵲多豐女二長字定遠方燕芳次未字

生於道光二十七年十一月十二日丑時生子三傳翕傳旭傳卓女四長適河南固始儘先把總吳仁鳳次適定遠候補府照磨方肇樑三適定遠巳酉科拔貢生候選訓導方臻僎四適六安胡懋爽

傳旭

家鵬次子字和如生於光緒二年十二月十七日午時配楊氏本邑人五品頂戴楊瑞琩長女生於同治十年八月初七日亥時生子一多餘女二

傳卓

家佑
茂章七子字保哉生於道光

家鵬三子字立如生於光緒七年十二月初八日辰時配柏氏本邑人武庠生柏錫三三女生於光緒五年五月二十三日未時生女二

傳璘
家佑長子字伯彬生於同治

二十九年正月初六日申時卒於光緒五年正月十八日卯時歷年三十一歲葬於走馬嶺西南四里内新塋巳山亥向配葉氏穎上人庠生葉贊颺女　旌表節孝生於道光二十九年四月初七日亥時卒於

十三年九月三十日巳時卒於光緒二十四年九月初一日戌時歷年二十五歲配方氏定遠人候選從九方泗濱長女待　旌節孝生於同治十一年十一月初九日丑時生子二多賢多貽

光緒三十三年二月二十五日巳時享年五十九歲葬於　塋山　向生子二傳璘傳箴女二長適合肥中書科中書王德煦次適六安太學生胡懋勳

傳箴

家佑次子字仲規號顧亭生於光緒四年四月初四日巳時配廖氏鳳臺人儘先把總廖紹臣長女生於光緒四年十月十三日未時生子四多貢多賡多質多賓

錦章

克儀六子字純甫號季雲太學生　貤封奉政大夫生於嘉慶十四年十月十二日未時卒於咸豐八年十二月十七日未時享年五十歲葬於城北平岡新塋午山子向配方氏定遠人

家益

錦章嗣子字覲墀候選巡檢例授登仕佐郎生於道光八年正月十六日辰時卒於同治十二年七月初六日丑時歷年四十六歲附葬於城北平岡老塋子山午向配劉氏懷遠人生

傳濂

家益嗣子字少墀生於咸豐四年七月初六日辰時卒於光緒二十七年十二月初六日丑時歷年四十八歲葬於城北平岡東老塋側午山子向配李氏本邑人廪生李世樾女生於咸

生於嘉慶十六年十一月二十九日戌時卒於咸豐十年六月十七日戌時歷年四十八歲合葬生女二長適定遠歷任廣東肇羅道直隸永定河道按察使司方濬師次適本邑文生姚友琨咸豐十一年苗逆

於道光十年四月十三日酉時卒於同治元年八月二十六日酉時合葬嗣家熾次子傳濂為子

豐四年七月十六日辰時生子四多萱多鄉多芷多蕙女二長適鳳臺張錫威次未字

陷城殉難
旌表義烈嗣
延禧五子家
蓋爲子

【壽縣】壽州孫氏支譜

（卷四至卷七）

2

上海圖書館藏珍稀名人家譜叢刊

上海圖書館 編

上海科學技術文獻出版社

目録

壽州孫氏支譜

卷之

字第　號

孫蘭枝

蟠

珩次子原名士
撝字十洲號
石舟一號小
巫山樵增貢
生候選知府
欽加道銜
加一級 覃
恩誥贈中議
大夫廣西南
寧府知府加
一級 累贈
榮祿大夫二
品頂戴浙江
按察使司按

仁

蟠長子字聚之
號心齋廩生
誥贈中議
大夫福建汀
州府知府加
三級生於乾
隆十一年閏
三月初三日
卒於乾隆三
十五年五月
二十三日歷
年二十四歲
附葬於祠東
南老塋右首

承祖

仁嗣長子字啟
昆號翼軒候
選同知 誥
贈中議大夫
福建汀州府
知府加三級
生於乾隆四
十六年五月
二十日卒於
咸豐六年十
二月二十六
日享年七十
六年葬於城
東萬家店新

家良

承祖長子字伯
驂號翰卿廩
貢生道光壬
辰科副榜甲
午科順天舉
人丙申科進
士內閣中書
協辦侍讀
欽揀東河下
北廳同知護
理彰懷衛兵
備道山東沂
州府知府福
建汀州府知

傳瑩

家良長子號幼
卿東河候補
通判 例授
承德郎生於
道光十年四
月十八日咸
豐十一年十
二月初三日
粵逆陷汀州
府城殉難歷
年三十一歲
贈道銜
恩賞雲騎尉
世職 誥贈

察使加二級
頒給盛世
醇良匾額
恩賞大緞著
有羣經析疑
讀書十八則
十洲詩文鈔
南游記程浪
遊悽響旅窗
晴課樂老堂
百二壽印譜
崇祠鄉賢傳
載省志生於
雍正五年十
一月初七日
戌時卒於嘉

第二座配金
氏鳳臺人金
廷獻之女
旌表節孝生
於乾隆十一
年三月初七
日卒於嘉慶
十二年十一
月十六日享
年六十二歲
合葬嗣克任
次子承祖為
長子克佺長
子賓南為次
子

瑩配方氏定
遠人方玉垣
之女生於乾
隆四十七年
九月十五日
卒於道光十
六年六月二
十一日享年
五十五歲合
葬生子一家
良

府　誥授朝
議大夫　晉
贈中議大夫
生於嘉慶五
年七月初八
日咸豐十一
年十二月初
三日粵逆陷
汀州府城合
家殉難享年
六十二歲
贈太僕寺卿
恩賞雲騎
尉世職入祀
昭忠祠葬於
城南十里鋪

中憲大夫入
祠昭忠祠配
方氏定遠人
方汝森之女
生於道光八
年九月二十
二日午時卒
於光緒三十
年二月十一
日亥時享年
七十九歲葬
於城東馮家
圩老塋生子
二多祝多文
多祝殤女三
長適合肥附

慶九年十一月十六日巳時享年七十八歲附葬於宗祠東南老塋右首第一座乾山巽向配王氏本邑人　誥贈恭人　累贈一品夫人生於雍正三年九月初一日申時卒於乾隆二十七年十月初五日午

新塋配方氏本邑人附貢生方鎮之女　誥贈恭人　晉贈淑人生於嘉慶五年三月二十日申時卒於道光二年九月十七日巳時歷年二十四歲合葬繼配徐氏定遠人　誥封恭人　晉贈淑人生於嘉慶

生候補郎中郭筠次適本邑雲騎尉世職顧雲龍三適定遠候補同知方煥綸

時歷年三十
八歲合葬繼
配李氏鳳臺
人庠生李墅
之女　誥贈
恭人　累贈
一品夫人生
於乾隆十二
年十一月二
十日辰時卒
於乾隆四十
年八月十六
日巳時歷年
二十九歲葬
於城東馮家
圩新塋酉山

十一年十二
月初三日粵
逆陷汀洲府
城殉難享年
五十六歲附
合葬生子一
傳塋女三長
適六安候選
同知楊桂芳
次適定遠附
生方為勤三
適懷遠廩貢
生花翎同知
銜河南候補
知縣林介昭
長次女方氏

卯向側室蔣
氏吳縣人
誥贈恭人
累贈一品夫
人生於乾隆
十八年十一
月十八日卒
於道光五年
六月初一日
未時享年七
十三歲葬於
城南三里橋
新塋生子七
仁克佺炳圖
克佐克保克
仿克修仁王

出傳塋三女
徐氏出同日
殉汀州府難

氏出克佺李氏出炳圖克佐克保克彷克修俱蔣氏出

賓南

仁嗣次子字苹秋號丹巖太學生 誥贈朝議大夫署四川綏定府知府生於嘉慶元年二月

家醇

賓南長子字懿甫號飲生庠生道光丁酉科拔貢丙午科順天舉人丁未科進士內閣中書協

傳志

家醇長子字小飲太學生咸豐戊午科挑取謄錄實錄館議敘通判銜江蘇候補州吏目 例

二十日戌時卒於道光十八年九月十七日申時歷年四十三歲葬於城東萬家店新塋配趙氏本邑人附貢生趙禮園女　誥贈恭人生於嘉慶二年三月初八日亥時卒於嘉慶二十五年十月十三日未時

辦侍讀四川石柱廳同知候補知府署合州知州綏定府知府
欽賜花翎
誥授朝議大夫光緒三十二年十一月奉　旨入祀名宦祠生於嘉慶二十年七月十六日子時卒於同治元年五月初六日未時

授承德郎貤贈奉政大夫同知銜江蘇候補知縣生於道光十四年七月初七日巳時卒於同治六年四月十九日巳時歷年三十四歲葬於城南眠羊橋新塋辰山戌向配方氏定遠人直隸安州州判方汝

歷年二十四
歲合葬繼配
湯氏潁上縣
人附貢生湯
覲揚女　誥
贈恭人生於
嘉慶五年八
月二十六日
亥時卒於道
光十八年八
月十五日戌
時歷年三十
九歲附合葬
生子三家醇
家醴家醍女
二長適合肥

歷年四十八
歲葬於城南
印堂橋新塋
申山寅向配
方氏定遠人
太學生方銘
鼎女　誥封
恭人生於嘉
慶二十年正
月初一日子
時卒於光緒
八年七月十
四日寅時享
年六十九歲
合葬生子六
傳志傳惠傳

請女　例封
安人　貤封
宜人生於道
光十五年八
月初一日午
時卒於同治
三年九月十
六日亥時歷
年三十歲合
葬生女一適
定遠方嗣傳
惠長子多芬
為子

廩貢生刑部郎中龔彥緒次適定遠庠生江蘇候補同知方澤醞家醇家醴趙氏出家醍長次女俱湯氏出

恕傳恩傳懃傳懿女五長適定遠花翎同知銜兩淮批驗所大使方模經次適貴州仁懷廳三品銜四川候補知府張錫鏞三殤四適本邑廩生花翎同知銜廣東陽江州判趙咸韺五適定遠二品頂戴江蘇候

傳惠

家醇次子字立之增貢生候選訓導　例授修職佐郎　貤贈奉政大夫同知銜江蘇候補知縣生於光緒十七年六月初一日辰時配方氏定遠人庠生方濂女　例封安人　貤封宜

補道方臻喜

人生於道光十七年六月二十日巳時卒於同治四年六月初九日歷年二十九歲葬於城南五里灣新塋艮山坤向繼配袁氏本邑人廩貢生袁本圖女例封安人貤封宜人生於道光三十年八月初十

日生子七多
芬多藩多蔚
多荃多蘅多
芾多莒女五
長適定遠太
學生直隸試
用府經歷方
煥辰次適懷
遠五品銜山
東試用縣丞
林廷鈺三適
本邑太學生
趙長紱待
旌節孝四適
本邑同知銜
直隸候補鹽

大使廖冠甲五殤多芬長次三女方氏出多蕃多蔚多荃多蘅多芾多莒四五女袁氏出多芬出嗣傳志三女出嗣傳懿多藩殤

傳恕

家醇三子字心如邑庠生五

品銜兩淮補
用鹽大使
賞戴藍翎江
蘇候補知縣
例授奉政
大夫生於道
光二十一年
正月十一日
亥時卒於光
緒三十二年
二月初二日
寅時享年六
十六歲浮厝
城南眠羊橋
配方氏定遠
人道光丁酉

順天舉人三品銜直隸任邱縣知縣方汝朙女 例封宜人生於道光二十二年二月十七日生子三多佩多琛多琇

傳恩

家醇四子字筱湘廩貢生試用訓導江蘇

候補府經歷同知銜即補知縣　例授奉政大夫生於道光二十六年十月十二日巳時聘方氏定遠人五品銜方洙女未婚故葬於城南十三里廟配陳氏定遠人太學生陳均銘女　例封宜人生於道光二

十九年九月
初十日午時
生子三多芷
多華多莉女
二長適定遠
太學生方鞏
昌待　旌節
孝次適定遠
候選縣丞方
世倫

傳懃

家醇五子字子
綬邑增生候

選訓導生於道光三十年正月三十日巳時卒於光緒二十一年二月初三日辰時歷年四十五歲浮厝城南五里灣配龔氏合肥人候選府經歷咸豐十年殉難甯國府奉 旨入祀昭忠祠龔彦卓女生於道

光三十年八月十七日申時生子四多蓮多茂多蘖多蔬多茂殤女二長女殤次女適懷遠庠生宋乃濂

傳懋

家醇六子字子修廩貢生生於咸豐元年四月十二日午時卒於光

緒二十八年十一月二十一日寅時享年五十二歲配李氏合肥人太學生李鴻文女生於咸豐二年五月二十四日亥時卒於光緒十六年八月初一日子時歷年三十九歲合葬繼配趙氏本邑人候選通判

趙聯芳女生於同治五年正月二十九日亥時生子四多夔多祿多繁多萇多夔殤女三長適定遠太學生劉康田次適合肥五品銜龔潤卿三適定遠太學生方尊昌多夔多祿多繁女俱李氏出多萇趙氏出

家醴

賓南次子字玉生號仲孚太學生候選從九品　誥贈奉政大夫同知銜湖北候補知縣署孝感縣知縣生於嘉慶二十二年六月二十三日酉時卒於同治三年七月初三日午時歷年

傳懿

家醴長子字誠之號冠三郡廩生同治癸酉科拔貢同知銜湖北候補知縣署孝感縣知縣　誥授奉政大夫生於道光十八年五月十六日丑時卒於光緒十年十一月二十日酉時

四十八歲葬於城南印塘橋新塋申山寅向配王氏合肥人乾隆乙卯舉人歷任陝西華州等州直隸州知州保升知府署南安府知府王杏舒孫女太學生方增六女誥贈宜人生於嘉慶二十二年二月二

歷年四十七歲葬於城南袁家湖新塋子山午向配趙氏天津人前安徽鳳臺縣典史 予雲騎尉世職入祀昭忠祠趙維升女誥贈宜人生於道光十九年九月二十八日子時卒於咸豐十年九月二十四

十三日丑時卒於光緒十九年九月十九日午時享年七十七歲合葬生子二傳懿傳憲傳憲殤女三長殤次適東流縣廩生福建即補知縣王汝霖三適定遠同知癸酉拔貢方臻杰

日酉時歷年二十三歲葬於城南五里舖新塋艮山坤向繼配吳氏固始縣人道光庚戌進士歷任四川成都等縣知縣即補知府吳鼎立女誥贈宜人生於道光二十七年正月二十九日辰時卒於同治五

年七月初三日戌時歿年二十歲葬於四川綏定府吳氏祖塋繼配晁氏六安人道光丁酉副榜布政司理問晁貽澂三女　誥封宜人生於道光二十三年八月初五日子時生子一多墀女三長適阜陽庠生

家醍

賓南三子字潤生號玉山附

四品銜直隸即補通判李松材次適懷遠太學生五品銜候選知縣林廷璐三適臨淮太學生五品銜郭占欽多墀三女俱晁氏出

傳懋

家醍子字子玉附貢生候選

貢生　貤封奉政大夫同知銜湖北候補知縣署孝感縣生於道光三年十一月二十七日巳時卒於光緒十八年二月初十日辰時享年七十歲葬於北山遯園側酉山卯向配顧氏本邑人雲騎世職尉顧麟

鹽大使　誥贈奉直大夫生於道光二十六年十一月十一日戌時卒於光緒十九年九月初八日巳時歷年四十八歲葬於城南眠羊橋側辰山戌向配龔氏合肥人歲貢生湖北候補知縣龔彥祖長女　誥

光次女　貤
封宜人生於
道光元年四
月十六日辰
時卒於光緒
十九年二月
二十三日巳
時享年七十
三歲合葬生
子一傳懋女
二長適本邑
太學生趙咸
韶待　旌節
孝次適合肥
江蘇候補巡
檢郭文翰

封宜人生於
道光二十七
年正月初九
日丑時卒於
光緒四年十
二月初九日
丑時合葬側
室魯氏山西
人生於同治
四年四月二
十日未時待
旌節孝生
子五多升多
觀多恒多震
多節女一適
定遠候補縣

丞凌啟瑞多升多觀多恒女俱龔氏出多震多節魯氏出

克佺

蟠次子字堯民號雲莊候選郎中　誥授奉政大夫例贈朝議大夫知府銜補用直隸州江

長和

克佺次子字小雲號半農廩貢生咸豐辛亥選舉孝廉方正候選訓導署池州府訓導黟縣教

家進

長和長子字伯倫　誥贈中議大夫三品銜湖南候補知府生於道光四年七月二十一日辰

傳硯

家進長子字書田　誥贈朝議大夫貴州即補知縣升用直隸州知州生於道光二十六年八

蘇候補知縣
誥贈資政
大夫二品頂
戴江蘇候補
道著有淮南
磚硯考傳載
省志生於乾
隆三十七年
七月十四日
午時卒於咸
豐二年三月
十九日戌時
享年八十歲
葬於城東馮
家圩新塋子
山午向配王

諭　勅授儒
林郎　晉贈
中議大夫三
品銜湖南候
補知府著有
懷雨樓詩集
傳載省志生
於嘉慶五年
六月初一日
戌時卒於咸
豐四年四月
十八日未時
享年五十五
歲葬於城南
袁家臺新塋
辛山乙向配

時卒於光緒
四年八月初
三日未時享
年六十一歲
配夏氏本邑
人夏瑞長女
誥封淑人
生於道光六
年十月十六
日子時生子
三傳硯傳棫
傳峴女三長
適本邑朱汝
弼　旌表節
孝次適懷遠
李瑞卿待

月三十日辰
時卒於光緒
二年八月二
十五日酉時
歷年三十二
歲葬於城南
八畝塘新塋
坤山艮向配
姚氏本邑人
誥封恭人
太學生姚法
和長女生於
道光二十六
年十二月初
十日子時生
子四多星多

氏合肥人
誥封宜人
例贈恭人
晉贈夫人生
於乾隆三十
八年五月初
二日未時卒
於道光十七
年九月初五
日辰時享年
六十八歲合
葬側室朱氏
河南人生於
嘉慶五年十
一月十二日
子時卒於同

王氏合肥人
誥贈淑人
生於嘉慶五
年八月二十
日生於道光
六年六月二
十日歷年二
十七歲合葬
繼配湯氏潁
上人　誥贈
淑人生於嘉
慶十九年十
月二十五日
寅時卒於光
緒二十五年
九月二十一

旌節孝三適
懷遠周維藩

璘多堡多貫
女一適本邑
張

傳棫
家暹次子原名
規守仲璋太
學生五品銜
賞戴藍翎
湖南補用通
判署寧遠祁
陽等縣知縣
鳳凰廳同知
候補知府

治七年八月二十二日子時享年七十一歲葬於城北張家樓新塋壬山丙向側室黃氏生於嘉慶十年卒於道光九年歷年二十五歲葬於城北老竹園新塋坤山艮向生子八賓南長和清黼清黻翼祖敬祖

日亥時享年八十六歲葬於城南八畝新塘塋坤山艮向生子一家暹女一適合肥唐士國家暹王氏出女湯氏出

賞換花翎欽加三品銜誥授中議大夫生於道光二十八年九月初四日子時配邵氏本邑人太學生邵霆暘女誥封淑人生於咸豐二年二月二十五日丑時生女四長適鳳臺岳佩瑛次適鳳臺岳佩

長庚長發女二長適本邑趙次適潁上湯賓南長和清黼清黻翼祖長女俱王氏出敬祖長庚次女俱朱氏出長發黃氏出賓南出嗣仁

綬三適本邑王慶鵬四適滁州王安國

傳峴

家暹三子字見山太學生貤封奉政大夫貴州候補知縣升用直隸州知州生於同治二年八月初九日申時配岳氏

鳳臺人太學生岳銘恭長女 貤封宜人生於同治元年八月十三日子時生子二多裕多誠多裕殤女二長適鳳臺彭立羣次未字

清黼
克佺三子字章

家騏
清黼長子字駿

傳魯
家騏長子字古

白號野塘道
光戊子科優
貢候選訓導
例授修職
佐郎八旗官
學教習　貤
贈文林郎國
子監監丞銜
安慶府教授
著有碧雪山
房詩集梅花
夢香乘土音
釋詁牡丹軒
等卷傳載州
志生於嘉慶
九年三月二

生號小塘
貤贈修職郎
來安縣教諭
晉贈文林
郎國子監監
丞銜安慶府
教授生於道
光四年六月
二十一日午
時卒於咸豐
四年二月二
十五日未時
殉粵逆難歷
年三十一歲
入祀忠義祠
附葬於散家

愚邑庠生浙
江候補巡檢
例贈登仕
佐郎　覃恩
貤贈文林郎
國子監監丞
銜安慶府教
授生於道光
二十二年十
月二十七日
寅時卒於光
緒十二年五
月二十八日
辰時歷年四
十五歲葬於
城東盛佛寺

十一日卒於
道光十年五
月十四日歷
年二十七歲
葬於城北散
家冲新塋午
山子向配姚
氏本邑人監
生姚之棟女
旌表節孝
例贈孺人
生於嘉慶九
年四月二十
六日辰時卒
於光緒八年
九月十六日

冲老塋側午
山子向配方
氏本邑人監
生方杲女
旌表義烈
例贈孺人
生於道光二
年八月二十
三日卒於咸
豐四年十一
月十一日巳
時歷年三十
三歲合葬生
子三傳魯傳
澍傳習女一
適合肥世襲

新塋乙山辛
向配劉氏鳳
臺人附生劉
鏡蓉女　例
贈孺人生於
道光二十二
年十月初五
日戌時卒於
同治七年十
一月十九日
巳時歷年二
十七歲葬於
城南八畝塘
新塋子山午
向繼配李氏
鳳臺人五品

戌時享年七十九歲合葬生子一家騏女一適定遠廩貢生候補縣丞方澤長

雲騎尉霍守邦

軍功李樹茂女　例封孺人生於咸豐元年閏八月二十六日戌時生子三多諳多諶多讓女五長適合肥候選通判吳宗佐夫故殉節　旌表節烈次適本邑五品銜候選州同靳效忠三殤四適本邑五品銜

候選知縣張景文五待字多譆長女劉氏出多諶多讓次三四五女李氏出

傳澍

家騏四子字紫綬號雨田恩貢生來安縣教諭推升安慶府教授國子監監丞

銜　勅授文林郎生於道光二十四年四月十九日戌時配王氏鳳臺人王恩捷女　例封孺人生於道光二十三年二月初五日巳時卒於光緒三十二年九月十五日申時享年六十四歲厝於城東盛佛寺

新塋乙山辛向生子四多烝多誌多墉多訓多誌殤女四長適霍邱附生署理直隸甯晉縣知縣補授安肅縣知縣裴景星次適合肥蔡登瀛夫故殉節　旌表節烈三適霍邱候補都司田志富四適鳳陽附生

王鍾漢

傳習

家騏三子字省三候選從九例授登仕佐郎生於咸豐二年九月初八日亥時卒於光緒十年八月二十日亥時歷年三十三歲葬於城東盛佛

清礮
克佺四子字書

家鎔
清礮長子字鑄

寺新塋乙山
辛向配劉氏
本邑人候選
縣丞劉治潤
女　例封孺
人　旌表節
孝生於咸豐
四年七月初
九日子時生
子二多譓多
誠女二殤

傳益
家鎔長子字友

仙號齊驃庠生　誥贈朝議大夫知府銜江蘇升用直隸州候補知縣傳載州志生於嘉慶十年十月十七日酉時卒於同治二年六月初七日苗逆陷城殉難享年五十九歲　恩賞雲騎尉世職　例贈武德

臣廩監生生於道光六年四月二十日辰時咸豐十一年九月二十七日苗逆陷城殉難歷年三十六歲　恩賞雲騎尉世職　例贈武德騎尉從祀專祠傳載州志葬於城東蔡新汉新塋卯山酉向配方氏本

三雲騎尉世職　例贈武德騎尉生於咸豐二年正月三十日辰時卒於光緒十六年七月初四日戌時歷年三十九歲附葬於城東二十店老塋側卯山酉向配陳氏本邑人庠生陳名揚女　例封宜人生於

騎尉從祀専祠附葬於馮家圩老塋側子山午向配方氏本邑人附貢生議敘八品職銜方柳塘女 誥封恭人生於嘉慶七年正月二十八日申時卒於光緒四年十月二十七日子時享年七十七歲葬於鳳

邑人 例封宜人生於道光七年五月二十一日寅時卒於光緒元年二月初四日寅時歷年四十九歲葬於城東二十店新塋卯山酉向生子二傳益傳兆女一適霍邱劉元圻

道光二十九年十月十七日子時生子三多琦多瑜多琤女三長適本邑太學生時佩芳次適定遠方三待字

傳兆

家鎔次子字吉人太學生生

臺董鳳岡新
塋辰山戌向
生子五家鎔
家槐家澄家
煜家培女二
長適潁上李
萼馨江蘇鎮
暘縣知縣次
適本邑劉志
圖

於咸豐十年
十二月初十
日申時卒於
光緒十五年
九月十一日
丑時歷年三
十歲葬於城
南八畝塘新
塋子山午向
配岳氏鳳臺
人　例贈孺
人生於咸豐
九年十二月
初一日寅時
生子一多珣
女一適鳳臺

從九品岳佩玖

家槐

清敝次子字仲材號午園太學生候選從九品　勅授登仕佐郎貤贈奉政大夫　晉贈朝議大夫同知銜山東升用直隸州知州

傳森

家槐長子字少午號錯庵附貢生試用訓導雲騎尉世職　例授武德騎尉　誥封朝議大夫同知銜山東升用直隸州知州候補知

候補知縣生於道光八年五月二十日戌時卒於光緒四年八月初十日寅時享年五十一歲附葬於鳳臺董鳳岡老塋側辰山戌向配方氏懷遠人議敘鹽大使方載捷女 勅封孺人 貤封宜人 晉封恭人

縣生於道光二十八年六月十七日巳時配張氏本邑人附貢生花翎運同銜江蘇候補同知張錫嘏女 例封宜人 誥封恭人 生於道光二十六年五月初六日丑時卒於同治十二年八月二十七日卯時

人生於道光五年十一月二十六日未時卒於光緒二十三年正月二十七日卯時享年七十七歲葬於城南油坊店新塋辰山戌向生子一傳森

歷年二十八歲葬於城南十里鋪新塋申山寅向繼配皮氏潁上人太學生皮良培女例封宜人誥封恭人生於咸豐五年二月十五日丑時生子一多宸張氏出

家澄

清巖三子字秋潭太學生知府銜升用直隸州江蘇即補知縣　誥授朝議大夫置金壇縣知縣昭文縣知縣代理鎮江府督糧通判丹徒溧陽等縣知縣　恩賞四品封典誥封資政

傳緗

家澄長子字寶青四品頂戴山東候補通判　欽加提舉銜　賞戴花翎署東昌府同知福山榮城陽信等縣知縣南河候補同知鹽運使銜升用知府二品頂戴江蘇即補道　誥授資

大夫二品頂戴江蘇候補道生於道光十年十一月初五日酉時卒於光緒三十年九月初一日辰時享年七十五歲葬於九里溝新塋配華氏潁上人　誥贈恭人　晉贈夫人生於道光十二年九月十八日

政大夫生於咸豐二年八月二十七日戌時配陶氏江蘇陽湖人誥封夫人生於道光二十九年二月十九日申時生女二多灝多頤女三長殤次適河南羅山江蘇候補通判方培禔三適常州河南候補縣

咸豐十一年
九月二十八
日苗逆陷城
殉難歷年三
十歲　旌表
義烈從祀專
祠衣冠合葬
於九里溝新
塋繼配張氏
合肥人生於
道光　年
卒於咸豐
年張氏合
肥人　誥贈
恭人　晉贈
夫人生於道

丞吳保貞

傳綺

家澄次子字次
青廩生光緒
辛卯科舉人
同知銜陝西
候補知縣署
鎮安縣知縣
誥授奉政
大夫生於同
治八年七月
十五日申時
配方氏定遠

光二十年十二月十三日寅時卒於光緒十七年十一月初四日戌時享年五十二歲附葬於董鳳岡老塋側辰山戌向生子四傳緗傳綺傳緯傳續女一適浙江蕭山縣江寗候補縣丞朱承基傳家澄三子字味緗華氏出傳

人　例封宜人生於同治八年十一月二十三日側室曹氏生子四多顓多項多項多穎多顓多項多項方氏出多穎曹氏出

傳徽

青監生五品

綺傳偉傳續女俱張氏出傳緯改名傳徽

銜兩淮候補鹽大使誥授奉政大夫生於光緒元年九月初七日午時配方氏定遠人例封宜人生子一多頎女三

傳續

家澄四子字季青監生五品

銜江蘇候補縣丞 誥授奉政大夫生於光緒八年十月十四日午時配姜氏丹陽縣人㑩封宜人生子一多瀕女一

家煜

傳質

清徽四子字曉家煜長子字文

堂 誥贈登卿庠生分省

仕佐郎分省
補用鹽巡檢
生於道光十
二年七月二
十三日同治
二年六月初
七日苗逆陷
城殉難歷年
三十二歲
旌表忠孝從
祀專祠附葬
馮家圩老塋
子山午向配
林氏懷遠人
　誥贈孺人
生於道光十

補用鹽巡檢
　賞戴藍翎
　勅授登仕
佐郎從防臺
灣營次積勞
病故奉　旨
優卹生於咸
豐五年十一
月二十一日
丑時卒於光
緒十一年八
月初六日歷
年三十一歲
葬於城東小
二十店新營
子山午向配

三年四月十九日卒於咸豐六年六月三十日寅時歷年二十四歲葬於城北丁家山新塋繼配湯氏穎上人待　旌節孝生於道光二十三年七月二十九日卒於同治十一年十月初二日歷年三十歲葬於

林氏懷遠人太學生林之輝女生於咸豐七年八月三十日卯時生子二多轍多輔女一適山西江蘇候補知縣王

城南八畝塘酉山卯向生子一傳質林氏出

家培

清黻五子字植夫誥贈登仕佐郎江蘇按察司司獄生於道光十四年三月十六日辰時卒於光緒元年

棣

家培長子原名傳琭字樸生太學生江蘇按察司司獄賞戴藍翎敕授登仕佐郎生於咸豐四年五月

十月初四日
歷年四十二
歲葬於城南
十里鋪新塋
子山午向配
晁氏六安人
舉人二品頂
戴福建汀州
府知府晁貽
端女 誥封
宜人生於道
光十七年七
月十六日辰
時卒於同治
三年六月十
三日酉時歷

十一日辰時
卒於光緒二
十四年十月
二十九日辰
時歷年四十
五歲厝於城
南十里鋪老
塋側子山午
向配陳氏定
遠人庠生花
翎知府銜候
選同知陳華
傳女 誥封
宜人生於咸
豐二年十月
十四日辰時

年三十五歲葬於城南八畝塘新塋酉山卯向生子二棣傳祿

生子二多霖多霈

傳祿

家培次子字錫祉太學生生於咸豐十一年八月二十八日亥時配俞氏定遠人候選從九俞汝珍女生於咸豐九年五月初六日亥

時生子二多聯多陞女三長適本邑胡齊順次適定遠王齊泰三待字

傳量

家福長子字子衡生於同治四年八月十六日辰時卒於光緒十一年歷年二十

家福

翼祖長子字梅鄰增生生於道光十二年九月二十三日戌時卒於光緒四年三

翼祖

克佺五子字燕塘號椒圃貤封承德郎內閣中書加二級生於嘉慶十四年十

月三十日卒於咸豐七年六月初五日未時歷年四十九歲附葬於馮家圩老塋側子山午向配方氏定遠人　貤封安人生於嘉慶十五年四月初七日卒於咸豐七年六月初十日午時歷年四十八歲合葬

月十二日子時歷年四十七歲葬於城東魯家岡新塋配方氏定遠人生於道光十年十二月初八日卒於道光三十年十月二十一日歷年二十一歲繼配鄒氏本邑人生於道光十年十月二十一日卒於咸

一歲配劉氏鳳臺人待旌節孝生於同治三年八月二十三日辰時生女一字本邑裴

傳衡

家福次子生於同治九年四月十二日午時卒於光緒三十一年七

生子二家福
家祐女五長
適定遠方
旌表節孝次
適定遠方三
適定遠方四
適穎上湯五
適鳳臺潘

豐八年六月
十六日巳時
歷年二十九
歲側室張氏
生於道光二
十四年三月
十六日卒於
同治十一年
十月十二日
未時歷年二
十九歲葬於
城南五里鋪
新塋生子三
傳量傳衡傳
準女一適懷
遠陳俱張氏

月初三日

傳準

家福三子生於
同治十一年
十月初八日
亥時配劉氏
本邑人

出

家祜

翼祖次子字晉叔生於道光十五年八月十七日寅時配劉氏鳳臺人生於道光十七年卒於咸豐九年二月二十二日亥時歷年二十三歲繼配

傳雯

家祜長子字晉子生於咸豐十一年二月十五日巳時配徐氏本邑人生於咸豐十一年六月二十三日卒於光緒十八年葬於城東馮家圩生子

徐氏本邑人生於道光十七年七月初十日子時生子二傳雯傳霦俱徐氏出

三多瑾多琇多璋

傳霦

家祜次子字幼叔生於同治九年正月十七日丑時配魯氏本邑人生於同治九年九月初二日巳時生子二多瓊多瑄

敬祖

克佺六子字恭甫號小莊又號嵩翹太學生候選府經歷　欽加五品銜　賞戴藍翎　例授奉政大夫生於道光四年十月十一日子時卒於光緒二十三年四月十一日寅時享年七

家沂

敬祖長子字魯川郡庠生誥贈奉政大夫五品銜江蘇候補縣丞生於道光二十七年六月二十三日寅時卒於光緒二十年十一月二十二日戌時歷年四十八歲附葬於城南宗祠

傳昀

家沂長子原名臚字鴻初太學生五品銜江蘇候補縣丞　例授奉政大夫生於同治三年九月二十六日寅時配方氏本邑人太學生方學海女　例贈宜人生於同治三年三月初五

十四歲葬於城南宗祠東南滕家窪新塋卯山酉向配華氏潁上人旌德縣教諭華含英女例贈宜人生於道光二年六月初六日子時卒生咸豐九年十一月初十日戌時歷年三十八歲葬於城南胡家夾

東南滕家窪老塋側卯山酉向配邵氏本邑人庠生邵鵬飛長女誥贈宜人生於道光二十八年十一月二十四日亥時卒於同治七年十一月十三日午時歷年二十一歲附葬於城北張家樓老塋側壬山

日子時卒於光緒十九年十二月二十一日子時歷年三十歲葬於城南胡家夾道新塋坤山艮向繼配田氏鳳陽人候選知縣田品章長女例封宜人生於同治七年十一月二十四日子時生女一方氏出

道新塋乾山
巽向繼配馬
氏本邑人五
品銜藍翎千
總馬錦標女
側贈宜人
生於道光十
八年九月初
九日戌時卒
於同治十三
年七月初十
日申時歷年
三十七歲葬
於城北張家
樓老塋側壬
山丙向側室

丙向繼配江
氏本邑人五
品銜候選州
同江永耀女
生於道光三
十年七月初
一日未時卒
於光緒八年
七月初一日
酉時歷年三
十三歲葬於
城北馬鞍山
新塋辛山乙
向側室楊氏
陝西興平縣
人待　旌節

未字

傳冕

家沂次子字冠
卿太學生
欽加五品銜
浙江候補巡
檢　側授奉
直大夫生於
同治六年五
月初七日午
時配柴氏本
邑人庠生柴
維翰女　側

品氏河南禹州人文生呂煥章女生於咸豐二年正月十九日戌時生子七家沂家沆家湘家濱家湜家淇家泌女二長適阜陽湖北候補同知程錦章待旌節孝次適本邑江西候補府經歷李長泳家沂家

孝生於同治七年八月初八日子時生子二傳昀傳晃女二長適阜陽世襲雲騎尉趙鶴騰待　旌節孝次適合肥太學生唐人驥傳昀傳晃邵氏出長次女江氏出

贈宜人生於同治七年二月十三日子時卒於光緒十六年二月二十八日未時歷年二十三歲葬於城南胡家夾道新塋坤山艮向繼配楊氏本邑人藍翎千總楊煥奎女　例封宜人生於同治十一年十月

沆家湘俱華氏出長女馬氏出家濱家湜家淇家泌次女俱呂氏出

家沆

敬祖次子字晴川歲貢生候選訓導　例授修職佐郎生於道光二十九年十月初二日卯時配邵氏本邑

二十三日子時生子一多巽女三俱楊氏出

傳榆

家沆長子字柳堂原名穎候選從九　例授登仕佐郎生於光緒二年七月二十日酉時配魏氏本邑人庠

人太學生邵大儒長女生於咸豐二年三月十三日丑時卒於光緒三年八月二十五日申時歷年二十六歲附葬於城南胡家夾道老塋側乾山巽向繼配林氏懷遠人歲貢生蘭谿縣教諭林士瀛四女生於

生魏象成女生於同治十三年正月二十三日寅時卒於光緒二十七年十一月初一日寅時歷年二十八歲葬於城南胡家夾道老塋子山午向

咸豐三年十二月十五日午時生子一傳榆女二長適六安太學生晁承懋傳榆長女邵氏出次女林氏出

家湘

敬祖三子字月川號清臣邑庠生生於咸

傳璟

家湘長子字效宋太學生五品頂戴縣丞

豐三年六月十五日辰時卒於光緒二十二年九月初十日申時葬於城東唐家山新塋癸山丁向兼子午歷年四十四歲配田氏鳳陽人歲貢生三品銜江蘇候補道田端書長女生於咸豐二年十月二十一

職銜生於光緒元年六月二十四日午時配王氏合肥人歲貢生四品銜翰林院典簿王尚辰三女生於同治九年十二月二十四日丑時生子二多謇多畏女三未字

日辰時生子
五傳璟傳瑜
傳瑄傳琅傳
瑱傳琅改名
傳原傳瑱殤
女一未字

傳瑜

家湘次子字玉
峯太學生候
選通判生於
光緒五年五
月二十三日
巳時配傅氏
本邑人世襲
雲騎尉候補
守備傅守寬
四女生於光
緒五年正月
初三日寅時

傳瑄

家湘三子字子清號璧如太學生生於光緒七年八月十四日子時配柳氏鳳陽人廩生柳瀛長女生於光緒七年十一月十三日子時

家濱
敬祖四子原名
渭字渭川生
於光緒七年
十月初八日

傳原
家湘四子字養
渠原名琅太
學生生於光
緒十二年九
月十一日丑
時

傳鑣
家濱長子字饋
卿生於光緒
三十一年十
月初六日辰

子時配方氏
本邑人方常
範次女生於
光緒七年八
月十九日戌
時生子一傳
鑣女二

家湜

敬祖五子字滙
川原名沐生
於光緒十一
年四月十九
日申時配邵

時

氏本邑人太學生邵濂儒女生於光緒六年十月初五日卯時女一

家淇

敬祖六子字巨川生於光緒十三年四月二十五日酉時

長發
克佺七子字椿圃候選從九品　例授登仕佐郎生於道光五年八月十八日子

家沁
敬祖七子字樊川生於光緒十七年四月十七日未時

家爵
長發長子字敬修候選從九品　例授登仕佐郎生於道光二十五年十月二十

傳珍
家爵長子字少修號聘三藍翎五品軍功生於同治四年八月十九日子時配徐

時卒於同治元年八月十八日子時歷年三十八歲附葬於老竹園老塋側配方氏懷遠人生於道光五年四月初二日巳時卒於咸豐十年正月初七日子時歷年三十六歲合葬生子二家爵家升

日未時卒於光緒十三年十一月十四日亥時歷年四十二歲附葬於老竹園老塋側配陳氏浙江人安徽候補巡檢陳鳳洲女生於道光二十七年十月十三日辰時卒於光緒二十四年四月初二日亥時享

氏本邑人太學生徐懷清女生於同治七年四月初三日子時卒於光緒二十七年四月初一日歷年三十二歲繼配程氏本邑人太學生程順之女生於同治十三年正月二十三日未時生子二多均多址女

年五十二歲合葬生子七傳珍傳璞傳瑛傳瑶傳奎傳珊傳琛傳奎殤女二長殤次適本邑正陽太學生馬鍾銘

二未字多均多址長女徐氏出次女程氏出

傳璞

家爵次子字玉亭五品藍翎候補把總生於同治六年三月初五日巳時配朱氏本邑人太學生朱廷棟長

女生於同治九年九月初六日子時生子四多球多垕多坦多玲女二長適本邑周家鼎次待字多玲出嗣傳璨

傳瑛

家爵三子字琢之太學生生於同治八年

六月二十三日午時配李氏本邑人候選府經歷李尚功女生於同治九年八月二十四日辰時生子一多垿女二長待字次字本邑李克麟

傳瑶

家爵四子原名

琱字昆甫太學生生於光緒三年二月初五日丑時配劉氏本邑人太學生劉治功女生於光緒五年八月初四日未時生子二多時多塏女一

傳珊

家爵六子原名

松字鐵臣生於光緒七年二月初四日亥時配張氏鳳臺人太學生張錫泰女生於光緒五年八月初七日巳時

傳璨

家爵七子字石生生於光緒十年十二月

家升

長發次子字進

二十六日未時卒於宣統元年六月三十日申時配裴氏山西人裴玉奎女生於光緒十年八月初二日未時待旌節孝嗣傳璞四子多玲

傳一

家升長子生於

如候選從九品　例授登仕佐郎生於道光二十七年五月二十二日辰時卒於光緒三十三年十二月二十八日巳時享年六十一歲葬於城南薛家橋西新塋酉山卯向兼庚甲配周氏懷遠人周昭章女生同治六年十二月二十六日未時卒於光緒十三年三月十九日亥時歷年二十歲葬於城北湧泉菴後配熊氏六安人待　旌節孝

傳華

字升次子字棣

於道光二十四年三月十八日亥時卒於宣統二年五月初四日寅時享年六十七歲生子二傳一傳華女二長殤次適本邑錢立功

棠生於光緒二年十二月三十日亥時配王氏本邑人太學生王鴻恩女生於光緒五年十一月三十日未時卒於宣統二年二月二十二日酉時歷年三十二歲葬於　塋生女二未字

長庚

克佺九子字西亭候選從九品　例授登仕佐郎生於道光六年十一月初九日午時卒於同治十三年七月十八日戌時歷年四十九歲葬於城北方家山口配方氏懷遠人生於道光

家弼

長庚長子字輔臣增貢生生於道光二十七年正月十八日卯時卒於宣統元年七月十一日丑時享年六十三歲葬於　塋　配徐氏本邑人監生徐士瀛女生於道光二十八年

傳瑗

家弼長子字衛卿生於同治八年五月十四日酉時配劉氏本邑人生於同治九年二月初三日亥時生子二多熙多軼女一

七年三月二十一日亥時卒於光緒十四年九月初八日戌時享年六十一歲合葬生子三家弼家顯家楨女一適潁州府阜陽縣雲南候補知縣周召南

九月二十一日亥時生子三傳瑗傳彬傳裕女二長適太和縣文生牛龍驤

家顯

長庚次子字榮生候選從九品　例授登仕佐郎生於道光三十年五月二十七

傳裕

家弼三子字麗卿生於光緒元年二月初五日亥時

傳彬

家顯次子字雅卿五品銜候補把總生於同治十一年六月十六日酉時配俞氏

日卯時配姚氏本邑人生於道光二十八年三月初五日辰時卒年合葬方家山口嗣家弼次子傳彬為子

家楨

長庚三子字小亭生於咸豐

徽州人生於同治九年八月十六日辰時繼配壯氏揚州人生於同治十三年九月十三日巳時生子二長女俞氏出次女壯氏出

傳陸

家楨長子生於同治十二年

炳圖

蟠三子字益莊號紹泉附貢

錦堂

炳圖長子字鏡亭太學生山

二年六月二十五日午時配談氏本邑人生於咸豐四年十月十四日酉時生子二傳陸傳灼女二長適浙江淩次適本邑尹

家霖

錦堂長子號景雲侯選從九

九月二十五日辰時

傳灼

家楨次子生於光緒七年十月十九日辰時

傳鑫

家霖嗣子號品三太學生候

生戶部山西
司郎中記名
繁缺知府
欽賜花翎
簡授廣西南
甯府知府
覃恩加四級
誥授中議
大夫 晉贈
榮祿大夫二
品頂戴浙江
按察使加二
級傳載州志
生於乾隆四
十一年三月
初九日巳時

東平度州州
同甯海州州
同署博山縣
知縣升任直
隸霸州知州
誥授奉直
大夫 貤贈
資政大夫二
品頂戴湖北
荊宜施道生
於嘉慶四年
九月初三日
申時卒於同
治二年十二
月初六日子
時享年六十

品 例授登
仕佐郎 覃
恩貤贈中憲
大夫五品銜
戶部主事加
三級生於嘉
慶二十二年
九月十五日
丑時咸豐十
一年九月初
二日子時殉
苗逆難歷年
四十五歲葬
於 山 向
旌表忠義從

選從九品
例授登仕佐
郎 誥贈奉
政大夫五品
銜布政司理
問生於咸豐
六年十月初
五日巳時卒
於光緒二十
五年十月初
五日申時歷
年四十四歲
葬於 山 向
配黃氏本邑
人從九品黃

卒於咸豐四年八月初九日巳時享年七十九歲葬於城北尺五莊申山寅向配黃氏本邑人增生黃琦女 誥封恭人 晉贈一品夫人生於乾隆四十三年七月十七日酉時卒於嘉慶二十五年十月初二

四歲葬於城南十八里荒新塋巽山乾向配方氏定遠人監生方玉珣女 誥封恭人 晉封夫人生於嘉慶四年十一月初一日戌時卒於咸豐十一年九月十九日卯時享年六十三歲合葬生子三家霖家

祀專祠配竇氏霍邱人貤封恭人生於嘉慶二十五年三月十五日丑時卒於咸豐三年四月二十五日申時歷年三十四歲合葬嗣家澼子傳鑫為子

玉堂女 誥封宜人生於咸豐三年六月二十九日戌時卒於光緒七年正月二十日歷年二十九歲合葬繼配宋氏懷遠人河南直隸州知州宋傳書女 誥封宜人生於咸豐六年四月初九日巳時側室劉

日申時歿年四十二歲合葬側室洪氏趙氏直隸大興人　誥封太恭人　晉封太淑人生於乾隆六十年六月十二日卯時卒於同治八年十二月初四日申時享年七十五歲葬於城北瑪瑙泉新塋子山午

秀家瀚女四
長適山東李
次適定遠方
三適本邑方
四適鳳臺王

家秀

錦堂次子號漢卿太學生誥贈奉政大夫五品銜候選縣丞生於道光五年六月二十四日

氏本邑人生子二多茵多芸女一多茵多芸黃氏出女劉氏出

傳鑫

家秀兼祧子

向兼癸丁朱氏蒙城人誥封恭人生於道光五年五月二十九日寅時卒於光緒八年十月二十二日卯時享年五十八歲葬於城北李家窪新塋午山子向生子六錦堂樹南愷元樹屏樹鑾樹棠女三長適

申時咸豐十一年九月十三日殉苗逆難歷年三十八歲　旌表忠義從祀專祠葬於城南十八里荒新塋乾山巽向配金氏六安人生於道光三年四月十三日寅時卒於咸豐五年十一月二十五日辰時歷

河南固始曾錫祿　旌表貞烈次適定遠方爵鼎三適浙江胡斌第錦堂樹南長次女俱黄氏出愷元樹屏樹鎏俱趙氏出三女洪氏出樹棠朱氏出

年二十二歲合葬繼配牛氏本邑人候選布理問牛庠彦女生於道光十九年六月十八日巳時生女一適鳳臺吴錫壽女金氏出家瀚子傳鑫兼祧

家瀚

傳鑫

錦堂三子號海兼祧本生父家山太學生候　瀚
選從九品
例授登仕佐
郎　誥贈奉
政大夫五品
銜候選布理
問生於道光
五年五月十
七日辰時咸
豐十一年十
月十二日苗
逆陷城殉難
歴年三十六
歳　旌表忠
義從祀專祠

配方氏鳳臺人　誥封宜人生於道光七年三月二十日寅時卒於道光二十八年四月十二日未時歷年二十一歲合葬繼配汪氏本邑人太學生汪炳義女　誥封宜人生於道光十年三月初五日卯時生

子一傳鑫女一適本邑時秀峰傳鑫汪氏出女方氏出傳鑫出嗣家霦兼祧家秀

樹南

炳圖次子字楚材號晴軒廩貢生候選訓導道光乙未恩科順天

家穀

樹南長子字貽卿號稼生優廩生道光己酉科拔貢咸豐壬子科順

傳辰

家穀嗣子字北垣號伯沅太學生刑部四川司郎中加二級　欽加

舉人乙巳會
試挑取謄錄
國史館議敘
候選知縣
例授文林郎
覃恩誥贈
中憲大夫道
銜禮部主客
司郎中 晉
贈通奉大夫
鹽運司銜甘
肅寧夏府知
府加三級
覃恩晉贈榮
榮大夫二品
頂戴浙江按

天舉人丙辰
科進士禮部
儀制司主事
精膳司員外
郎主客司郎
中 欽加道
銜記名知府
總理各國事
務衙門總辦
章京記名御
史 欽加二
品頂戴 賞
戴花翎辦理
中外交涉事
務大臣 簡
放湖北荆宜

三品銜 賞
戴花翎 誥
授通奉大夫
生於道光二
十五年三月
初九日巳時
配李氏順天
保坻人四川
成都府知府
李德良女
誥封淑人
晉封夫人生
於道光二十
三年七月十
六日子時卒
於光緒七年

察使加二級傳載州志生於嘉慶八年九月二十八日戌時卒於道光二十六年二月初二日子時歷年四十三歲葬於城北平山之陽新塋甲山寅向配陳氏定遠人福建臺灣府知府陳俊千女例封孺人

施兵備道浙江按察使署浙江布政使　恩賞一品封典　誥授資政大夫晉授榮祿大夫傳載州志生於道光三年十一月初六日子時卒於光緒十四年七月十七日午時享年六十六歲葬於城北平岡

十一月二十九日午時歷年三十八歲葬於　塋山　向繼配呂氏江蘇沭陽人　誥封淑人　晉封夫人湖北候補同知呂希楨女生於咸豐五年七月十九日戌時側室唐氏四川重慶人生

晉封太夫人 覃恩晉封一品太夫人生於嘉慶八年二月二十八日寅時卒於光緒十一年九月十八日戌時享年八十三歲合葬側室王氏江蘇人 誥封太恭人 貤封夫人 旌表節孝生於嘉慶二

新塋亥山巳向配呂氏旌德人山東漕河同知呂偉峯女 誥封夫人 覃恩晉封一品夫人生於道光二年五月十八日寅時卒於光緒二十年二月初八日子時享年七十三歲合葬側室陳氏貴州人生於

於同治二年正月初五日子時生子三多苓多薌多菕多菕殤女三長適江蘇寶應喬佑良次殤三適定遠鈕庭培多苓多薌長次三女俱李氏出多菕唐氏出

十四年八月初五日卒於光緒二十三年八月初八日未時享年七十九歲葬於丁家山新塋生子九家穀家喆家轂家篤家彥家穆家翰家翹家翊女三長適定遠方澤醇次適江西南豐饒增綬三適六安聶

道光二十四年八月初六日卒於光緒二十四年八月十六日未時享年五十五歲葬於城南校場新塋坤山艮向嗣女一適旌德呂賢塈嗣家喆子傳辰為子

元龍家穀家
喆家穀家篤
家彥家穆長
次女俱陳氏
出家翰家翹
家翊三女俱
王氏出

家喆

樹南次子字吉
甫號藹卿增
生　貤贈中
憲大夫道銜
山東兗州府
知府　誥贈
通奉大夫三
品銜刑部四
川司郎中加
二級生於道
光五年十月
初三日寅時
卒於道光二
十六年十二

傳辰

出嗣家穀兼祧
本生父家喆

月初七日子時歷年二十二歲葬於城南五十五里江黃城邊家營新塋癸山丁向配楊氏六安人廣西思安府同知楊用時女貤封恭人誥封太夫人生於道光五年十一月十三日酉時卒於光緒六年

八月二十四日戌時享年五十六歲合葬生子一傳辰出嗣家轂

家轂

樹南三子字小楚優廩生軍功歷保分部員外郎歷任山東兗州府知府甘肅寗夏府知府

傳棣

家轂嗣子字仲華庠生同知銜　恩蔭候選知縣　誥授奉政大夫生於咸豐元年九月十五

欽加鹽運使
銜　記名道
　賞戴花翎
奉　旨照軍
營積勞病故
例，賜卹
賜太常寺卿
廕一子入監
讀書期滿以
知縣用　誥
授通議大夫
著有吉金貞
石菴詩文集
傳載州志生
於道光八年
九月十一日

日丑時卒於
光緒八年八
月初五日卯
時歷年三十
二歲葬於城
南三十里馬
家岡新塋配
林氏懷遠人
四川馬邊廳
同知林之洛
女　誥封宜
人生於道光
二十九年七
月初七日寅
時生子一多
馣女二殤長

丑時卒於同治六年三月二十六日巳時歷年四十六歲葬於北山李家窪新塋辛山乙向配吳氏河南固始人山西候補知府吳其均女　誥封淑人生於光緒六年十二月初八日辰時卒於光緒十七年十

次適江蘇陽湖陶洙

一月二十二
日戌時享年
六十六歲合
葬側室沈氏
山東人　旌
表節孝生於
道光二十五
年七月十七
日酉時卒於
光緒三十年
六月二十七
日申時享年
六十歲葬於
城北李家窪
新塋嗣家篤
子傳棣為子

壽州孫氏支譜

卷之

字第　號

家篤

樹南四子字稚材號斐生附貢生江蘇候補知縣　欽加知州銜賞戴花翎誥授奉政大夫　誥贈資政大夫二品頂戴福建候補道加三級生於道光九年十月二十六日丑時卒

傳究

家篤長子字夢齋號嶧甫優廩生光緒乙酉科拔貢戊子科順天舉人福建永春直隸州州同臺灣候補同知歷署大田縣知縣淡水縣等縣知縣候補知府賞戴花翎署福建漳州臺

於同治十二年九月初三日戌時歷年四十五歲葬於城南馬家岡巽山乾向配方氏本邑人候選訓導方秉衡女誥封宜人晉封太夫人生於道光十年十月十七日辰時卒於光緒十七年十二月三十

灣等府知府福建候補道軍機處存記按察使銜欽加二品頂戴　奏派船政提調農工商部礦務議員歷充福建洋務學務礦務商政各局處總辦加一級　誥授資政大夫生於同治元年十二月初九日

日未時享年六十三歲合葬側室楊氏貤封太恭人生於道光八年八月初二日子時卒於同治九年正月二十七日未時歷年四十四歲附葬馬家岡巽山乾向生子三傳棣傳兗傳沂女二長出嗣家穀適

戌時卒於光緒三十一年十二月二十一日寅時配朱氏涇縣人湖北安陸府同知士榮女誥封夫人生於同治元年十一月初九日巳時側室林氏福建人生於光緒六年八月十四日酉時生子二多萬多

旌德呂賢堊
次適湖南祁
陽陳炳章傳
棣傳究女二
俱方氏出傳
沂楊氏出傳
棣出嗣家穀

蘧女三多萬
多蘧長女朱
氏出次三女
林氏出多蘧
長女俱幼殤

傳沂

家篤次子字東
甫號希曾增
生四品銜江
蘇候補通判
誥授朝議
大夫生於同
治二年二月
十八日寅時
配宋氏懷遠

家彦

樹南五子字梅岑監生 欽加州同銜甘肅候補府經歷 例授宣德郎 誥贈

傳璪

家彦長子字少梅監生 欽加提舉銜四川候補通判兼襲雲騎尉署理萬縣知

人宋傳鈞女 誥封恭人生於咸豐十一年九月十三日子時生子五多蘄多莢多蓁多菁多蕙多蘄殤

中憲大夫提舉銜四川候補通判生於道光十年正月初二日卯時咸豐十一年九月二十七日寅時苗逆陷城殉難歷年三十二歲　恩賞雲騎尉世職
卹贈武德騎尉從祀專祠葬於城南江家扨新塋午

縣馬邊廳同知　誥授奉政大夫　晉授中憲大夫生於咸豐元年十月初三日寅時卒於光緒十九年正月十六日酉時歷年四十三歲附葬於城南江家扨新塋午山子向兼壬丙三分配濮氏江蘇溧水人

山子向兼壬丙三分配黄氏本邑人候選從九黄宗洛女　例封安人　誥封太恭人生於道光十一年三月十一日子時卒於光緒二十五年十一月十三日丑時享年六十九歲合葬生子一傳璪

河南開封府知府濮文暹女　誥封宜人　晉封恭人生於咸豐元年二月二十二日午時生子二多咨多芾女一適江蘇常熟龐樹敷

樹南六子字筱
家穆
漪附生同治庚午科順天舉人辛未科進士戶部雲南司主事欽加四品銜賞戴花翎誥授中憲大夫生於道光十三年二月二十五日巳時卒於光緒十三年九

家穆長子字延
傳年
秋分部主事例授儒林郎生於光緒五年正月初四日卯時配王氏桐城人四川理藩廳同知王郅女生於光緒五年十一月十三日子時生子一多荇

月二十四日寅時享年五十四歲葬於城東蓮花塘新塋配郭氏合肥人　誥封恭人生於道光十一年二月十六日卒於光緒五年二月十七日歷年四十九歲合葬側室鄭氏直隸南宮縣人生於咸豐五年

十月十八日卯時卒於光緒二十八年六月初一日辰時歷年四十九歲附葬於蓮花塘新塋馬氏順天人生於同治三年十一月十九日申時生子一傳年女四長適河南羅山方連軫次適懷遠林介品三適

阜陽甯文祜長女郭氏出次四女馬氏出傳年三女鄭氏出

家翰

樹南七子字墨農生於道光十九年六月初三日子時咸豐十一年六安軍營陣亡歷年二十

三歲奉　旨
賜卹入祀専
祠聘呂氏旌
德人待　旌
貞節

家翹

樹南八子字鶴
生候選通判
欽加四品
銜　賞戴花
翎　誥授朝
議大夫　覃
恩貤封資政

傳郢

家翹長子字楚
孫　貤贈儒
林郎分部主
事生於光緒
元年十一月
二十一日酉
時卒於光緒

大夫二品頂
戴福建補用
道生於道光
十一年三月
初一日寅時
卒於光緒三
十二年七月
初二日未時
享年六十六
歲葬於城北
丁家山新塋
配王氏本邑
人休甯訓導
王昭女　誥
封恭人　覃
恩貤封夫人

十九年十一
月初二日巳
時歷年十九
歲葬於城北
丁家山新塋
配宋氏鳳臺
人壽春總鎮
宋朝儒女
貤封安人
旌表節孝生
於光緒二年
十一月十二
日巳時卒於
光緒二十二
年四月二十
五日辰時歷

生於道光二十一年九月初八日巳時卒於光緒二十四年四月二十七日未時享年五十八歲合葬側室蘇氏順天人生於咸豐八年二月十四日丑時周氏江蘇山陽人生於光緒元年二月二十二日卒於

年二十一歲合葬嗣傳沂四子多菁爲子

光緒三十四年十二月初八日亥時生子一傳郢女一適六安聶宗義傳郢蘇氏出兼祧家翊女王氏出

家翊

樹南九子字翼之監生湖南候補同知欽加知府銜

傳郢

家翊兼祧子

署理東安清泉等縣知縣衡州府知府誥授中憲大夫生於道光二十六年四月初一日寅時卒於光緒二十八年十二月二十四日子時享年五十七歲葬於城北草鳳岡配張氏桐城人誥封恭人生於

道光三十年十一月十二日午時卒於光緒三十二年十二月初三日亥時享年五十八歲合葬側室馮氏湖南人生於同治三年五月初三日卒於光緒二十六年二月初一日歷年三十四歲葬於城南十八

里荒家翹子
傳郢兼祧

愷元
炳圖三子字叔才號虞臣別號崑崙老牧廩貢生候選訓導軍功歷保知州 欽加運同銜知州用 賞戴花翎署山東沂水縣知縣

家賁
愷元三子原名家驥字德生生於光緒十五年二月二十五日午時配劉氏旌德人庠生劉廷璋女生於光緒十五年卒於光緒三十

傳耊
家賁長子生於光緒三十三年十一月十九日亥時

授甯海州知州加四級誥授通議大夫生於道光三年十二月十九日巳時卒於光緒二十四年七月初六日　時享年七十六歲葬於城北平岡新塋配汪氏六安人誥封淑人生於嘉慶二十五年二月

一年四月二十五日辰時歷年十七歲繼配周氏定遠人世襲雲騎尉周爾儀女生於光緒十四年七月二十日子時生子一傳耋周氏出

十六日辰時卒於同治三年五月初六日卯時享年五十八歲合葬繼配魏氏山東人　誥封淑人生於咸豐八年四月二十五日戌時卒於光緒二十七年九月十九日戌時歷年四十二歲合葬側室李氏山

東歷城人
側贈安人生
於道光二十
八年七月二
十四日　時
卒於同治四
年七月二十
五日酉時歷
年三十一歲
厝於歷城西
門外安徽會
館生子三家
燾家萊家賁
家燾家萊殤
女四長適休
甯王鴻禧次

適定遠方濬
觀三適潁上
皮益培四適
阜陽李斌
家燾長次三
女俱汪氏出
家萊李氏出
家贇四女魏
氏出

樹屏

炳圖四子字孚
軒號翰臣附
監生理問銜

家熙

樹屏長子號春
農生於道光
二十五年四

傳從

家熙嗣子字沔
漁號少農生
於光緒十一

河南候補巡檢　敕授宣德郎生於道光七年九月初六日寅時卒於同治十一年九月十五日寅時歷年四十六歲葬於城北瑪瑙泉新塋子山午向兼癸丁配沈氏浙江紹興人敕贈安人生於道光五年

月初三日丑時卒於同治四年九月二十九日寅時歷年二十一歲葬於瑩　山　向配皮氏本邑人太學生皮霆女　旌表節孝生於道光二十七年五月二十三日丑時卒於光緒十九年七

年七月初五日午時配余氏本邑人太學生余樹藩女生於光緒十一年五月十三日子時生子一多勝

傳頤

家熙嗣子號朶山生於光緒十七年六月十八日子時

正月十一日巳時卒於道光二十八年九月二十四日巳時歷年二十四歲葬於城北平山新塋繼配管氏霍邱人勅封安人花翎四品銜浙江泰順縣知縣管敬修女生於道光十年七月十一日未時卒於

月十三日歷年四十七歲葬於城北平山老塋側嗣家崧子傳復為長子家芬子傳頤為次子

家崧

樹屏次子字嶽生生於咸豐十年十月十四日子時配

傳復

出嗣家熙兼祧

本生父家崧

同治六年九月十二日未時歿年三十八歲合葬徐氏浙江湖州人 旌表節孝 勅封安人生於道光二十五年六月二十一日戌時卒於光緒三十二年六月二十一日亥時享年六十二歲附葬於城北平

金氏貴州施秉人廪貢生徽州府知府金桂森女生於同治三年四月十八日巳時生子一傳復女一傳復出嗣家熙兼祧家崧

家芬

樹屏三子字蓮生湖北候補

傳頤

出嗣家熙兼祧

本生父家芬

山老塋側子
山午向側室
劉氏鳳臺人
勅封安人
生於道光二
十年正月二
十五日亥時
卒於光緒二
十八年四月
二十五日申
時享年六十
二歲葬於城
北平山新塋
子山午向兼
癸丁生子四
家熙家崧家

典史　欽加
布理問銜生
於同治八年
六月初七日
亥時配陸氏
浙江山陰人
湖北永豐廳
道庫大使陸
顯仁女　側
封孺人生於
同治八年八
月二十四日
未時卒於光
緒二十六年
四月初四日
酉時歷年三

芬家頡女五
長適定遠方
汝謨次適潁
上華汝灼三
適本邑裴仁
壽四適本邑
戴宗喆五適
河南歸德府
宋慎道家熙
沈氏出家崧
長次女俱管
氏出四五女
俱徐氏出家
芬家頡三女
俱劉氏出

十二歲葬於
城南宋家莊
巽山乾向兼
巳亥繼配李
氏鳳臺人候
選從九李永
青女　例封
孺人生於光
緒七年正月
十三日亥時
生子一傳頤
陸氏出出嗣
家熙兼祧家
芬

家頊

樹屏四子字菊生庠生生於同治十一年九月十七日午時配張氏本邑人候選從九張兆慶女生於同治十一年七月十九日亥時卒於光緒二十年九月十一日寅時歷年二十三歲

葬於城南宋家莊巽山乾向繼配王氏渦陽人記名總鎮王在山女生於光緒元年卒於光緒二十五年四月初九日卯時歷年二十五歲葬於城南宋家莊巽山乾向側室申氏生於光緒十五年卒於光緒三

十二年滕氏生於光緒十七年六月十八日巳時生女一滕氏出

樹鎏

炳圖五子字芥塵號价臣太學生理問銜候選鹽大使誥封朝議大夫覃恩貤封資政大

家麒

樹鎏長子字鹿其號儷生歲貢生候選訓導五品銜賞戴藍翎河南即補縣丞例授奉直

傳阜

家麒長子字時民號琴伯生於光緒二十七年十一月二十九日子時

夫二品頂戴浙江按察使生於道光十年正月十七日寅時卒於光緒十七年十二月二十四日酉時享年六十二歲葬於城北十五里李家岡山麓新塋壬山丙向兼子午配皮氏潁上人布政司理問皮大權

夫生於咸豐九年五月二十七日申時配李氏阜陽人太學生李士鎬女　例封宜人生於咸豐九年七月初十日辰時側室姜氏太和人生於光緒二年十月初九日寅時生子二傳阜傳潁女一俱姜氏出

傳潁

家麒次子字濱川號仲管生於光緒二十九年九月初一日子時

女　誥封恭人　覃恩貤封夫人生於道光十年四月十六日寅時側室劉氏鳳臺人　誥封宜人生於道光二十三年七月二十一日酉時卒於同治二年四月十七日亥時歷年二十一歲附葬於城北瑪瑙

家模

樹鎣次子字耘生郡廩生光緒己丑　恩科副榜　欽加五品銜賞戴藍翎山東候補直隸州州判　例授奉直大夫生於咸豐九年七月十二日辰時配宋氏懷遠人　例封宜人生

傳奎

家模長子字聚五生於光緒五年九月二十一日子時配華氏潁上人太學生華坦衢女生於光緒十年十月十四日子時卒於光緒二十八年八月初八日午時歷年十九歲厝於城南

泉老塋側壬山丙向生子三家麒家模家寅女四長殤次適蒙城李南華三殤四適江蘇寶山朱其懿家麒劉氏出家模家寅長次三四女俱皮氏出

於咸豐六年四月十五日酉時卒於光緒十六年十一月二十三日辰時歷年三十五歲葬於城南九里溝新塋辛山乙向繼配金氏懷遠人布政司理問金廷輔女　例封宜人生於咸豐九年九月二十日戌

九里溝老塋辛山乙向繼配陳氏鳳臺人記名總鎮陳希義女生於光緒十三年六月初十日申時生子一多鴻女一俱陳氏出

時生子一傳
奎女二長適
本邑戴緒銘
次適廣德王
師搥倶宋氏
出

家寅 傳奪
樹鋆三子號虎
生候選從九
品 例授登
仕佐郎生於
同治三年十
一月二十四
家寅長子字仲
豪號勲輔生
於光緒十八
年七月初六
日子時

日寅時卒於光緒三十年七月二十九日亥時歷年四十一歲葬於城南九里溝新塋子山午向配姚氏本邑人候選從九姚德釗女　例封孺人生於同治三年九月十八日丑時卒於光緒二十年五月二十

傳奕

家寅次子字禹山號梁甫生於光緒二十三年四月二十三日卯時

傳羹

家寅三子字傳卿號調鼎生於光緒二十七年九月初二日寅時

六日寅時歷年三十二歲合葬繼配皮氏穎上人太學生皮祜多女　例封孺人生於光緒五年十二月十七日子時生子三傳奪傳奕傳羹女二傳奪姚氏出傳奕傳羹女二俱皮氏出

樹棠
炳圖六子字棣臣號芾村太學生布理問銜兩淮補用鹽知事　敕授承德郎　覃恩貤封資政大夫二品頂戴湖北荊宜施道生於道光二十二年十一月初三日午時卒於光緒三十

家麟
樹棠長子字瑞生號欣伯附監生同知銜　賞戴花翎補用直隸州福建候補知縣　誥授奉政大夫生於同治二年十二月二十一日亥時配朱氏本邑人五品銜候選州同朱履端女

年九月十二日子時享年六十三歲葬於城北李家窪新塋午山子向配凌氏定遠人浙江湖州府知府署金衢嚴道凌泰封女勅封安人覃恩貤封夫人生於道光二十年十二月二十六日子時卒於同

誥封宜人生於同治三年八月二十五日亥時側室崔氏揚州人生女二長適霍邸管厚憲朱氏出次崔氏出

家湲

樹棠次子原名家源字塈生號淮溪太學

傳霆

家湲長子原名傳雯字雨廷號震齋生於

治十三年七月初七日寅時歿年三十五歲葬於城南毛家灣新塋丙山壬向繼配高氏本邑人五品軍功高書義女　勅封安人覃恩貤封夫人生於咸豐六年七月二十九日丑時卒於光緒九年十二月二

生藍翎五品銜　例授奉直大夫生於同治六年四月二十一日辰時配姚氏本邑人監生姚德潤女例封宜人生於咸豐十一年十二月十八日酉時卒於光緒二十年九月二十六日卯時歿年三十二歲

光緒十九年十二月二十二日寅時聘姚氏本邑人儘先游擊姚長輔女生於光緒十八年三月十四日申時

十七日卯時歿年二十八歲厝於城南毛家灣辛山乙向側室張氏本邑人生於同治三年十月初三日卒於光緒二十八年五月十六日未時葬於城南毛家灣新塋丙山壬向生子五家麟家湲家澧家涵家

厝於城南二里橋巽山乾向繼配姚氏本邑人候選巡檢姚宏勛女　側封宜人生於光緒四年三月初七日寅時側室魏氏直隸景州人生於同治九年五月二十八日戌時卒於光緒三十年十二月初七日

夔女三家麟家湲凌氏出家澧家涵長女俱高氏出家夔次三女俱張氏出家夔殤

午時歷年三十五歲厝於城北李家窪生子二傳霆傳雷女三傳霆長次女元配姚氏出傳雷三女魏氏出傳雷出嗣家澧

家澧

樹棠三子字衡生邑庠生生

傳雷

家澧嗣長子字頤山號雨田

於光緒二年九月二十日未時卒於光緒二十六年十月初六日卯時歷年二十五歲葬於城南毛家灣丙山壬向兼巳亥配陸氏蒙城人花翎記名總鎮署金門游擊陸懷邦女生於同治十三年二月初四日

生於光緒二十四年正月二十六日辰時

亥時卒於光緒二十六年十二月二十三日卯時歷年二十七歲合葬嗣家澴次子傳雷為長子家涵長子傳震為次子

家涵
樹棠四子原名家睦字怡生出嗣家澧兼祧

傳震
本生父家涵

號稚芾監生藍翎五品銜生於光緒七年四月初四日戌時配張氏本邑人二品封典張錫九女　例封宜人生於光緒九年十月十七日酉時卒於光緒三十三年九月二十日未時歷年二十五歲厝於城南

毛家灣繼配牛氏本邑人太學生牛進仁女生於光緒十二年四月初七日亥時生子一傳震張氏出出嗣家澧兼祧家涵

克佐

蟠四子字竹田號輔之郡庠

效祖

克佐長子字詠亭號映庭庠

家充

效祖長子字實甫號仲梁太

傳萃

家充長子字聚伯號擢卿附

生嘉慶戊辰
年　召試二
等　恩賞大
緞嘉慶丙子
科優貢　國
子監博士銜
徽州府歙縣
訓導歷署安
慶府教授蒙
城南陵潛山
教諭　勅授
徵仕郎生於
乾隆四十六
年十一月二
十八日子時
咸豐十月奉

貢生候選訓
訓導　誥封
奉直大夫五
品銜直隸候
補知縣生於
嘉慶七年正
月初七日亥
時卒於同治
十年八月初
二日午時享
年七十歲葬
於
　　山　向
配方氏定遠
人　誥封宜
人生於嘉慶

學生　貤封
登仕郎山東
候補巡檢生
於道光七年
四月十四日
寅時卒於咸
豐七年五月
三十日丑時
歷年三十一
歲葬於城南
滕家窪新塋
未山丑向配
吳氏霍山人
　貤封孺人
生於道光五
年卒於道光

貢生山東候
補巡檢　例
授登仕佐郎
生於道光二
十九年二月
十五日巳時
卒於光緒三
十二年三月
二十四日申
時享年五十
八歲葬於北
山竹園新塋
坤山艮向配
方氏定遠人
邑庠生方雲
卿長女　例

張文毅公委提浙江軍需積勞成疾十二月二十七日卒於蘭谿差次享年八十歲奉　旨附祀張文毅公專祠光緒十八年吏部議邮　追贈同知銜　誥贈奉政大夫廕一子入監葬於城南將臺灣新塋配

十年十二月十八日申時卒於道光二十五年三月初十日丑時歷年四十一歲附葬於城東新塘橋舊塋繼配湯氏穎上人　誥封宜人生於道光四年四月十六日卯時卒於光緒十六年五月初八日寅時

二十五年五月二十一日亥時歷年二十一歲葬於滕家窪新塋坤山艮向繼配方氏本邑人附貢生方竹樵長女旌表節孝貤封孺人生於道光九年三月十二日未時卒於光緒十八年二月初二日酉

封孺人生於道光二十九年四月初五日午時生子四多畀多冑多異多畟女二長適合肥虞汝銘次適定遠汪瑞洲

傳蔚

家充次子字文軒號少甫附貢生運同銜

方氏定遠人
勅封孺人
追贈宜人
生於乾隆四
十七年十月
二十八日寅
時卒於道光
十八年四月
二十六日巳
時享年五十
七歲葬於城
東新塘橋西
北新塋側室
王氏金陵人
生於嘉慶三
年三月二十

享年六十七
歲葬於城東
蔡家岡周村
新塋側室馬
氏生子五家
充家望家永
家亶家立女
九長適定遠
方次適六安
晁三適鳳臺
王桐村四適
懷遠林五適
定遠方六適
定遠方七適
浙江葉潤齋
八適本邑宋

時享年六十
四歲葬於城
南滕家窪新
塋申山寅向
兼艮坤生子
三傳萃傳蔚
傳鼎女二長
適本邑正陽
姚朗軒次適
六安晁少如
俱方氏出

候選訓導
誥授通奉大
夫生於道光
三十年十二
月初十日辰
時配蕭氏本
邑正陽人候
選縣丞蕭綽
堂次女 例
封淑人生於
道光三十年
二月二十九
日亥時生子
十多畯多昀
多疇多畋多
畹多畸多疄

一日丑時卒於道光十五年六月初二日寅時歷年三十八歲葬於城南衛家岡新塋徐氏潛山人生於嘉慶十七年十一月初六日子時卒於同治元年享年五十一歲葬於歙縣城北布袋口新塋生子三效

玉球九適本邑皮家充家望長次三四五女俱方氏出家永家立家亶六七女俱湯氏出八九女俱馬氏出

多晱多畦多畯女一適霍邱田士信

傳鼎

家充三子字禹卿郡庠生生於咸豐二年二月二十二日寅時卒於光緒三年十二月二十日丑時歷年二十六歲附葬

祖連嵩斗山女六長適定遠方次適河南固始吳三適定遠方四適歙縣洪五適河南商城周六適河南商城周效祖長女俱方氏出連嵩次三女俱王氏出斗山四五六女俱徐氏出

家望
效祖次子字晉山太學生五

傳豫
家望長子字定先太學生考城南滕家窪老塋側配周氏懷遠人侍旌節孝生於咸豐二年十月十七日亥時生子一多旬女一適河南固始吳璧丞

品銜直隸候補知縣 誥授奉政大夫生於道光十二年四月二十五日寅時卒於同治四年七月初一日戌時歷年三十四歲葬於城南黃家圩新塋丙山壬向配方氏定遠人 誥封宜人生於道光十二年

取 國史館漢謄錄官議敘鹽大使捐濟晉賑賞加五品銜奏留雲南委用保洊知縣選授浙江鮑郎場鹽大使在任候補知縣加一級覃恩加二級 誥授奉政大夫生於咸豐三年五月十四日辰

九月十二日寅時卒於咸豐八年八月十二日未時歷年二十七歲合葬繼配袁氏江蘇吳縣人候補鹽大使袁佺女待　旌節孝
誥封宜人生於道光二十一年八月初八日丑時生子二傳豫傳潒女三長

時配方氏定遠人湖南常德府同知方濬復女　誥封宜人生於道光二十九年四月十九日辰時卒於光緒三十一年四月初二日辰時享年五十七歲附葬城東新塘橋祖塋辛山乙向側室鄭氏廣東人生

適霍山吳竹
如次適定遠
方少舒三適
定遠凌厚均
傳豫長次三
女俱方氏出
傳潒袁氏出

於同治三年
正月十七日
丑時郝氏雲
南人生於光
緒六年二月
十七日申時
桓氏雲南人
生於光緒七
年十月二十
二日未時生
子五多冀多
戴多奮多畢
多偁女三長
殤次適懷遠
林廷鴻三適
定遠奉天候

補知縣方樞多冀長次三女俱方氏出多戴多奮多畢鄭氏出多佴桓氏出

傳潒

家望次子字漾泉生於咸豐十一年八月十八日酉時卒於光緒二十三年十月

十六日酉時歷年三十七歲葬於城南將臺灣南側午山子向配周氏河南固始人周小穀女生於同治四年正月二十一日亥時生子一多榴女二

家永

效祖三子字慎修號小亭太學生生於咸豐三年五月初一日亥時卒於光緒三十二年六月二十五日申時享年五十四歲葬於東南鄉海樂岡新塋配方氏本邑人生於道光三十年

傳蓁

家永長子字蔭森生於光緒十年十一月二十五日亥時配倪氏本邑人倪慶安女生於光緒十一年五月二十七日

傳苓

家永次子生於

十二月二十三日子時卒於同治十年六月初十日卯時歷年二十二歲附葬於新塘橋祖塋側繼配湯氏潁上人七品銜湯心一女生於咸豐十年十月初十日亥時生子四傳蓁傳芩傳萱傳芬女四長適本

光緒二十年三月二十二日亥時配楊氏本邑人楊善長女生於光緒十九年

傳萱

家永三子生於光緒二十四年七月初二日午時

孫氏支譜　卷之五　二十六

邑李次適本
邑耿三適本
邑張四未字

傳芬
家永四子生於
光緒二十六
年十二月二
十三日申時

家立
效祖四子字卓
如生於咸豐
六年十一月
十二日亥時

孫氏支譜 卷之五

連嵩

克佐次子字仰中軍功保舉五品銜候選縣丞 賞戴藍翎 例授奉直大夫生於道光十二年四月十二日午時卒於光緒四年六月二十二日戌時歷年四十七歲葬於城南黄家圩

家翼

連嵩長子原名家度字亮丞太學生廣東候補知府 例授朝議大夫生於同治四年四月初一日丑時配楊氏合肥人廣東瓊州府總鎮楊安典女 例封恭人生於同治六年正月初

傳術

家翼長子字博野號圖南生於光緒十九年正月十三日未時

傳衛

家翼次子字景文生於光緒二十一年正月十二日寅時

新塋生子一家冀女三長適河南商城周次適定遠方三適河南商城周

斗山

克佐三子字筱田生於道光二十五年十二月二十五日未時卒於

五日子時生子三傳術傳衛傳衡女三長適合肥候補知縣虞

家亶

斗山繼子字爰山號幼亭從九品銜生於咸豐八年六。月二十五日

傳衡

家冀三子字可權生於光緒二十五年五月十六日午時

傳勤

家亶長子字儉齋生於光緒二十五年十二月二十九日亥時聘趙

宣統元年三月初十日亥時葬於城北山新塋嗣效祖五子家亶為子

亥時卒於光緒二十六年十月十二日酉時歷年四十三歲葬於石頭埠東邱新塋配姚氏本邑人生年卒葬無考繼配鄒氏鳳臺人鄒峯清女生於同治四年六月二十四日巳時生子一傳勤女四長殤次適

氏本邑人趙鏡宮女生於光緒二十五年

克保

蟠五子字贊宸庠生　貤贈奉直大夫鹽提舉銜候選教諭生於乾隆四十九年八月十八日子時卒於嘉慶十六年閏

聯珠

克保長子字星五號榆亭優廩生　誥贈奉直大夫鹽提舉銜候選教諭精地學著有星運祕旨一卷易簡録二卷生於

本邑陳忠臣三四未字俱鄒氏出

家鏞

聯珠長子字振甫號倚笙廩貢生鹽提舉銜候選教諭歷署績溪縣訓導廬州府教授賑務議敘加一級誥授奉直大

傳豫

家鏞長子生於咸豐十年四月十一年苗逆陷城殉難附祀專祠

三月十五日
亥時歿年二
十八歲葬於
城東鴉背鋪
櫻桃園之陽
新塋乾山巽
向兼戌辰配
方氏定遠人
旌表節孝
貤贈宜人
生於乾隆五
十一年二月
初十日丑時
卒於道光十
四年十一月
十七日酉時

嘉慶十二年
九月初一日
申時卒於咸
豐五年八月
十五日午時
歷年四十九
歲葬於城北
平岡之陽新
塋乙山辛向
配方氏定遠
人方玉璋女
誥贈宜人
生於嘉慶十
一年九月十
七日午時卒
於道光二十

夫　晉贈資
政大夫生於
道光九年正
月二十九日
亥時卒於光
緒二十四年
六月十二日
申時享年七
十歲葬於城
北哈家冲之
陽新塋癸山
丁向配方氏
定遠人方爾
熾女　誥贈
宜人　晉贈
夫人生於道

傳準

家鏞次子原名
傳瀐字春泉
號稚笙花翎
四品銜江蘇
候補知州
誥授朝議大
夫生於同治
六年正月初
一日子時配
金氏六安人
金允章女
誥封恭人生
於同治三年
二月二十五

歷年四十九
歲葬於城北
蘆溝集西北
三里胡家莊
之陽新塋子
山午向生子
二䑕珠頤祖
女一適定遠
翰林院編修
湖北提督學
政方鍇

五年十二月
二十日戌時
歷年四十歲
合葬生子二
家鏞家煥家
煥殤女三長
適六安晁
旌表義烈次
適定遠方濬
益三適懷遠
林之升待
旌節孝

光八年四月
十七日子時
卒於同治元
年九月初二
日申時歷年
三十六歲附
葬於平岡老
塋側　山
向繼配孟
氏本邑人
誥封宜人
晉封夫人生
於道光二十
五年九月十
一日子時卒
於光緒三十

日卯時生子
二多榮多湲

傳淮

家鏞四子字濟
源號少笙增
貢生特授甘
肅新疆精河
直隸廳撫民
同知　賞戴
藍翎　覃恩
加一級現官
新疆候補知
府　欽加三

一年七月二十七日亥時享年六十一歲葬於城東櫻桃園新塋巽山乾向兼巳亥生子七傳豫傳準傳深傳湝傳衍傳淮傳漢傳深殤女七次適河南固始吳莘民待旌節孝三適六安晁四適合肥王德銘

品銜　賞戴花翎　誥授通奉大夫生於同治十二年九月初十日巳時配顧氏本邑人庠生議敘太常寺典簿顧秉衡女　誥封淑人生於光緒二年五月十四日未時卒於光緒十七年十月初七日寅時歷

五適本邑牛克寬七字鳳臺徐待　旌節烈八適霍邱管厚嵐傳豫次三四女俱方氏出傳準傳深傳涯傳衍傳淮傳漢五六七八女俱孟氏出

年十五歲葬於平岡老塋側北首巳山亥向繼配劉氏霍邱人附貢生甘肅新疆特用道馬耆府知府劉嘉德女　誥封淑人生於同治十一年正月初八日辰時生子二多柄多柱女四俱劉氏出多柄多柱三

四女俱殤長
次女待字

傳衍

家鏞五子字椒
實號範九附
生候選通判
誥授奉直
大夫生於光
緒元年十月
初一日亥時
配宋氏懷遠
人宋復志女
誥封宜人

生女一未字

傳淮

家鏞六子字簪源號洲三花翎提舉銜新疆候補通判誥授奉直大夫生於光緒五年八月初七日寅時配金氏浙江山陰人金元枚女誥封

宜人生於光緒三年生子一多梓女二待字

傳漢

家鏞七子原名傳湇字龍泉號潤生監生花翎提舉銜新疆候補通判　誥授奉直大夫生於光緒九年七

月二十一日午時光緒三十一年六月二十一日於蘭州差次病故歷年二十三歲厝於蘭州三江會館配楊氏湖北人記名總鎮楊金榜女誥封宜人生於光緒十一年卒於光緒三十年歷年十九歲厝於

頤祖

克保次子原名聯城字朶軒號仲璞　恩賞八品銜翰林院待詔例授修職郎生於嘉慶十四年七月十

家植

頤祖長子字立夫號幼生候選縣丞　誥授奉直大夫生於道光十九年十二月十九日酉時卒於光緒二

傳瀅

家植長子號芷香附貢生生於同治五年九月初二日子時卒於光緒二十九年二月初十日辰時歷年三

新疆省城嗣傳準子多溎傳淮子多梓為子

九日午時卒於咸豐十年十一月二十三日辰時享年五十二歲葬於城東鴉背鋪櫻桃園之陽新塋配方氏定遠人生於嘉慶十三年三月初十日辰時卒於咸豐二年七月初十日寅時歷年四十五歲葬於

十三年二月二十日辰時享年五十九歲葬於馬家樓東新塋丁山癸向配馬氏本邑人附貢生顧蓮軒女　誥封宜人生於道光二十七年八月十二日未時生子三傳瀅傳淦傳清傳淦殤女三長適鳳臺虎

十八歲附葬父塋側配萬氏鳳臺人附貢生萬選青女生於同治七年十一月二十六日子時生子二多璧多琛女三均未字

傳清

家植三子號石泉監生生於

城東鴉背舖櫻桃園新塋繼配金氏金陵人生於道光四年三月二十四日丑時卒於咸豐七年六月二十六日未時歷年三十四歲附葬城東鴉背舖老塋側熊氏本邑人生於道光五年四月二十五日亥時

闞岡萬松喬次殤三適本邑鮑汝藩

家駒

頤祖次子號小軒庠生生於光緒二年四月初四日子時配吳氏本邑人吳廷棟女生於同治十年六月初十日酉時生子四多琳多璠多珹多瑾女一待字

傳灝

家駒長子原名淶號華亭監

卒於光緒三十年二月初三日辰時享年八十歲葬於馬家樓東新塋申山寅向生子三家植家駒家箎家箎殤女二長適貴州總鎮陳松廣東人次適本邑補用遊府史文相

道光二十四年正月二十二日亥時卒於光緒五年十二月十一日卯時附葬於馬家樓東新塋申山寅向配湯氏穎上人四品銜候選同知湯蓉初女生於道光二十四年十二月十九日辰時生子三傳灝傳

生生於同治八年十一月初六日午時配袁氏本邑人袁天樂女生於同治八年四月十九日卯時卒於光緒三十一年正月十二日未時繼配栢氏本邑人庠生栢璽女生於光緒七年四月十八日亥時生子

克仿

蟠六子字景賢號未齋太學生　貤封奉直大夫山東平度州州同

鴻祖

克仿長子字獻卿號琴溪庠生候選府經歷　賞戴藍翎　貤封奉

淇傳泳淇泳俱殤女三長適懷遠林介勳次適本邑鄭維敬三適江蘇陶經文

家鈺

鴻祖長子字幼琴太學生候選府經歷雲騎尉世職　例授武德騎

四多鋆多鎮多金多鎔金鎔俱殤女五長字懷遠田次三四五女未字俱袁氏出

傳琦

家鈺長子字芍香雲騎尉世職　例授武德騎尉生於咸豐九年十

加二級議敘副將銜誥授武功將軍賞戴花翎生於乾隆五十三年十一月初七日未時卒於同治五年三月二十一日寅時享年八十三歲葬於南門外西牛尾岡新塋癸山丁向配陳氏本邑正陽人太

直大夫禮部精膳司主事加一級生於嘉慶二十一年五月二十一日巳時同治二年六月初五日苗逆陷城殉難歷年四十八歲恩賞雲騎尉世職 例贈武德騎尉從祀專祠葬於城南馬家廟新塋午山

尉生於道光二十三年四月二十五日亥時卒於同治八年十一月初十日巳時歷年二十七歲附葬於馬家廟老塋側午山子向配方氏定遠人 例封宜人生於道光二十二年十二月二十三日丑時卒於

月初九日申時卒於光緒三十年十二月十一日未時配方氏定遠人生於咸豐九年九月十九日申時卒於光緒二十三年正月二十三日亥時繼配李氏本邑人李式堯女生於同治十一年八月二十六日

學生候選府經陳大海女誥封夫人生於乾隆六十年正月二十四日子時卒於道光二十五年正月二十二日辰時享年五十一歲葬於城南謝家圩南里許新塋午山子向側室王氏江甯上元人立為繼

子向配晁氏六安人　貤封宜人生於嘉慶二十二年二月初三日丑時卒於同治二年十一月二十一日未時歷年四十七歲合葬側室吳氏本邑人生於道光十五年六月二十九日子時生子二家鈺家釗

咸豐十一年二月二十三日子時歷年二十歲合葬繼配唐氏阜陽人州同銜唐樹藩女待
旌節孝
例封宜人生於道光二十一年九月初四日辰時生子二傳琦傳祐女二長適直隸分省縣丞于德貞次

酉時卒於光緒二十七年四月初五日寅時生子二多經多緯女一適直隸劉鳳鳴俱方氏出

傳祐

家鈺次子字仲瞻生於同治八年五月初五日亥時配

配 貤封宜人生於嘉慶二年十一月初二日辰時卒於咸豐九年八月初四日未時享年六十二歲葬於城南謝家圩南里許新塋午山子向馮氏 誥贈宜人生於乾隆五十六年正月二十七日辰時卒於

女一適六安晁家鈺家釗俱晁氏出女吳氏出家釗出嗣振祖

燕祖

克仿次子字翼亭號仲癡太學生候選從九品 例授登仕佐郎晉封奉政大夫五品銜升

適六安監生晁成壽傳琦方氏出傳祜長次女俱唐氏出

家珏

燕祖長子字樾菴太學生候選衛守備欽加四品銜 例授昭武都尉生於道光二十二年

皮氏本邑人皮新培女生於同治八年八月初七日亥時生子一多紋

傳曾

家珏長子字省三雲騎尉世職 例授武德騎尉生於同治元年四月二十三日未時配吳氏

咸豐九年九
月二十六日
寅時享年六
十八歲葬於
城北山後錢
家湖新塋子
山午向張氏
誥封宜人
生於乾隆五
十七年二月
初一日子時
卒於咸豐十
年二月初二
日寅時享年
六十八歲葬
於城北山後

用直隸州知
州直隸威縣
知縣生於道
光元年八月
十七日午時
同治二年六
月初五日苗
逆陷城殉難
歷年四十一
歲 恩賞雲
騎尉世職
例授武德騎
尉從祀專祠
葬城北山後
新塋座落錢
家湖子山午

十二月二十
四日午時配
甯氏阜陽人
庠生花翎二
品銜即補道
甯若烜女
例封恭人生
於道光十八
年八月初九
日戌時生子
三傳曾傳智
傳彭女四長
適合肥庠生
龔矩卿次適
六安監生晁
成鐸三適本

鳳臺人吳立
中女 例封
宜人生於同
治元年八月
二十四日亥
時生女一

傳智

家珏次子字少
菴太學生五
品銜候選縣
丞 例授奉
直大夫生於
同治三年十

錢家湖新塋午山子向楊氏江蘇人旌表節孝貤封宜人生於道光十年十月初三日午時卒於光緒二十年廿一月二十三日丑時葬於城南謝家圩南里許新塋丁山癸向兼子午劉氏河南人　貤封

向配傅氏本邑人庠生傅佐清女　誥封宜人生於道光二年三月二十八日亥時卒於光緒十七年九月初三日辰時享年七十一歲合葬生子五家珏家聲家銑家桐家恒女二長適六安晁次適潁州三品

邑候選縣丞陳士霖四適鳳臺候選知縣徐立業

一月三十日未時配于氏本邑人二品封典于煦堂女生於同治四年八月初三日子時生子三多綱多紀多繡女二

傳彭

家珏三子字筱菴增生生於同治九年十

宜人生於道光二十年二月二十八日辰時卒於同治十二年十月二十日辰時歷年三十四歲葬於謝家圩南里許新塋坤山艮向生子六鴻祖燕祖法祖振祖詠祖桑女十一長適六安晁次適合肥龔善述

銜都司趙錦標

月二十五日寅時卒於光緒二十四年十一月初十日卯時歷年二十八歲葬於城南周家樓左側新塋午山子向配劉氏本邑人劉蘭勳女生於同治八年正月十三日丑時生子一多綺女一

三適懷逵林
四適六安晁
五適定逵方
覲鑣六適天
長貢生候選
縣丞薛心源
七適六安晁
八適六安胡
九適阜陽武
庠生藍翎千
總趙鳳魁十
適浙江山陰
監生江西試
用通判施大
治十一適阜
陽監生州同

家聲

燕祖次子字少
亭廩貢生光
緒丙子科舉
人丁丑科會
試挑取謄錄
五品銜江蘇
候補知縣升
用直隸州知
州改省直隸
實授威縣知
縣　誥授奉
政大夫生於
道光二十八
年八月十二

傳鑰

家聲長子原名
傳鎬字西垣
太學生部寺
司務藍翎五
品銜福建即
補縣丞　例
授奉直大夫
生於光緒元
年五月初五
日子時配裴
氏本邑人三
品銜補用道
福建泉州府
知府裴仁壽

衡李玉衡鴻祖長三五七女俱陳氏出燕祖馮氏出法祖張氏出振祖詠祖二四六八女俱王氏出燊劉氏出九十十一女俱楊氏出

日卯時配顧氏本邑人議敘知縣顧文炳女　誥封宜人生於道光二十五年七月二十五日辰時卒於同治五年十二月十三日辰時歷年二十二歲葬於東門外新塋坤山艮向繼配權氏本邑人亳州都司女　例封宜人生於同治十二年十月初十日未時卒於光緒三十四年二月十二日未時葬於城南三里橋庚山甲向側室張氏山海關人生於光緒十七年二月十九日子時

權徵魁三女
誥封宜人
生於咸豐元
年十月十二
日亥時生子
一傳鑰女三
長適定遠何
維棠　旌表
節烈次適潁
州趙錦瀾三
適本邑張慶
遠長女顧氏
出傳鑰次三
女俱權氏出

家銑

燕祖三子字春山太學生生於咸豐元年八月二十日申時卒於光緒二十一年九月初六日卯時葬於郝家圩北首新塋癸山丁向配皮氏潁上人廩貢生鳳臺訓導皮祝多女生於道

傳敏

家銑長子字衛卿生於光緒二年五月初三日巳時卒於光緒二十九年五月二十日辰時歷年二十八歲附葬配薛氏本邑人監生薛鑑章女生於同治十三年十月初七日酉時生子

光三十年二月十三日子時生子一傳敏

家桐

燕祖四子字子封生於咸豐十年二月十六日亥時配方氏定遠人候選縣丞方覲鑣女生於咸豐八年八

一多全

傳謨

家桐長子生於光緒二十二年十二月二十三日申時

月二十二日亥時卒於光緒四年七月初三日寅時歷年二十一歲葬於南門外謝家圩南卯山酉向繼配左氏本邑人左正許女生於同治七年十一月十九日未時生子二傳典傳謨女一傳典謨方氏出傳謨

女俱左氏出
傳典出嗣家
恒為子

家恒

燕祖五子字子久生於咸豐九年四月二十日辰時卒於光緒七年二月初八日未時歷年二十三歲葬於城南周家樓

傳典

家恒嗣子字慎五生於光緒三年五月二十八日辰時配邵氏本邑人監生邵瑞雲女生於同治十三年三月十九日子

左側新塋巽山乾向配邵氏本邑人江蘇候補知府邵醴泉女生於咸豐十年正月十五日子時嗣家桐長子傳典為子

時卒於宣統元年閏二月二十二日未時附葬於城南三里橋老塋巽山乾向生子一多純

法祖

克仿三子字意仙號陽平附

家霈

法祖長子字小坪增貢生試

傳璞

家霈嗣長子字筱舫生於同

貢生候選訓導五品銜賞戴藍翎例授奉政大夫生於道光三年六月十八日午時同治二年六月初五日苗逆陷城殉難恩賞雲騎尉世職　例贈武德騎尉從祀專祠歷年三十九歲葬於北山後錢

用訓導歷署安慶府教授廣德州學正潛山縣教諭國子監典籍銜雲騎尉世職　例授武德騎尉生於道光二十六年三月十四日午時卒於光緒四年正月十九日亥時歷年三十三歲葬於北山後新塋

治七年八月十六日卯時配胡氏本邑人胡學詩長女生於同治十三年十月初五日巳時生子一多申女三未字

傳一

家霈嗣次子字繼伯雲騎尉世職　例授

家湖新塋子山午向配何氏定遠人誥封宜人生於道光三年十月十四日申時卒於光緒元年八月二十二日申時享年五十一歲合葬側室梅氏本邑人生於道光二十二年五月初八日寅時卒於光緒

乾山巽向配汪氏盱眙人例封宜人生於道光二十三年二月初九日卒於光緒九年十二月初三日辰時歷年四十一歲合葬生女一適本邑尹家福嗣家觀長子傳璞為長子家東長子傳一為次子

武德騎尉生於光緒三年十二月初七日亥時配胡氏本邑人監生胡信長女生於光緒二年四月十七日辰時生子一多昌

十八年六月二十二日酉時享年五十一歲待　旌節孝葬於城南三里橋顧家莊新塋坤山艮向生子五家霈家觀家瑊家東家相女二長殤次適定遠監生五品銜江蘇候補府經歷方濬咸家霈家觀家瑊

家觀

法祖次子字靜之號海舫庠生生於道光二十七年十二月十一日巳時卒於光緒七年六月初七日寅時歷年三十五歲葬於南門外廣濟壩南新塋艮山坤向配李氏阜陽人藍翎五

傳璞

家觀長子出嗣家霈兼祧本生父家觀

傳琮

家觀次子字子玉生於同治十三年十一月初八日辰時卒於光緒三十年九月初十日巳時

家東家相長女俱何氏出次女梅氏出

品銜李鴻逵五女生於道光二十七年十二月初一日亥時生子三傳璞傳琮傳璵女一適阜陽岳傳璞出嗣家霈兼祧本生父家觀

歷年三十四歲葬於城南二里橋新塋乾山巽向

傳璵

家觀三子字良玉生於光緒三年七月十八日子時卒於光緒二十七年八月初五日戌時歷年二十五歲

葬於城南二里橋新塋乾山巽向

家珹

法祖三子原名家名字葛生號幼坪堂行九太學生欽加五品銜賞戴藍翎湖北試用通判歷署蒲圻縣縣丞糧道庫大使　誥

傳篚

家珹嗣長子字仲蓉庠生候選縣丞生於光緒六年七月二十三日酉時配侯氏鳳臺人五品銜侯長發長女生於光緒七年十一月

授奉政大夫生於咸豐六年二月二十二日丑時卒於光緒二十九年二月初四日酉時歷年四十八歲葬於城北郝家圩新塋艮山坤向配方氏定遠人生於咸豐三年十一月二十六日寅時卒於光緒二十二十八日亥時生子一多祖女一未字

傳琡

家瑊嗣次子字伯璋號玉如生於光緒十年十二月十八日丑時卒於光緒三十四年十二月三十日寅時歷年二十五

九年八月十
歲

三日寅時享年五十一歲合葬生女一殤嗣家東次子傳籃為長子家相長子傳瑊為次子

家東

法祖四子字袖海監生從九品銜淮北鹽務棻內彙保

傳珊

家東長子字叔瑚生於光緒十三年閏四月初三日卯

六品頂戴例授登仕佐郎生於咸豐七年五月二十九日亥時配馬氏本邑正陽人五品銜馬椿齡三女生於咸豐六年八月初一日辰時生子五傳一傳簠傳珊傳耆傳伍女二長適定遠監生方孝傳次未

時配徐氏阜陽人候選府經歷徐桂芬女生於光緒十三年十一月二廿一日丑時

傳耆

家東次子字季洪生於光緒十六年閏二月十五日辰時配楊氏本

字傳一出嗣
家霈傳籃出
嗣家珹

家相
法祖五子字輔

邑正陽人楊
世昌女

傳伍
家東三子字冠
倫生於光緒
二十二年五
月二十日未
時

傳琪
家相長子字仲

卿號雪潭庠生生於同治二年十一月十五日子時卒於光緒三十年十二月二十日未時歷年四十二歲附葬於城北郝家圩新塋艮山坤向配張氏本邑人張永泰長女生於同治二年十月初六日戌時生

芳生於光緒十三年十二月十六日丑時

傳琛

家相次子字廷珍生於光緒十七年六月十一日辰時

子六傳琡傳琪傳琛傳瑗傳璟傳瑜女三長適鳳臺廖次適潁州趙褘三字本邑瓦埠侯道隆傳琡出嗣家珹

傳瑗

家相三子字蘧生生於光緒十九年九月二十三日丑時

傳璟

家相四子字彩生生於光緒二十四年六月二十二日丑時

振祖
克仿四子字季玉號沂仙增貢生候選訓導　例授修職佐郎生於

家釗
振祖嗣子字慕周太學生候選縣丞　例授修職郎生於道光二十

傳瑜
家相五子字慕瑾生於光緒二十四年六月二十二日丑時

傳禄
家釗長子字子班生於同治十一年十二月二十三日寅時配萬氏

道光九年正月二十六日辰時卒於咸豐八年七月二十二日卯時歷年三十歲葬於城南謝家圩東南里許新塋巽山乾向配張氏山東人遷居金陵張星塔女生於道光七年九月十九日巳時卒於咸豐十

五年三月十四日亥時卒於光緒十三年八月二十三日酉時歷年四十一歲附葬於謝家圩東南老塋左側坤山艮向配葉氏潁上人歲貢生葉長生女生於道光二十三年十二月初五日辰時生子二傳祿

潁上人候選縣丞萬福朝女生於同治十一年十二月初十日亥時生子二多延多建

傳祥

家釗次子字筱周生於光緒三年十二月二十九日巳時卒於宣統

年四月二十日巳時歷年三十四歲合葬側室高氏金陵人生於道光二十二年正月初八日寅時同治二年殉苗逆難　旌表節烈附葬歷年二十二歲生女三長殤次適浙江山陰候選通判金元棠三適六

傳祥女二長殤次適本邑江

元年正月初五日申時葬於城南祖塋側坤山艮向配李氏本邑人候選知縣李蓮溪四女生於光緒六年三月二十六日申時生子一多蓉女一未字

安五品銜晁子誠長女張氏出次三女俱高氏出嗣鴻祖次子家釗為子

詠祖

克仿五子字韻章號筱侯庠生候選　國子監典簿欽加五品銜賞戴藍翎

家縉

詠祖長子字黻堂號幼章太學生候選縣丞　例授修職郎生於咸豐三年九月

傳畬

家縉長子字耕生生於同治十年正月初十日亥時卒於光緒十六年六月初六

誥授奉政
大夫 晉封
中議大夫三
品銜 賞戴
花翎生於道
光十一年十
二月初一日
子時卒於光
緒十七年七
月初四日子
時享年五十
四歲附葬於
牛尾岡老塋
左側癸山丁
向配朱氏江
蘇上元人頭

二十二日未
時卒於光緒
四年四月二
十四日戌時
歷年二十六
歲葬於城南
謝家圩南里
許新塋乾山
巽向配顧氏
本邑人議敘
知縣顧文炳
女生於咸豐
二年十一月
十二日巳時
生於光緒六
年八月初九

日巳時歷年
二十歲葬於
南門外西里
許牛尾岡新
塋艮山坤向
配顧氏本邑
人監生顧星
奎長女待
旌節孝生於
同治十二年
正月十八日
亥時嗣傳泌
子多柟為子

品頂戴兩廣總督　賜謚莊恪朱桂楨女　誥封宜人　晉封淑人生於道光十一年二月初五日辰時卒於咸豐六年十一月初一日辰時歷年二十六歲葬於城南謝家圩里許老塋午山子向繼配李氏阜

日戌時歷年二十九歲合葬生子一傳畬

家鍾

詠祖次子字香九號仲英附貢生生於咸豐十年八月二十九日寅時配李氏本邑人監生李經田長女生

傳泌

家鍾長子字南平號鄰卿生於光緒十五年十月十九日戌時配侯氏本邑人侯繼傳女生於光緒二十年

陽人誥封
宜人晉封
淑人生於道
光十七年十
二月初一日
子時卒於咸
豐八年十二
月初二日辰
時歷年二十
二歲葬於城
南謝家圩東
半里許新塋
子山午向側
室費氏立為
繼配江蘇長
洲人費長長

於同治三年
十月初二日
未時生子二
傳泌傳灃女
三長適定遠
徐仲垚次殤
三字本邑正
陽馬鍾岳

家鈞
詠祖三子字叔

十月十六日
申時

傳灃
家鍾次子字鄷
生生於光緒
二十七年七
月十四日亥
時

女　誥封恭人　晉封淑人生於道光十九年七月初八日卯時卒於宣統元年七月十二日未時享年七十一歲葬於城南十三里鋪毛家灣新塋子山午向兼癸丁生子六家縉家鍾家鈞家鏻家錕家銓女

芹號子平庠生湖北候補通判署沔陽州州判花翎四品銜　例授朝議大夫生於同治五年二月初四日戌時配朱氏本邑人五品銜候選州同朱履端次女生於同治四年九月二十七日寅時

五長適六安晁次適懷遠候選縣丞林之樗三適本邑中書科中書葛周望四適阜陽優附生趙鈞五適鎮江五品銜候選從九瞿坤禮家縉長女俱朱氏出家鍾家鈞家鏻家錕家銓次三四五女俱費氏出

家鏻

詠祖四子字公輔號筠蓀廩貢生五品銜雙月從九例授奉政大夫生於同治十三年三月二十二日亥時配陳氏懷遠人監生陳觀尚七女例封宜人生於同治十二年三月二十

傳瀕

家鏻長子字石泉號瞿峽生於光緒二十年八月初四日巳時配張氏本邑人監生張雲山女生於光緒二十年

傳濯

家鏻次子字瑞

七日子時生子二傳灝傳濯女一未字

家錕

詠祖五子字治山號炎珊廩貢生生於光緒二年十月二十八日辰時配林氏懷

湖生於光緒二十六年九月初四日亥時聘林氏懷遠人候選縣丞林之樳女

傳瀚

家錕長子字駕西生於光緒二十六年正月初一日寅時

遠人花翎同知銜河南嵩縣知縣林士訓次女生於光緒二年正月初一日巳時生子二傳瀚傳澴女一待字

家銓

詠祖六子字莫江號醒菴生於光緒四年

傳澴

家錕次子字蒲生生於光緒三十四年五月十一日午時

傳澐

家銓長子字夢纛生於光緒三十一年七

十一月二十四日辰時配晁氏六安人生於光緒三年十二月初四日亥時卒於光緒二十六年六月十六日寅時歷年二十四歲葬於城南牛尾岡西新塋甲山庚向繼配張氏本邑人候選府經歷張卓然三

月二十六日寅時

燊

克仿六子原名燊長子字駕軒

貽祖字鐵梅

歲貢生生於

同治二年七

月十八日午

家驤

生於光緒十

九年正月二

十五日未時

女生於光緒

六年六月十

六日子時生

子一傳瀴女

二待字傳瀴

長次女俱張

氏出

時配趙氏阜陽人藍翎守備趙光珴長女生於咸豐九年十月十一日寅時卒於光緒十九年二月十六日辰時歷年三十五歲葬於　塋山　向繼配劉氏旌德人六品頂戴翰林院待詔劉文

家驄

燊次子字仰桓生於光緒二十三年十月初九日酉時

家驥

燊三子生於光緒三十三年九月十九日卯時

課長女生於同治九年六月初八日卯時側室劉氏河南人生於同治十二年十一月十七日子時卒於光緒二十九年十一月十五日子時歷年三十一歲附葬於城南謝家圩南首里許老塋坤山艮向宋氏

渦陽人宋有信女生於光緒十三年四月二十四日寅時生子三家驤家驄家驥女一家驤趙氏出家驄側室劉氏出家驥宋氏出女繼配劉氏出

克修

蟠七子字竹君六品銜浙江横鋪塲鹽大使　敕封宣德郎生於乾隆五十九年十二月二十七日子時卒於同治三年七月十五日卯時享年七十一歲葬於北山老竹園新塋　配方

國楨

克修長子字維卿邑庠生生於嘉慶二十一年三月初六日卯時卒於咸豐八年六月十九日午時歷年四十三歲葬於城南十里鋪宗祠東新塋配方氏定遠人生於嘉慶十九年九月

家瀛

國楨嗣子字海珊五品銜生於道光十四年四月二十五日丑時卒於咸豐十年三月二十三日寅時歷年二十七歲葬於十里鋪東新塋復遷葬於杜十娘岡新塋壬山丙向兼子午配

傳綬

家瀛長子字墨齋附貢生生於咸豐五年八月二十九日丑時卒於光緒二十五年五月初二日　時歷年四十六歲厝於滕家窪莊之陽子山午向配陳氏福建侯官人安徽候補縣丞

氏定遠人
勅封安人生
於乾隆五十
八年正月十
二日午時卒
於同治二年
二月十九日
寅時享年七
十一歲合葬
側室謝氏生
子三國楨樹
勳光祖女四
長適定遠方
次適六安晁
三適松江虞
四適本邑李

十七日子時
卒於咸豐八
年十月十五
日戌時歷年
四十五歲合
葬生子家昺
殤女三長適
六安晁次適
本邑歲貢生
張城三適六
安金允璋嗣
樹勳長子家
瀛為子

方氏定遠人
方銘盤女生
於道光十四
年十月初十
日巳時卒於
咸豐六年十
月初七日寅
時歷年二十
三歲合葬繼
配袁氏本邑
人生於道光
二十一年十
月二十八日
未時卒於光
緒二十五年
六月　日

陳樅女生於
咸豐四年八
月二十九日
辰時側室王
氏本邑人生
於光緒九年
月　日
時生子二
多年多綿多
年殤女三長
適本邑庠生
牛克釜次殤
三適寄居潁
州直隸劉壽
圖多年長次
三女俱陳氏

國楨樹勳長女俱方氏出
光祖次三四女俱謝氏出

樹勳

克修次子字務亭郡廩生生於嘉慶二十二年五月初一日辰時卒於道光二十一年十一月二十八日子

厝於滕家窪莊之陽子山午向生子一傳綬方氏出

家煥

樹勳次子字耀如太學生生於道光二十年三月十九日丑時卒於光緒二十三年二月初十日享年五十

出多綿王氏
出

時歷年二十
五歲葬於十
里鋪東新塋
配管氏霍邱
人花翎四品
銜浙江泰順
縣知縣管敬
修女生於嘉
慶二十二年
十一月二十
六日辰時卒
於光緒二十
二年七月初
九日享年七
十九歲葬於
杜十娘岡新

九歲附葬於
杜十娘岡新
塋壬山丙向
兼子午配方
氏定遠人方
鍾元女生於
道光十八年
正月十四日
申時卒於光
緒　年　月
　　　日
時葬於老竹
園新塋生女
一適懷遠宋
光遠以家瀛
子傳綬兼祧

塋壬山丙向
兼子午生子
二家瀛家澳
女二長適六
安晁貽銈次
殤家瀛出嗣
國楨

光祖

克修三子號小
竹五品銜候
選縣丞　賞
戴藍翎　例
授奉政大夫

生於道光二十年四月十三日寅時卒於　　年　月　日　時葬於　塋　山　向配汪氏江蘇人例封宜人生年卒葬均失考

壽州孫氏支譜

卷之

字第　號

士鋐五世孫

十一世

紀多

體傳嗣子生於道光二年卒於咸豐七年六月二十二日辰時歷年三十五歲葬於城南十三里古堆新塋坤山艮向配趙氏本邑人生於道光六年卒於咸豐

十二世

方澄

紀多子號應軒從九銜生於咸豐四年四月二十九日寅時配顧氏本邑人顧元賓女生於咸豐四年卒於同治十三年十二月初三日午時歷年二十一歲葬

十三世

以續

方澄子字嗣先太學生生於光緒十三年十一月十八日丑時配陳氏本邑人庠生陳瑞圖三女生於光緒十四年正月初七日丑時

十四世

十五世

八年五月初六日巳時歿年三十三歲葬於城南十三里古堆新塋艮山坤向生子一方澄女一適本邑從九銜朱裕璜

於宗祠南里許老塋側室張氏河南省尉氏縣人生於同治六年六月初九日子時生子一以續女一俱張氏出

積多

傳德長子生於嘉慶十五年

方林

積多嗣子生於道光二十五

以和

方林長子字正卿生於光緒

十二月初一日子時卒於光緒十二年十二月三十日亥時享年七十五歲葬於宗祀東南里許新塋配趙氏本邑人卒葬老塋側側塋李氏卒葬宗祠東南里許老塋西北向嗣成多子方林為子

年十二月二十七日戌時配費氏本邑人生於咸豐六年六月初九日戌時卒於光緒三十二年六月三十日戌時享年五十一歲葬於父塋左第一座西北向生子二以和以庸女二長適來邑湯次適本邑柏

十年二月十五日亥時配劉氏本邑人生於光緒十九年十一月二十九日戌時

成多

傳德次子生年無考卒葬隱賢集喬家壙老瑩側配時氏本邑人生子一方林出嗣積多兼祧成多

善多

傳德三子生年失傳卒葬宗

方林

成多兼祧子

以庸

方林次子生於光緒十三年四月初五日辰時

祠東南里許
老塋無嗣

見多

傳德四子生年
無考卒葬於
宗祠南里許
老塋無嗣

文多

傳舉子生年無
考卒葬喬家
壩老塋側配

氏未詳合葬
生女一適本
邑趙

紀多
體傳嗣子兼祧
本生父傳倫

多文
傳壽嗣子生年
未詳卒葬宗
祠東南里許

方澄
傳倫兼祧孫

方澄
多文嗣長子

以發
傳倫兼祧曾孫

老塋東南向嗣長房紀多子方澄為應多文嗣次子繼多魯子方立為愛繼

方立

多齡

傳派長子生於嘉慶二十二年九月十九日咸豐七年三月二十七日禦捻逆陣亡從嗣專祠

方正

多齡子生於道光二十四年六月三十日卒於光緒十七年六月十七日亥時歷年四十八歲

以德

方正長子生於同治四年七月十八日丑時卒於光緒三十二年八月十四日丑時歷年四十

自安

以德長子生於光緒十五年十二月二十三日丑時

歷年四十一歲附葬於椿樹圩老塋側配王本邑人人合葬側室申氏本邑人卒葬椿樹圩老塋南生子一方正

葬於椿樹圩老塋南配方氏本邑人卒於光緒十三年正月初十日丑時合葬生子三以德以松以魁

二歲葬於椿樹圩老塋南西南向配周氏本邑人生於同治三年十月二十三日生子五自安自謙自有自恩自仁

自謙

以德次子生於光緒二十一年十月初四日子時

自有

以德三子生於光緒二十三年十二月初四日子時

自思
以德四子生於光緒二十五年十月初四日寅時

自仁
以德五子生於光緒二十七年八月二十一日巳時

以松
方正次子生於光緒四年三月十六日配汪氏本邑人生於光緒十八年八月二十日亥時

以魁
方正三子生於光緒六年九月初四日

多崑
傳派次子生於道光二十二年十月十八日卒於同治十三年十一月初一日歷年三十三歲附葬於椿樹圩老塋側配吳氏本邑人生於道光十九年正月初一日生子二方荆方瀛

方荆
多崑長子字識韓太學生例授登仕佐郎福建候補巡檢生於同治四年十一月二十四日辰時卒於光緒二十九年四月十四日酉時享年三十九歲浮柩於福建汀州府南門外南

以瞻
方荆子字仰甫生於光緒十一年八月初一日亥時配胡氏本邑人生於光緒十一年正月十三日亥時

山寺配顧氏本邑人生於同治四年三月初四日生子一以瞻女二長適本邑顧

方瀛

多崑次子字海談生於同治十二年八月二十日亥時配李氏本邑

以元

方瀛長子生於光緒十七年九月二十四日丑時配邱氏本邑人生

人生於同治
十月十月初
二日生子六
以元以根以
國以岡以桂
以全

於光緒十五
年

以根

方瀛次子生於
光緒二十二
年九月二十
日午時

以國

方瀛三子生於
光緒二十五

年九月初四日酉時

以岡
方瀛四子生於光緒二十七年正月十三日寅時

以柱
方瀛五子生於光緒三十年

十月十六日子時

以全
方瀛六子生於光緒三十二年十二月十二日亥時

以誠
方行長子字蓋臣生於光緒

方行
多崙子字焕亭生於同治七

多崙
傳派三子字紹五號曉山從

九品 例授修職佐郎生於道光二十八年三月二十二日子時配李氏本邑人生於道光二十八年五月二十日子時生子一方行

年十月二十九日子時配張氏本邑人生於同治六年二月二十七日未時生子五以誠以恭以敬以祥以盛女二長適本邑徐次字本邑李

十五年三月十四日辰時配袁氏本邑人生於光緒十三年九月十三日亥時

以恭

方行次子生於光緒十七年八月十九日申時聘葛氏本邑人

以敬

方行三子生於光緒十七年八月十九日申時聘李氏本邑人

以祥

方行四子生於光緒二十年正月二十七日寅時聘李氏本邑人

多思

傳懿子生年未詳葬於北山平岡頭曾祖塋右第一座東南向嗣多

方立

多思嗣子字道生生於同治十年二月十二日丑時配梅氏本邑人

以授

方立長子生於光緒二十二日九月二十六日辰時配石氏本邑人

以盛

方行五子生於光緒二十二年九月二十八日辰時聘鮑氏本邑人

魯子方立為子

生於同治十年十一月初三日丑時生子三以授以振以捷女一適本邑孫

多魯

傳惠子生年未詳卒於光緒四年七月初五日辰時葬於宗祠東南里許新塋配

方立

多魯兼祧子

以振

生於光緒二十一年十月二十四日亥時

方立次子生於光緒二十八年九月十七日未時

士崇五世孫

傳貴子

玉多

羅氏本邑人旌表節孝生於道光二十八年十月十三日亥時生子方立出嗣多思兼祧多魯女二長適本邑范次適本邑鮑

以捷

方立三子生於光緒三十一年正月二十五日戌時

多貴
傳有長子

多元
傳有次子

多銀
傳德長子

多金

傳僡次子

多祿

傳仁長子配聶氏本邑人移居戈家店

多壽

傳仁次子生於道光十六年

方成

多壽子

九月二十二日寅時卒於同治八年十一月十五日子時歷年四十四歲配李氏本邑人生子方成

多健

傳仁子生於道光二十四年五月初八日未時配孟氏

方伯

道多健長子生於同治九年十二月二十六日丑時配王

以貫

方伯長子生於光緒二十六年十一月初七日巳時

本邑人生年失考卒年五十六歲葬於瓦房圩南老塋生子六方伯方聰方重方民方端方清女一適本邑張

氏本邑人王義成女生於光緒元年六月初二日辰時生子二以貫以鴻女一

方聰

多健次子生於光緒二年二月十四日戌時配李氏山東濟南府人生於光緒十

以鴻

方伯次子生於光緒二十九年十一月初九日亥時

以興

方聰子生於光緒二十九年六月初四日酉時

三年生子一
以興女一

方重
多健三子生於
光緒四年十
一月初八日
戌時

方民
多健四子生於
光緒九年十

一月二十九日辰時

方端

多健五子生於光緒十五年七月十八日亥時

方清

多健六子生於光緒十七年

十二月初九日未時聘楊氏本邑人

多喜

傳禮子生年無考卒葬瓦房圩東南老塋配李氏本邑人生子一方成

方成

多喜子生於光緒五年八月初八日

多福

傳燧子生於道光五年卒於光緒十六年二月十六日戌時享年五十六歲葬於孫氏大義地乾山巽向配吳氏渦陽縣人嗣多貞次子方品為子

方品

多福嗣子生於光緒六年四月十二日戌時配鄒氏本邑人鄒鴻翔女生於光緒六年十一月二十四日生子二以祥以以厚以祥出嗣方立為子

以厚

方品次子生於光緒三十三年二月十八日辰時

多貞

傳薪子生於咸豐六年卒於光緒七年八月二十七日未時歷年二十七歲葬於孫氏大義地

娶山乾向配沈氏本邑人生於咸豐五年生子二方立方品方品出嗣多福為子

方立

多貞長子生於同治十三年二月初十日戌時嗣方品長子以祥為子

以祥

方立嗣子生於光緒三十年六月十一日辰時

多仁

傳安子生於道光二十六年六月初十日寅時卒於光緒二十九年九月享年五十八歲葬於孫氏大義地坤山艮向配李氏本邑人卒年合葬

多信

傳密長子生於同治十一年十一月十四日申時寄居六安州

多侶

傳密次子移居六安州

多實
傳棋子生於光緒十二年九月十三日子時

多友
傳伯長子

多富
傳卜長子生於

方廉
多富長子生於

道光二十八
年三月二十
八日丑時配
李氏河南新
陽縣人生於
咸豐十一年
三月十一日
未時生子三
方廉方慈方
義女五長適
本邑周次適
本邑余三適
本邑吳四適
本邑劉五未
字

光緒十五年
三月初二日
未時

方慈

多富次子生於
光緒二十年
二月十九日
辰時

方義

多富三子生於

光緒三十年二月初十日午時

多宣

傳修子生於光緒七年四月初六日卯時配劉氏本邑人生於光緒六年三月初八日辰時生子一方伯女一

方伯

多宣長子生於光緒三十一年五月初二日巳時聘戈氏本邑人

多貴

傳洪次子生於同治五年十二月十九日寅時配周氏河南鹿邑縣人生於同治三年生子五方聖方金方庚方辛方春女一

方聖

多貴長子生於光緒十九年正月十八日亥時聘黄氏本邑人

方金

多貴次子生於光緒二十二年七月初三日卯時

方庚

多貴三子生於光緒二十五年正月二十日子時

方辛

多貴四子生於光緒二十八年三月十四日丑時

多匀

傳莘長子生於光緒十三年九月初十日亥時配吴氏本邑人生於光緒十三年

方春

多貴五子生於光緒三十二年二月初一日卯時

方乾

多匀長子生於光緒三十二年十月十六日酉時聘梅氏本邑人

十一月二十九日未時生子一方乾女一

多蔭

傳華次子生於光緒二十一年十月十三日午時聘柏氏鳳臺人

多慶

傳莘三子生於光緒二十四年二月二十九日子時聘鮑氏本邑人

多桓

傳莘四子生於光緒二十六年十月二十五日亥時聘卜氏本邑人

多魁

傳華五子生於光緒二十九年六月初十日寅時聘郭氏本邑人

多景

傳華六子生於光緒三十年九月二十五日子時

多能
傳佑長子生於同治十年八月十九日未時配周氏本邑人生於同治十三年八月十四日子時生子三方清方亮方周女一

方清
多能長子生於光緒十八年十月二十一日子時聘冉氏本邑人

方亮
多能次子生於光緒二十一年十二月十八日子時聘賈氏本邑人

方周
多能三子生於光緒二十四年九月十七日丑時

多聚
傳佑次子生於光緒二年十二月二十九日午時配趙氏本邑人生於光緒五年

方
多聚子生於光緒三十二年七月十七日酉時

五月二十日酉時生子一方玉女二

多桂
傳勳子出外十餘年未回

多元
傳根子原名能生於咸豐六年十二月初

方明
多元子生於光緒十二年正月初七日酉

以清
方明子生於宣統元年七月二十五日辰

八日子時卒於光緒三十二年九月初九日巳時享年五十一歲附葬於魏家岡老塋東南向配李氏直隸人生於咸豐六年五月二十八日丑時生子一方明女一適本邑魏久邦

時配范氏本邑人范允中女生於光緒十四年六月十九日申時生子一以清

時

多訓
傳典次子生年未詳附葬於十五里橋老塋

多海
傳典三子生年未詳卒葬於珍珠泉南新塋配鮑氏本邑人生於咸豐九年八月

方義
多海次子生於光緒十二年六月十九日戌時

十九日未時生子二方應方義女一適本邑尤素平方應出嗣多秀為子

多秀

傳林嗣子生年未詳卒於光緒三十四年九月十五日葬於珍珠泉西新塋配王

方應

多秀嗣子生於光緒九年九月二十六日酉時

氏本邑人繼配梁氏亳州人合葬嗣多海長子方應爲子

多喜

傳義長子生年未詳卒於光緒二十四年六月二十五日浮厝固縣寺配呂氏本邑人生於咸

方棟

多喜嗣子生於光緒十四年五月初九日寅時配王氏本邑人生於光緒十五年十二月十七

豐二年十一月初二日酉時嗣多林次子方棟爲子　一日子時生女一

多林　傳義次子生於咸豐五年正月初八日辰時配趙氏本邑人生於同治四年生子二方山方棟方棟出嗣多

方山　多林長子

喜爲子

多壽

傳禮長子生年未詳卒附葬於固縣寺南响水堰配劉氏本邑人生於道光二十八年生子一方桃女二長適本邑石次適本邑李

方桃

多壽子生於光緒二年配吳氏鳳臺人

多成
傳禮次子生年無考卒附葬於嚮水堰老塋配張氏本邑人卒年合葬生子一方德

方德
多成子

多福
傳禮三子生年五十三歲卒浮厝於城東

方有
多福長子生於光緒五年十月初三日丑

朱家集配喬氏本邑人生於咸豐三年三月初八日辰時生子三方有方金方銀

時

方金
多福次子生於光緒十六年六月初三日辰時

方銀
多福三子生於光緒二十一年

多雙
傳禮四子生年未詳卒葬定遠縣

多禔
傳禮五子原名是生於咸豐八年配張氏本邑人生女一

多矩
傳任子配李氏本邑人合葬於孟家澗東老塋側生子二方發方新

多有
傳志長子

方發
多矩長子

方新
多矩次子

多晨
傳志次子

多成
傳得子生於光
緒三十二年
六月十三日
丑時聘王氏
本邑人

多傑

傳球長子字俊卿太學生五品銜　賞戴藍翎河南郎補巡檢代理鄭州吏目誥授奉直大夫生於道光二十八年八月十九日辰時卒於光緒三十三年十二月初八日戌時髙年六

職方

多傑長子字幼卿生於同治九年七月十三日辰時卒於光緒二十七年六月初八日戌時歷年三十一歲葬於家北梁家河西岸新塋配王氏本邑人王慶長女生於同治八年四月十

以星

職方嗣子生於光緒二十九年十二月十三日巳時

十歲附葬於吳大莊東南老塋母墳右坤山艮向配顧氏本邑人顧仁壽女生於道光二十六年十一月二十八日申時生子四職方紀方化方同方女二長適正陽鎮沈德培次適本邑王家勳

四日巳時生女一嗣紀方長子以星為子

紀方

多傑次子字仲綱生於光緒三年七月二十九日亥時配安氏本邑人生於光緒二年卒於光緒二十六年

以暟

紀方次子生於光緒三十一年八月十五日子時

七月初一日卯時葬於鳳凰墩繼配洪氏本邑人洪家珍女生於光緒五年十一月十九日巳時生子二以星以暟女一以星出嗣職方爲子

化方

多傑三子字時

如生於光緒十年九月二十九日寅時配洪氏本邑人洪仁俊女生於光緒十年十月十二日酉時

同方

多傑四子字會如生於光緒十三年八月十九日亥時

聘顧氏本邑人顧慶珍女

多勳

傳球次子原名任字健甫武庠生生於咸豐三年十二月十九日未時配陶氏本邑人陶宏連女生於咸豐五年九月十一日辰時生

端方

多勳長子字少甫號正軒生於光緒元年正月二十六日辰時配洪氏本邑人洪仁傑女生於同治十二年正月初六日未時生子三

以濯

端方長子生於光緒二十四年十一月二十二日巳時聘張氏本邑人張紹堂女

子四端方正方綱方禮方
女一適河南
固始縣鄭士貞

以濯以藻以
昇

以藻
端方次子生於
光緒二十九
年八月二十
二日寅時

以昇
端方三子生於
光緒三十二
年三月十八
日巳時

綱方
多勳次子字振
三五品軍功
生於光緒三
年二月二十
一日亥時配
王氏本邑人
王慶輿女生
於光緒四年
四月初十日
申時生子一
以景女一

以景
綱方長子生於
光緒三十九
年九月初十
日子時

正方

多勳三子字叔平生於光緒九年十一月初四日午時配劉氏本邑人劉永福女生於光緒十一年五月二十七日未時

禮方

多勳四子字讓

泉生於光緒十九年五月二十七日午時聘顧氏本邑人

多濬
傳璧長子原名俊字哲卿太學生生於道光二十六年三月十六日寅時配顧氏本邑人顧士

授方
多濬長子字敬之庠生生於同治七年八月十五日辰時配柏氏本邑人柏心愷女生於同治

以經
授方子生於光緒二十年十月初九日亥時聘王氏本邑人王家勳女

彥女生於道光二十八年六月二十五日丑時卒於光緒三十四年九月初九日寅時葬於家南新塋巽山乾向生子授授方省方守方訓方女一適本邑李瑞徵

七年七月二十二日午時生子一以經女二長適本邑程興茂次字本邑金

省方

多濬次子字察之生於同治十年八月初六日寅時配何氏本邑人何占中女生

以緯

省方長子生於光緒二十二年八月初六日戌時

於同治十一年十月二十六日申時生子四以緯以緝以縕以緝

以緝
省方次子生於光緒二十四年九月二十六日亥時

以縕
省方三子生於光緒二十七年十月二十日酉時

守方
乡濬三子字謹齋生於光緒三年五月十七日辰時配顧氏本邑人顧家淑女生

以綿
省方四子生於光緒三十一年三月十九日戌時

以綸
守方長子生於光緒二十五年十二月二十八日申時

兆麟
傳璧次子原名
多价字藩卿
儘先守備生

子以綸女一

訓方
多濬四子生於
光緒十三年
閏四月初二
日亥時聘王
氏本邑人王
月山女

靖方
兆麟長子字凝
之生於光緒
十九年十二

於同治四年六月二十四日辰時卒於光緒二十七年三月二七七日時歷年三十七歲厝於劉家廟南地配李氏本邑人李恒澤女生於同治五年六月二十七日亥時生子一請方女二長字本邑柴次字本

月二十七日卯時聘宋氏本邑人宋文禮女

邑宋

多休

傳璧三字字儒齋生於同治八年十一月初六日亥時配柴氏本邑人柴有仁女生於同治六年九月十六日亥時生子六居方立方旭方廉方玉

居方

多休長子生於光緒十五年十二月二十七日卯時聘宋氏本邑人宋文禮女

方玢方

立方
多休次子生於光緒十七年三月十一日亥時聘馮氏本邑人馮卓卿女

旭方
多休三子生於

光緒二十年三月初六日亥時聘柴氏本邑人柴良臣女

廉方

多休四子生於光緒二十三年四月初三日子時

玉方

多休五子生於光緒二十七年十月初四日午時

玢方

多休六子生於光緒三十四年三月初五日亥時

多僐

傳璧四子字沙蒲生於同治十一年十月十三日亥時配王氏本邑人王長春女生於同治十年十一月十三日亥時生子四國方亨方有方慶方女一

國方

多僐長子生於光緒二十年八月初四日辰時配賀氏本邑人賀早成女

享方

多僐次子生於光緒二十二年十月三十日午時

有方

多僖三子生於光緒二十八年正月二十一日戌時聘張氏本邑人

慶方

多僖四子生於光緒三十一年五月二十四日子時聘劉氏本邑人

多保

傳壁五子字少臣生於光緒四年五月二十三日寅時配袁氏本邑人袁本植女生於光緒三年卒於光緒二十三年十一月十八日申時歷年二十一歲繼配戴氏本邑人戴敘成女生

碩方

多保長子生於光緒二十七年五月初八日未時聘畢氏本邑人

硯方

多保次子生於光緒三十一年二月十三日亥時

於光緒四年八月初七日辰時生子二碩方硯方女一

多佑
傳塗長子字象賢號佐卿武庠生五品銜儘先千總賞戴花翎生於道光二十八年十月十

行方
多佑長子册名型方字澤三庠生加捐五品銜生於同治八年十一月二十三日巳時配朱氏

以恒
行方長子字夢九生於光緒二十六年五月初四日巳時配楊氏本邑人

四日巳時卒於光緒二十五年五月初二日丑時享年五十二歲葬於宗祠北新塋午山子向配李氏本邑人李翔女生於道光二十七年四月十二日酉時生子四行方書方榮方鼎方女一適本邑朱信安

本邑人朱清源女生於同治七年十二月十三日寅時生女三以恒以晉以泰女一

以晉

行方次子生於光緒二十九年正月二十四日申時聘劉氏本邑人

以泰

行方三子生於光緒三十一年二月十四日卯時

書方

多祐次子生於同治十一年六月初七日辰時卒於光緒二十九年五月十四日申時歷年三十二歲附葬於父塋西旁配王氏鳳臺人王文斌女生於同治十年十月初十日未時生子

以謙

書方長子字受堂生於光緒二十四年八月十三日酉時聘李氏鳳臺人李維鼎女

以邁

書方次子字遠卿生於光緒二十九年六

二以謙以邁月初十日亥時聘方氏本邑人

榮方
多佑三子字華亭生於光緒二年十月二十九日巳時配吳氏本邑人吳德明女生於光緒二年二月二十

以疇
榮方長子字備五生於光緒二十五年正月初九日午時

八日辰時生子二以疇以社女一

鼎方

多祐四子原名定方字鑄九生於光緒十一年十一月

以社

榮方次子生於光緒三十一年十一月初十日未時聘鮑氏本邑人鮑傳英女

以烜

鼎方長子生於光緒三十二年八月初一日戌時

十一日戌時配郎氏本邑人郎學祥女生於光緒十年八月初六日辰時生子一以烜

多仕

傳淦次子字猶耕生於咸豐三年八月初八日子時卒於光緒二十

志方

多仕次子字向則生於光緒十六年五月二十三日戌時聘任氏本

三年七月十二日戌時歿年四十五歲附葬於宗祠北丁山癸向配何氏本邑人何士俊女生於咸豐元年十二月初一日子時卒於光緒五年八月十四日未時歿年二十八歲葬於宅東梁家河東岸巽山乾

邑人任福來女

恕万

多仕三子字心如生於光緒十八年十一月二十二日丑時聘申氏本邑人申長永女

向繼配李氏本邑人生於同治元年卒於光緒三十四年五月初六日辰時歷年四十七歲厝於宅外南地生子四義方志方恕方乾方義方殤女二長適本邑廪生顧典章次適鳳臺縣廖義方長女何氏出志

乾方

多仕四子字屬元生於光緒二十二年十二月二十日申時聘戴氏本邑人戴文采女

方恕方乾方
次女李氏出

多極

傳淦三子原名
儒字席珍號
雅林庠生生
於咸豐九年
五月二十三
日子時配張
氏本邑人貢
生張玉珀女
生於同治元
年閏八月二

道方

多極長子字子
修號正之生
於光緒十四
年四月二十
二日亥時配
張氏本邑人
張祝三女生
於光緒十四
年七月二十
九日辰時生

以莊

道方長子字敬
亭生於光緒
三十三年十
月二十八日
寅時

十三日寅時卒於光緒三十年三月二十三日寅時歷年四十三歲葬於鳳臺縣丁家山直北第二嶺新塋子山午向兼癸丁側室焦氏揚州人生於同治五年正月十八日寅時生子三道方彥方簡方女三長

子一以莊

彥方

多極次子字子俊號美之生於光緒十八年七月初五日申時聘方氏本邑人方長元女

簡方

多極三子字子

適本邑李樹敏道方彥方簡方長次女張氏出三女焦氏出

書號策之生於光緒二十一年三月十九日子時聘李氏本邑人李道坦女

多宜

傳玟長子字鳳軒太學生生於咸豐六年八月初四日卯時配劉氏本邑人劉家堯女生於咸

知方

多宜長子生於光緒十四年九月十一日午時配張氏本邑人張林香女生於光緒十三年七

豐六年卒於
光緒四年葬
於鳳凰墩老
塋繼配戴氏
本邑人戴緒
元女生於同
治元年八月
初五日亥時
生子五知方
定方策方忻
方敏女女二
長適本邑江
蟾桂次適本
邑袁恊榮長
女劉氏出五
子次女戴氏

月二十四日
丑時

定方

多宜次子生於
光緒十七年
二月初八日
寅時

策方

多宜三子生於
光緒十九年

出

十二月初五日寅時聘黃氏本邑人

忻方

多宜四子生於光緒二十三年六月十五日辰時

敏方

多宜五子生於

多僖

傳玟次子字清臣號剛甫太學生生於同治元年七月十七日子時配柏氏本邑人柏文錦女生於同治四年七月初二

光緒二十六年八月十九日戌時

應方

多僖長子生於光緒二十一年五月十二日辰時聘王氏本邑人王惠極女

日亥時生子二應方蕙方女二長適本邑李先仁

多篆

傳瑜嗣子原名多僎號郁文從九品銜生於同治七年

蕙方

多僖次子生於光緒二十二年三月初六日寅時聘王氏本邑人王立極女

品方

多篆長子字子端生於光緒十五年正月十四日子時

十二月二十五日午時配朱氏本邑人朱汝濟女生於同治七年八月十三日寅時生子四品方韶方廣方淼方女四

配汪氏本邑人廪貢生汪元吉女生於光緒十三年九月初四日寅時

韶方

多篆次子字仲舜號祝虞生於光緒十八年九月二十五日亥時聘吉氏本邑人

廣方
多篆三子字叔潤生於光緒二十一年二月初二日丑時配王氏本邑人

淼方
多篆四子字季澤生於光緒三十二年五月十九日辰

時

多鍇

傳琨長子字正書太學生生於道光二十七年七月十二日酉時卒於光緒二十九年十月二十日戌時享年五十七歲附葬本宅西北乾山巽向

矩方

多鍇長子字折中生於同治十一年五月二十日辰時配顧氏本邑人顧長成女生於同治十二十二月二十三日辰時生子二以汶以淮女一

以汶

矩方長子生於光緒二十六年十一月二十七日亥時聘顧氏本邑人

以淮

矩方次子生於

配王氏本邑人王兆榮女生於道光二十六年十二月十三日辰時生子二矩方成方女一適本邑張義多錯成

成方

次子字幼書生於光緒七年二月三十日未時配周氏本邑人周汝惠女生於光緒七年二月二十五日亥時生子

光緒三十年七月二十三日丑時

以源

成方長子生於光緒二十八年十月十四日寅時聘顧氏本邑人

一女源以一

多鎰

傳璟長子字受萬生於同治四年七月十二日戌時卒於光緒二十年十一月十六日戌時歷年三十歲葬於本宅西南新塋乾山巽向配方氏本

元方

多鎰長子字茂堂生於光緒十一年七月二十一日亥時配劉氏本邑人劉允忠女生於光緒九年十二月初八日卯時生女一

邑人庠生方文鐸女生於同治二年十月初一日辰時生子二元方聯方女一適蘇州周華軒

聯方

多鎰次子字濟美生於光緒十五年七月十二日亥時配江氏本邑人江良弼女生於光緒廿二年十一月二十五日亥時生女一

多鈺
傳璟次子字其相六品銜生於同治六年十月十六日亥時配吳氏本邑人吳兆應女生於同治六年正月初六日申時生子二慎方悌方女二

慎方
多鈺長子生於光緒二十三年二月二十九日戌時

悌方
多鈺次子生於光緒三十年八月十八日寅時

多鍈

傳璟三子生於同治七年三月十五日巳時配王氏本邑人王雲漢女生於同治七年正月十六日亥時生子三惁方愬方愍方

惁方

多鍈長子生於光緒十八年四月十四日巳時

愬方

多鍈次子生於光緒二十年五月十三日亥時

多鈐
傳璟四子生於同治九年二月初四日亥時配王氏本邑人王如賢女生於同治

慇方
多鋏三子生於光緒三十一年八月三十日丑時

怡方
多鈐長子生於光緒十七年七月初四日亥時配張氏本邑人張俊德女

十年三月二十三日申時生子三怡方惇方忠方女二

惇方
多鈴次子生於光緒二十八年十一月初八日午時

忠方
多珍三子生於光緒三十一年十二月初一日未時

多錫

傳珽長子字又如附貢生縣丞職銜生於咸豐六年九月初六日巳時配朱氏本邑人朱幹臣女生於咸豐九年十二月初一日未時生子三維方純方緝方女四長適本邑李啟芳次適

維方

多錫長子字則心號伯恒太學生生於光緒五年十二月十六日卯時配陶氏本邑人庠生陶蓂階女生於光緒六年十二月二十九日巳時生子二以澤以潤女一

以澤

維方長子字修甫生於光緒二十五年六月十六日亥時

以潤

維方次子字清華生於光緒三十四年十一月初四日丑時

本邑正陽王
蘭生

純方

多錫次子字仲
斌太學生縣
丞職銜 賞
戴五品藍翎
生於光緒十
三年二月初
五日辰時配
史氏鳳臺人
史芳年女生
於光緒十三
年三月初五
日子時生子
一以澄

以澄

純方長子生於
光緒三十一
年五月二十
五日午時

緝方
多錫三子字叔同生於光緒十七年六月十八日未時聘王氏本邑人王世樂女

多鋭
傳珽次子字筱軒生於咸豐十年八月十八日亥時配

統方
多鋭長子生於光緒九年十月初三日巳時配廖氏本

以溥
統方長子生於光緒二十六年十月二十日亥時

張氏本邑人生於同治元年八月初十日亥時生子四統方繼方綉方紳方女一

邑人廖見章女生於光緒六年生子二以禮以讓女一

繼方

多鋭次子生於光緒十六年閏二月十八日午時聘朱氏本邑人朱蒲源女

以清

統方次子生於光緒二十八年十二月十一日丑時

綉方

多鋭三子生於光緒二十二年十一月十一日亥時聘張氏本邑人

紳方

多鋭四子生於光緒二十六年十月二十日亥時

多鏑

傳鋌三子字鼎臣生於同治元年九月二十五日卯時卒於光緒十九年五月二二八日午時歴年三十二歳厝於南莊南地新塋配鮑氏本邑人鮑燮女生於同治元年三月十四日卯

經方

多鏑長子字伯常生於光緒十一年十一月二十七日未時配邱氏本邑人邱學祥女生於光緒八年卒於光緒三十二年十一月二十一日未時歴年二十五歳厝於家東南新塋繼配

以濂

經方長子生於光緒三十年二月初二日酉時

時生子一經
方女二

繆氏本邑人
繆士福女生
於光緒十二
年八月二十
四日巳時生
子一以華邸
氏出女一繆
氏出

多銡
傳珽四子生於
同治七年十
一月初二日
酉時配王氏

緒方
多銡長子生於
光緒十四年
八月十八日
辰時聘張氏

本邑人生於同治七年四月初六日巳時卒於光緒十九年八月二十一日亥時葬於雙橋集北胡家小莊西南莊府地新塋坤山良向繼配陳氏本邑人陳德廣女生於同治十一年六月二十四日巳時生子

本邑人

綝方

多鋕三子生於光緒二十四年三月十二日亥時

綽方

多鋕四子生於光緒二十九年十一月初

四緒方紹方綝方綽方女一緒方紹方王氏出綝方綽方陳氏出紹方出嗣多鎵爲子

四日申時

多鐄

傳珽五子字則仙五品銜生於同治九年二月二十七日子時配周

綜方

多鐄長子生於光緒十八年六月初五日辰時聘李氏本邑人

氏本邑人生於同治八年十一月初三日丑時卒於光緒十七年閏八月二十七日酉時葬於家北新塋坤山艮向繼配柏氏本邑人柏文新女生於同治五年四月初六日亥時生子三綜方綸方練方綜方綸

綸方

多鍈四子生於光緒二十一年六月二十五日寅時聘吳氏本邑人

練方

多鍈三子生於光緒二十九年六月十八日亥時

方周氏出鍊
方柏氏出

多鋆
傳珽六子，字幼多鋆，軒生於同治十一年十月二十五日子時，配朱氏，本邑人朱履瀛女，生於光緒元年三月初五日辰時，生子三：綿方、紘方

綿方
多鋆長子，生於光緒二十四年八月十七日酉時

紘方
多鋆次子，生於光緒二十六

方綏方女一年八月十三日辰時

綏方

多鋆三子生於光緒三十四年九月二十日子時

多錄

傳珽七子字幼琴生於同治

紹方

多錄嗣子生於光緒十六年

十三年十月十五日子時卒於光緒三十一年五月初十日戌時配顧氏本邑人生年無考卒於光緒三十二年十一月初一日亥時合葬於家東小圩溝地新塋生女二嗣多銿次子紹方爲子

八月初六日午時聘鮑氏本邑人

多鍾

傳珽八子字秀齋生於光緒十二年七月初九日午時配顧氏本邑人顧炳耀女生於光緒十年五月初八日申時

毓杰

傳琛長子原名毓杰

循方

毓杰長子字子循

以鄉

循方長子字澤

多銘字新三庠生生於咸豐六年九月初七日午時卒於光緒二十二年正月初三日丑時歷年四十一葬於孫家圩北新塋酉山卯向配馬氏本邑人馬益三女生於咸豐十年十月初八日未時生子三循方

善庠生生於光緒四年九月二十三日戌時配朱氏本邑人朱平源女生於光緒四年九月二十三日丑時生子三以薌以芾以華女一

生生於光緒三十一年六月二十六日辰時

以芾

循方次子字馨若生於光緒三十三年五月二十三日辰時

以華

履方衍方女四長適本邑戴子成次適本邑李瑞芳

履方

毓杰次子字綏之生於光緒六年三月十七日寅時配孟氏本邑人孟廷良女生於光緒六年正月初一日辰時生子一以芷女二

衍方

循方三子生於宣統元年六月二十六日戌時

以芷

履方長子字誦屜生於光緒三十三年四月二十四日未時

多鎮

傳琛次子字仲藩六品銜生於同治七年五月十三日申時聘陳氏本邑人生於

毓杰三子字炳文生於光緒十七年十二月初二日寅時聘陳氏本邑人陳世永女

徵方

多鎮長子字聘卿生於光緒二十一年十月十六日寅時聘劉氏本邑人劉富明

年　月

日　時卒於

年　月

日　時　配

陶氏本邑人

陶尚仁女生

於同治八年

十月十七日

申時生子四

徵方從方術

方衡方

女

從方

多鎮次子字順

如生於光緒

二十六年十

一月二十日

子時聘葛氏

本邑人葛家

環女

術方
多鎮三子字季學生於光緒二十八年十一月十一日亥時聘葛氏本邑人葛經邦女

衡方
多鎮四子字子宜生於光緒三十四年六

月初一日午時

多成

傳衡長子生於咸豐六年二月二十二日卯時卒於光緒二十七年十月十一日辰時歷年四十六歲附葬於蘇王壩西南老塋艮山

正方

多成長子生於光緒六年十月初三日未時配夏氏本邑人夏懷林女生於光緒六年正月十二日申時生

女一

坤向配高氏本邑人生於咸豐九年七月十六日辰時生子二正方治方女四長適本邑徐次適本邑陳長盛三適本邑周長海

多生

傳鑄嗣子字發齋生於同治

治方

多成次子生於光緒十七年十一月初八日子時聘高氏本邑人高金山女

揆方

多生子字少齋生於光緒九

以則

揆方長子生於光緒三十一

三年九月初三日子時配丁氏本邑人丁錫五女生於同治二年二月二十二日辰時生子一揆方女三長適本邑袁

多彬

傳衣嗣子原名

年四月十六日寅時配王氏本邑人王慶雨女生於光緒九年十一月十一日未時生子二以則以暇女二

櫄方

多彬長子生於

年二月二十二日酉時聘劉氏本邑人

以暇

揆方次子生於光緒三十二年十月十六日亥時

懷字雅如號霽菴庠生生於同治七年三月十三日戌時配王氏本邑人王得采女生於同治九年四月十六日戌時卒於光緒十七年四月十五日酉時歷年二十二歲葬於家北老塋西北巽山乾向繼配朱

光緒三十二年八月二十一日亥時聘江氏本邑人江明亮女生於光緒三十年八月初八日亥時

氏本邑人朱汝言女生於同治九年三月十九日午時卒於光緒二十八年十二月二十八日申時歴年三十二歲並葬於王氏塋右乙山辛向
繼配張氏本邑人張允德次女生於光緒八年十一月十八日未

時生子一檩方女一俱張氏出

多彲

傳鈞嗣子生於光緒三年二月初十日巳時配李氏本邑人李得貴女生於光緒七年十月初二日巳時生子三照方烋

照方

多彲長子生於光緒二十九年十月十九日戌時

烋方

多彲次子生於

方烈方

光緒三十二年十二月十四日戌時

烈方

多彪三子生於宣統元年十月二十六日寅時

多彥

傳鉞三子字美

煦方

多彥長子生於

卿生於光緒十二年九月二十一日戌時配王氏本邑人王汝賢女生於光緒十二年十月十五日戌時生子二煦方熙方女一

光緒三十年二月初七日寅時

熙方

多彥次子生於光緒三十二年九月初六日巳時

士標五世孫

多新
傳高嗣子

多旺
傳兆嗣子

多開
傳朋長子

多福
傳志長子生於道光二十五年五月初十日申時嗣多祉長子方成爲子

方成
多福嗣子生於光緒五年九月二十一日丑時

多祉
傳志次子生於道光二十九年四月卒於光緒十六年

方畊
多祉次子生於光緒八年九月十七日亥時

十月初三日
丑時歷年四
十二歲葬於
家北新塋乾
山巽向配楊
氏陝西陽城
縣人楊學尊
女生於咸豐
五四月初五
日亥時生年
子四方成方
耕方民方樂
方成出嗣多
福為子

方民
多祉三子生於
光緒十年八
月十三日午
時

方樂
多祉四子生於
光緒十三年
四月十四日
丑時配梁氏
本邑人梁鳴
鴻女

多祺
傳森次子原名富生於同治九年正月初六日子時

多祿
傳心長子生於同治二年配劉氏本邑人劉彥忠女生於同治十一年四月十二

方平
多祿長子生於光緒二十九年五月初十日午時聘馮氏本邑人馮尚開女

日申時生子
二方平方易

多喜

傳心三子生於
同治十年三
月十七日戊
時配許氏河

方易

多祿次子生於
光緒三十一
年十一月二
十八日子時
聘馬氏本邑
人馬學貴女

南許州人生於光緒十六年

多明

傳心四子生於光緒元年五月二十二日寅時配陸氏本邑人陸慶寶女生於光緒六年卒於光緒二十七年歷年二十

二歲葬於家北官溝南岸新塋坤山艮向生女一

多禮

傳心五子生於光緒四年十月十七日辰時配萬氏本邑人萬從林女生於光緒七年十月二十八日戌時

方金

多禮長子生於光緒二十九年二月十三日戌時聘朱氏本邑人朱士魁女

生子二方金
方鼎方鼎出
嗣多壽爲子

多禎
傳慎長子生於
同治五年十
二月十九日
申時

多文
傳慎三子生於

光緒五年十一月初十日寅時配詹氏本邑人詹玉臺女生於光緒六年四月初十日寅時卒於光緒三十一年二月二十五日巳時歷年二十六歲葬於家東官溝西岸新塋坤山艮向

多義

傳慎四子字越賢生於光緒十一年十月初七日巳時配應氏本邑人應明倫女生於光緒十六年七月十九日巳時

多壽

傳愷嗣子生於

方鼎

多壽嗣子生於

同治五年四月初九日寅時嗣多禮次子方鼎為子

光緒二十九年二月三十日戌時聘朱氏本邑人朱士魁次女

多安

傳怡子生於光緒五年正月十八日丑時配袁氏本邑人生於光緒九年十一月三十日丑時

方中

多安子生於光緒二十七年二月十八日寅時聘李氏本邑人李文彩女

生子一方中

多榮

傳鈺子原名舉字薦廷生於同治十三年十一月十一日寅時配陳氏本邑人陳學昂女生於光緒元年生子一方彥女二

方彥

多榮子生於光緒三十三年十月十九日辰時

多植

傳書子原名貴生於咸豐八年十二月十七日丑時配朱氏本邑人生於同治二年八月十五日寅時生子三方起方功方山女一適本邑萬立本

方起

多植長子生於光緒十六年十月初九日寅時聘朱氏本邑人

方功

多植次子生於光緒十八年八月十四日巳時聘劉氏本邑人劉慶

多林

傳鐸子生於咸豐元年

樂女

方山

多植三子生於光緒二十九年十二月十六日亥時聘陳氏本邑人

多楠

傳恕子生於咸豐十年十二月初七日卒於光緒三十四年六月初七日未時歷年四十九歲附葬於老塋側艮山坤向配王氏本邑人王元林女生於光緒五年生子四方祚方祿方明

方祚

多楠長子生於光緒十三年八月十五日酉時配梁氏本邑人梁鴻遠女

方祿

多楠次子生於光緒二十年二月三十日丑時聘陳氏

方哲女一

本邑人

方明

多楠三子生於光緒二十二年四月初六日巳時聘梁氏本邑人

方哲

多楠四子生於光緒二十九

多梓

傳誨子原名楷生於同治八年十月初六日寅時配劉氏本邑人劉仁明女生於同治十一年六月十九日未時生子二方欄方如女

年六月二十六日巳時

方欄

多梓長子生於光緒二十三年五月二十四日戌時聘梁氏本邑人梁得傚女

方如

一適本邑劉多梓次子生於光緒二十七年正月初四日未時
新開

多杰
傳訓嗣子生於同治十二年七月初六日配張氏本邑人生於光緒十六年

多坊
傳仁嗣子生於光緒五年配劉氏本邑人生於光緒四年九月初六日卯時生子二方碩方生女一

方碩
多坊長子生於光緒二十七年三月十六日亥時聘劉氏本邑人劉從義女

方生
多坊次子生於光緒三十四年四月二十八日申時

多增
傳化三子生於
光緒九年配
劉氏本邑人
劉開邦女生
於光緒十三
年二月十八
日寅時

多魁
傳化四子生於
光緒十一年
配賀氏本邑

人生於光緒十六年十一月二十七日寅時

多梁

傳佑嗣子原名元生於同治七年配牛氏本邑人卒附葬於家東南老塋巽山乾向繼配李氏本邑正陽人

方策

多梁長子生於光緒十九年九月二十九日寅時聘石氏本邑人石克昌女

生於光緒四年生子二方策方從女二長適本邑周方策長女牛氏出方從次女李氏出

多遜

傳江子生於道光年卒於光緒年享年六十八歲葬於

方從

多梁次子生於光緒二十七年二月十九日未時聘陳氏本邑人陳恒九女

方建

多遜長子生於光緒十六年六月初七日丑時

家南新塋坤山艮向配孫氏本邑人繼配王氏本邑人享年六十四歲合葬生子二方建方賢女一適本邑方進科方建方賢女俱王氏出。

多恭

傳河次子生年

方賢

多遜次子生於光緒十八年四月初六日戌時

方今

多恭長子

無考葬於老塋傍西北向配申氏本邑人生於咸豐十一年生子一方今女二長適本邑左得祿

多明

傳繡子生於同治十年正月初七日寅時卒於光緒二

方誠

多明長子生於光緒十六年七月十五日丑時配管氏

十九年二月三十日歿年三十三歲配王氏本邑人王居仁女生於同治十年十月十一日卯時生子二方誠方忠女二長適本邑劉錫玉·

本邑人管應良女生於光緒十七年六月初九日亥時

方忠

多明次子生於光緒二十三年九月初九日辰時

七十六

多玉

傳錦子移居潁上縣

多采

傳紳長子生於光緒四年四月十二日寅時

多開

傳紳次子生於光緒二十三年四月十三日辰時

多妙

傳縉長子生於光緒二十年十二月二十三日辰時

多實

傳縉次子生於光緒二十五年十月二十四日巳時

多錦
傳正長子

多慶
傳望嗣子

多益
傳文子生於道光二十八年卒附葬於田家牌坊老塋南第二座乾山巽向配史氏本邑人生於道光二十九年生子一方政女一適本邑史

方政
多益子生於光緒五年二月配史氏本邑人史邦治女生於光緒五年生子一以琦女一

以琦
方政子生於光緒二十九年聘史氏本邑人史開文女

多尚

傳得子字志伯生於咸豐元年四月初十日亥時配張氏本邑人生於咸豐元年正月初三日辰時生子三方策方堯方義

方策

多尚長子生於光緒四年七月初九日申時配張氏本邑人張錫爵女生於光緒三年卒於光緒三十四年六月二十六日巳時歷年三十二歲葬於本宅南艮山坤向繼配朱氏本邑人

生於光緒十六年生女二俱張氏出

方堯

多尚次子生於光緒九年十二月二十四日寅時配劉氏本邑人劉士林女生於光緒八年十二月初二日子時生子三

以璋

方堯長子生於光緒二十七年十二月初二日辰時聘方氏本邑人方文運女

以璋以璜以琨

以璜

方堯次子生於光緒三十一年四月二十六日亥時聘張氏本邑人張紀起女

以琨

方堯三子生於光緒三十四年八月二十日寅時

多書
傳慶長子生於

方永
多書長子生於

方義
多尚三子生於
光緒十三年
正月十三日
寅時配余氏
本邑人余文
銘女生光緒
緒十年五月
初六日辰時
生子一以佩

以佩
方義長子生於
光緒三十一
年八月二十
一日卯時

同治六年九月十九日子時配聶氏本邑人生於同治十年二月生子三方永方才方寶女一適本邑蔡

光緒十八年六月初二日午時聘蔡氏本邑人

方才

多書次子生於光緒二十二年二月初二日亥時聘年氏本邑人

多賢

傳慶次子生於同治八年十一月十四日亥時配顧氏本邑人生於同治九年生

方寶

多書三子生於光緒三十四年二月十一日卯時

方輔

多賢長子生於光緒二十八年正月十四日卯時

子二方輔方昌女二長適本邑戴

方昌
多賢次子生於光緒三十二年六月二十六日

多魯
傳慶三子生於光緒三年二月十九日附葬於龍尾地老塋配楚氏本邑人生於

方金
多魯子生於光緒二十一年十二月二十六日酉時聘從氏本邑人

光緒三年生子一方金

多壽

傳慶四子生於光緒五年七月二十日亥時配余氏本邑人余本茂女生於光緒三年生子一方閏女一

方閏

多壽子生於光緒三十二年十二月二十八日亥時

多儒

傳慶五子生於光緒八年二月十八日酉時配申氏本邑人生於光緒十一年生子一方開

多銘

傳習長子生於光緒六年八月初五日寅

方開

多儒子生於光緒二十九年九月初八日亥時聘張氏本邑人

方炳

多銘子生於光緒三十四年正月十六日

時配陳氏本邑人生於光緒六年生子一方炳女一

酉時聘戴氏本邑人

多秀

傳習次子生於光緒二十四年聘戴氏本邑人戴緒典女

多廉

傳習三子生於光緒二十六年三月初六日酉時聘孟氏本邑人孟秀德女

多寅

傳公長子生於光緒十四年十一月二十九日午時配

方中

多寅長子生於光緒三十二年二月二十六日辰時聘

宋氏本邑人生於光緒十二年六月生子二方中方貴

多志

傳公次子生於

戴氏本邑人戴新遠女

方貴

多寅次子生於光緒三十三年十二月十六日亥時聘方氏本邑人

光緒二十五年九月二十三日亥時聘張氏本邑人懷有之女

多錦

傳公三子生於光緒三十一年二月十一日辰時聘陳氏本邑人

多玉

傳公四子生於光緒三十三年四月十三日亥時聘陶氏本邑人

多謙

傳書嗣子原名定守遜臣號益齋生於光緒二年閏五月十六日酉

方鑫

多謙長子生於光緒二十一年十月十三日卯時聘宋氏本邑人宋

時配李氏本邑人李向榮女生於光緒二年正月十八日卯時生子三方鑫方殿方漢女二

立斗女生於光緒二十二年正月二十五日巳時

方殿

多謙次子生於光緒二十六年二月二十四日戌時聘牛氏本邑人牛允田女生於光緒二十五年

方漢
多謙三子生於光緒三十三年十二月十七日未時聘劉氏本邑人生於光緒三十二年

多安
傳統次子生於光緒八年十二月初二日

方孝
多安長子生於光緒二十八年七月二十

午時卒於光緒三十三年二月十四日亥時歷年二十六歲附葬於家東南老塋子山午向兼癸丁配柴氏本邑人柴德新女生於光緒五年三月十二日亥時生子二方孝方捷

二日寅時聘臧氏本邑人

方捷

多安次子生於光緒三十一年九月初二日亥時聘楊氏本邑人楊允昇女

多清

傳統三子生於光緒十一年八月二十二日酉時配胡氏本邑人胡炳堯女生於光緒十一年五月初五日申時生子一方珍

多威

方珍

多清子生於光緒三十二年七月二十四日亥時聘胡氏本邑人

傳統四子生於
光緒十八年
七月二十三
日未時聘王
氏本邑人王
慶遠女

多範

傳經子字疇九
號洪軒生於
光緒十四年
十一月二十
一日申時配
魏氏本邑人

方超

多範子生於光
緒三十三年
九月二十八
日午時聘岳
氏本邑人生
於光緒三十

魏兆舉女生於光緒十四年十二月二十六日亥時生子一方超

三年

多順

傳仁子生於光緒六年十一月二十九日子時配柴氏本邑人柴金方女葬於家東新塋艮山

方貴

多順子生於光緒二十九年十一月初八日亥時

坤向繼配朱氏本邑人朱蘭佩女生於光緒九年十月十一日未時生子一方貴

多琨

傳伯長子生於光緒十三年四月二十九日未時配柴氏本邑人柴

金元女生於光緒十二年十二月十二日亥時

多琥

傳伯次子生於光緒十六年十二月初八日亥時配魯氏本邑人魯得龍女生於光緒十三年

多昌

傳伯三子生於光緒二十九年四月初三日巳時

多賓

傳新子生於道光二十七年十二月十七日午時配湯氏蒙城縣人生於同治元

方元

多賓長子生於光緒九年三月初五日未時配劉氏本邑人劉家錫女生於光緒

以貴

方元長子生於光緒二十九年十一月十一日亥時

年生子二方
元方科女一
適本邑朱廷
楨

九年六月三
十日亥時生
子一以貴

方科

多賓次子生於
光緒二十二
年二月二十
五日卯時聘
杜氏本邑人
杜學真女

多如

傳喻長子字友三號錫九生於咸豐四年十一月初五日戌時聘黃氏本邑人黃開貴女生於咸豐四年卒於光緒十五年十二月二十八日寅時歷年三十六歲葬於家北新塋癸山丁

方榮

多如長子生於同治十三年四月十七日辰時配劉氏本邑人庠生劉彥超女生於光緒二年三月十七日未時生子二以合以維

以合

方榮長子生於光緒二十六年四月初四日酉時聘劉氏本邑人劉士元女

以維

方榮次子生於光緒二十九年九月十九日丑時聘梁

向兼子午生子二方榮方恩女一適本邑張定訓

方恩
多如次子生於光緒五年二月二十一日申時配尹氏本邑人尹振方女生於光緒五年七月十六日丑時生子三以標以忠以銀女

氏本邑人梁文點女

以標
方恩長子生於光緒二十七年四月十七日申時聘王氏本邑人王文清女

以忠

方恩次子生於光緒三十一年二月二十四日寅時

以銀

方恩三子生於光緒三十四年七月十一日寅時

多益

傳喻次子生於同治五年八月十九日卯時配臧氏本邑人臧向榮女生於同治四年十二月二十九日亥時生子五方俊方傑方珩方冉方愷女一

方俊

多益長子生於光緒十六年五月二十二日辰時配胡氏本邑人胡銀臣女

方傑

多益次子生於光緒十九年正月十四日巳時聘柴氏

本邑人柴福明女

方珩

多益三子生於光緒二十五年五月十二日寅時聘王氏本邑人王鳳朝女

方冉

多益四子生於光緒二十七年七月二十二日戌時

方愷

多益五子生於光緒三十一年十二月初二日子時

壽州孫氏支譜

卷之

字第　號

多林

傳錄長子原名旺生於同治十二年九月二十七日卯時配梁氏本邑人梁得貴女生於同治十二年三月二十九日未時生子二方甲方國女一

方甲

多林長子生於光緒二十年二月初一日卯時聘梁氏本邑人梁占遠女

方國

多林次子生於光緒二十七年三月十九日卯時

多賢

傳錄次子生於光緒二年九月十三日辰時配臧氏本邑人臧希榮女生於光緒元年十二月十二日申時生子一方升

方升

多賢子生於光緒二十八年九月十八日辰時

多蘭

傳禮子生於光

方瑞

多蘭子生於光

緒五年十二月初五日丑時配黃氏本邑人黃冠女生於光緒二年二月二十日子時生子一方瑞

緒三十四年四月二十四日辰時

多勤

傳寶長子原名樂生於同治七年

多顯

傳寶四子生於光緒八年十二月十五日子時配鄧氏渦陽縣人生於光緒十九年二月十四日寅時

多儉

傳華嗣子生於同治九年

多成
傳習嗣子生於同治十一年五月初九日戌時

多道
傳康長子生於光緒九年十二月十九日戌時配王氏本邑人王志起女生於光

緒十六年二月十一日亥時

多燧

傳廉次子字玉田生於光緒十三年閏四月初一日未時配韓氏本邑人韓玉江女生於光緒十二年九月十三日卯時

方遠

多燧子生於光緒三十四年十月初八日子時

生子一方遠

多紹

傳之長子原名能字子才生於光緒元年正月初六日午時配郝氏本邑人郝德忠女生於光緒元年十二月初一日戌時生女一

多堯

傳之次子生於光緒八年六月二十五日亥時配梁氏本邑人梁學璧女生於光緒八年三月二十七日巳時生子一方遜女一

方遜

多堯子生於光緒二十九年八月二十九日丑時

多緒

傳之三子生於光緒十三年八月二十六日丑時

多倉

傳之四子生於光緒十六年三月二十五日寅時

多績

傳綱長子原名祥字吉臣生於光緒四年七月初八日子時配應氏本邑人應明貴女生於光緒四年八月初六日辰時生女一

多聞

傳綱次子生於光緒九年九

方選

多聞子生於光緒二十九年

月二十日卯時配湯氏本邑人湯發開女生於光緒八年生子一方選女一

四月初五日辰時聘汪氏本邑人

多聰

傳綱三子生於光緒十四年十二月初七日未時配劉氏本邑人生於光緒十七

年正月二十八日午時

多學

傳綱四子生於光緒十七年十二月初一日申時配楊氏本邑人楊鳳成女生於光緒十九年

多敬

傳璋長子生於光緒十四年十一月初七日未時配王氏本邑人王福遠女生於光緒十三年閏四月二十九日申時

多珠

傳璋次子生於

光緒十七年八月二十三日酉時

多宣

傳璋三子生於光緒二十八年十二月二十五日亥時

多信

傳連子生於光

緒八年十月初六日酉時
配劉氏本邑人生於光緒十八年十一月初十日寅時

多彩
傳修子生於咸豐元年九月二十五日辰時卒於光緒二十四年二

方億
多彩子生於光緒六年九月初九日酉時卒於光緒二十八年二月

月歷年四十八歲葬於武家墳西新塋配任氏河南懷慶府人生於咸豐七年九月十三日寅時生子一方億嗣多林長子方開為子

十九日歷年二十三歲附葬於武家墳西老塋配李氏本邑人葬於二十鋪西義地

方開

多彩嗣子生於光緒五年六月二十一日未時配宿氏河南鄢陵縣

以有

方開子生於光緒三十三年五月十六日亥時

多林

傳洛子生於道光二十五年五月十六日寅時卒於光緒十九年十一月二十四日辰時歷年四十六歲附

人生於光緒十七年正月初八日辰時生子一以有

方禮

多林次子生於光緒九年七月二十三日寅時

方正

葬於十五里橋南王家古堆老塋配李氏本邑人生於道光二十七年七月初二日亥時生子三方開方禮方正方開出嗣多彩為子

多掌

傳銀子生於光

多林三子生於光緒十三年十二月十四日辰時

緒十三年

多民

傳勷長子生於光緒十年二月初二日亥時

多越

傳勷次子生於光緒十六年九月初四日

酉時

多考

傳盛三子生於光緒十九年十一月初三日亥時

多森

傳和長子生於同治十一年十一月初四

裕方

多森長子生於光緒二十五年五月三十

日申時配蔡
氏本邑人生
於同治九年
七月二十九
日卯時生子
三裕方東方
煥方女一

日酉時聘陳
氏本邑人

東方
多森次子生於
光緒三十年
五月十七日
酉時聘劉氏
本邑人

煥方
多森三子生於

光緒三十三年二月十七日酉時聘宋氏本邑人

多淮

傳和次子生於同治十三年十二月十七日戌時配孫氏本邑人生於光緒五年四月初八日辰時生子四

山方

多淮長子生於光緒二十三年三月三十日辰時聘安氏本邑人

山方春方海方治方女一
春方出嗣多
聞為子

海方
多淮三子生於光緒三十年五月十五日亥時聘李氏本邑人

治方
多淮四子生於光緒三十四年六月二十九日寅時聘方氏本邑人

多聞

傳和三子生於光緒十年三月初十日亥時配胡氏本邑人歷年二十二歲葬於二十舖西南新塋繼配陳氏本邑人生於光緒十三年七月三十三日子時嗣多準次子春方爲子

春方

多聞嗣子生於光緒二十六年正月十五日子時

多路

傳鼇次子生於光緒九年五月十七日戌時配李氏本邑人生於光緒十二年二月初十日子時生子一景方

景方

多路長子生於光緒三十三年正月二十二日辰時聘陸氏本邑人

多三

傳鼇三子生於

光緒十八年九月二十七日子時配萬氏本邑人生於光緒二十年正月二十五日子時

多文

傳華長子生於咸豐四年十二月初八日巳時配李氏本邑人附葬

方壽

多文長子

於卞家溝老塋巽山乾向生子一方壽女一適本邑吳

多堯

傳華次子生於同治二年十一月初九日丑時配高氏江西新城縣人生於同治七年七月生

信方

多堯嗣子生於光緒十七年十一月十八日亥時配宋氏本邑人生於光緒十六年正月十五

子一言方女
一嗣多季子
信方爲長子

多季

傳華三子生於
同治八年九

日卯時

言方

多堯次子生於
光緒三十二
年八月初十
日亥時聘沈
氏本邑人

方耀

多季次子生於
光緒二十八

月十七日丑時配袁氏本邑人生於同治八年二月二十二日丑時生子三信方方耀方朝女二長適本邑郭信方出嗣多堯爲子

年二月二十一日子時聘陳氏本邑人

方朝
多季三子生於光緒三十三年七月二十六日丑時

多春
傳華四子生於

方路
多春長子生於

同治十二年五月二十二日巳時配滕氏本邑人生於光緒元年十二月十一日巳時生子四方路方宣方得方為女一

光緒二十二年九月二十一日亥時聘王氏本邑人

方宣

多春次子生於光緒二十五年十二月二十七日未時聘楚氏本邑人

方得
多春三子生於光緒三十二年正月二十四日巳時

方為
多春四子生於光緒三十四年五月二十一日巳時

多紅

傳厚長子生於同治二年三月二十四日子時配劉氏本邑人葬於巫家莊西新塋

多旭

傳厚次子生於光緒元年十月初一日辰

時配閻氏江蘇蘇州府人生於同治十二年正月十五日子時

多章

傳孟長子生於同治四年八月初一日酉時葬於巫家莊南新塋

多蘭

傳孟次子生於同治八年三月二十五日巳時配畢氏本邑人生於同治十年卒於光緒三十二年正月十六日卯時歷年三十六歲葬於王家古堆南新塋艮山坤向生子三方魁方位

方魁

多蘭長子生於光緒十六年十一月初三日寅時聘江氏本邑人

方位

多蘭次子生於光緒二十一年八月初六日亥時聘朱氏本邑人

方寬

多福
傳孟三子生於同治十年十二月二十八日酉時配王氏本邑人生於同治十年

方寬
多蘭三子生於光緒二十四年閏三月十二日亥時

方中
多福長子生於光緒十八年十一月二十六日子時聘馬氏本邑人

八月初七日寅時生子二方中方辰女一

方辰

多福次子生於光緒三十三年二月二十一日丑時

多壽

傳孟四子生於同治十三年十二月十八日酉時配馬氏本邑人生於同治十二

方運

多壽長子生於光緒三十年十二月十七日亥時聘余氏本邑人

年五月初一日辰時生子二方運遂方多壽次子生於

女一

遂方

光緒三十四年十月二十三日辰時聘王氏本邑人

多喜

傳孟五子生於光緒二年十二月十四日戌時配蔣氏鳳臺縣人生

直方

多喜長子生於光緒二十四年十二月十三日亥時聘邸氏本邑人

於光緒三年四月初三日子時生子二直方更方女一

更方
多喜次子生於光緒二十九年十月初五日亥時

多勤
傳孟六子生於光緒七年三月二十日亥時配馬氏本邑人生於光緒十年十二

月二十八日子時

多前

傳德長子生於同治六年九月初三日子時

多謀

傳法長子生於同治十年九

月十八日未時配李氏本邑人李全義女生於同治九年三月初十日辰時生女二

多策

傳法次子生於光緒四年五月初十日辰時配陳氏本邑人陳國禮

方紹

多策長子生於光緒二十三年九月二十三日丑時

女生於光緒五年二月十六日酉時生子三方紹方山方魁女一

方山
多策次子生於光緒三十一年五月十二日丑時

方魁
多策三子生於光緒三十四年四月二十八日寅時

多懷

傳法三子生於光緒九年六月二十八日巳時配陳氏本邑人陳如先女生於光緒八年四月初七日辰時生子三方均方賜方正

方均

多懷長子生於光緒二十七年十月二十五日丑時

方賜

多懷次子生於光緒三十一年十二月初七日巳時

方正

多懷三子生於宣統元年二月初三日亥時

多輅

傳仁長子生於同治二年十二月二十三日戌時配胡氏本邑人胡萬年女生於

方英

多輅長子生於光緒十三年七月初六日未時配黄氏本邑人黄長遠女生於光

同治六年正月二十五日寅時生子二方英方豪女二長適本邑岳千英

緒十八年八月初七日午時

方豪

多輅次子生於光緒十五年二月十二日亥時聘李氏本邑人李志廷女

多富

傳仁次子生於光緒五年八月初九日子時配陳氏本邑人生於光緒五年十月初二日辰時生子二方册方體

方册

多富長子生於光緒二十八年五月初八日午時

方體

多富次子生於光緒三十一年十二月二十五日丑時

多美

傳信長子生於光緒五年八月初七日戌時配楊氏本邑人楊傳鐸女生於光緒五年三月初七日辰時生子二方登方朝

方登

多美長子生於光緒二十七年十二月十一日亥時

方朝

多美次子生於光緒二十八年九月十三日未時

多俊

傳信次子生於光緒八年九月十三日未時

多領

傳信三子生於光緒二十三年十月十九日寅時聘陳氏本邑人生於光緒二十

三年十二月

多仕

傳信四子生於光緒二十九年六月初六日卯時

多志

傳信五子生於光緒三十四年十二月十

一日亥時

多重

傳珉長子生於光緒十七年十月初八日巳時配王氏本邑人王文魁女生於光緒十七年二月二十五日未時

鳴鳳五世孫

多材
傳珉次子生於光緒二十六年十月初十日辰時聘胡氏本邑人生於光緒二十六年八月

喜多
傳保長子生於同治七年十一月十九日

卯時

壽多
傳保次子生於
同治十三年
九月十六日
亥時

祝多
傳綉長子

多藝

傳經長子字材六賦性孝友見重鄉里苗逆召亂公推為顧家圩寨主因聞弟多山遇難帶病出援戰死生於道光十二年卒於同治二年五月十七日歷年三十二歲葬於寨南唐黄店

方文

多藝嗣子生於同治五年十二月十一日丑時配江氏本邑人江德廣次女生於同治九年十一月初四日亥時生子三以笙以竿以筏以竿出嗣方發為子

以笙

方文長子原名祥生於光緒十六年六月二十九日亥時配黄氏本邑人黄德友長女生於光緒十六年十一月初四日生女一待字

以筏

東偏新塋配
葛氏本邑人
生於道光年
卒於同治二
年殉苗逆難
旌表義烈
嗣多福長子
方文為子

多山
傳經次子字石
君生於道光
十五年卒於
同治二年五

方發
多山長子原名
樺生於同治
三年二月初
四日巳時配

方文次子生於
光緒三十三
年三月初一
日亥時

以竿
方發嗣子生於
光緒二十七
年二月十八
日戌時

月十七日殉苗逆難歷年二十九歲葬於顧家寨西北新塋配孫氏本邑人庠生孫彝遠女生年未詳卒於同治十年七月十六日未時歷年三十三歲附葬於王家荒西北老塋左側第三座辰山戌向生子一

氏失傳塋葬無考嗣方文次子以竿為子

方發女一適
懷遠龔世超

多福

傳經三子字備五生於道光十九年十一月十四日子時卒於光緒二十七年十一月初六日丑時享年六十六歲浮厝於十五里井

方陵

多福長子生於同治八年十二月十九日未時配戴氏本邑人戴添之女生於光緒十年生子一以篆

以篆

方陵長子生於光緒三十四年十月十四日午時

莊東北祖塋右側未山丑向配王氏本邑人王長周女生於道光二十一年十二月初六日申時生子二方文方陵方文出嗣多藝為子女三長適本邑王莊田次適本邑張懷文三適本邑王家田

多智

傳經五子原名志字學五生於道光二十六年六月初二日丑時配陳氏鳳臺人陳德盛女生於道光二十七年四月初四日子時生子七方奎方有方容方迎方棋方中亞方方有方中

方奎

多智長子字斌主生於同治九年十月初五日丑時配李氏本邑菱角嘴人生於同治十三年十二月十七日生子三以筠以筑以籀女二待字

以筠

方奎長子生於光緒三十一年正月二十八日亥時

以筑

方奎次子生於光緒三十四年九月十五日寅時

殤方祺出嗣多勝為子女一適本邑王達五

方容
多智三子字心休生於同治十二年三月二十三日卯時配邵氏渦陽人邵化成

以籀
方奎三子生於宣統二年十一月二十七日丑時

以箸
方容長子生於光緒三十三年十二月初十日子時

女生於光緒十一年十一月初三日卯時生子一以箸女一待字

方迎

多智四子字鴻賓生於光緒元年十二月十五日午時配許氏本邑姚口集人許宗海女生於

以廉

方迎長子字右帷生於光緒二十一年正月二十八日丑時

光緒二年正月初二日午時生子三以簾以簡以筴以筴出嗣方祺為子女二待字

亞方

多智七子原名方賢字聖東號景西太學生生於光緒十年二月初

以簡

方迎次子生於光緒二十三年八月十七日未時

以籌

亞方長子生於宣統二年二月二十三日未時

多勝
傳典子生於道光二十三年

方祺
多勝嗣子生於光緒四年七

五日丑時聘陳氏鳳臺人陳鴻義長女未婚卒配韓氏本邑人韓吉良次女生於光緒十七年三月初九日酉時生子一以籌

以筴
方祺嗣子生於光緒三十三

十月十四日亥時卒於光緒二十七年六月初四日巳時享年五十九歲葬於南荒田莊東南新塋配王氏本邑人王誠厚女生於道光二十三年正月十一日卯時卒於光緒三十三年十二月二十一日寅時

月初四日未時配方氏本邑人方致宣長女生於光緒八年十月二十六日丑時嗣方迎三子以筴為子
女一

年六月十五日未時

享年六十五歲附葬嗣多智五子方祺為子生女二長適本邑江得意次適本邑薄金龍

多祝

傳續子字華三生於道光二十六年十二月二十九日酉時卒於光

方勤

多祝長子生於光緒三年二月初二日丑時配祝氏本邑人祝傳銀

以笋

方勤長子生於光緒二十三年十月初六日亥時

緒三十三年十月初六日子時享年六十二歲葬於十五里井莊南新塋巽山乾向配王氏江蘇宿遷人王英堦女生於咸豐五年五月初六日辰時生子四方勤方順方衛方爵方爵殤女三長適本邑王慶環

女生於光緒三年十月十三日丑時生子四以箏以等以笛以筆

以等

方勤次子生於光緒二十五年十二月十七日戌時

以笛

方勤三子生於光緒二十八年正月二十二日午時

次適本邑張
輯瑞三侍字

方順
多祝次子生於
光緒五年七
月二十日丑
時配張氏本
邑人張景福
女生於光緒

以筆
方勤四子生於
光緒三十年
七月初九日
亥時

以銜殤

五年四月十六日亥時生子一以篽殤女一待字

方衛

多祝三子字奮武號少三生於光緒九年十一月初五日午時配鮑氏本邑人鮑瑞山女生於光緒十三年

以簾

方衛子生於光緒三十二年九月初五日巳時

四月初六日戌時卒於光緒三十三年十月十四日寅時歷年二十一歲附葬於十五里井莊南舊塋巽山乾向生子一以篾

多敬
傳樊子生於咸豐六年正月

方錚
多敬長子生於光緒十年六

以笏
方錚長子生於光緒三十三

二十八日亥時配劉氏本邑人生於同治五年六月十六日寅時生子二方錚方鎮女三長適本邑曾茂林次適本邑劉三適本邑陳

月二十三日未時配汪氏本邑人汪金玉女生於光緒十年二月十一日辰時生子二以笏以範

方鎮

多敬次子生於光緒二十八年十月十六日亥時

年正月初十日辰時

以範

方錚次子生於宣統元年三月初九日未時

毓瑩

傳賓嗣子原名多九字孟璘藍翎五品銜候選府經歷例授奉直大夫生於同治五年十一月初一日辰時配曹氏鳳臺人曹桂芳女例封宜人生於同治

方熾

毓瑩長子生於光緒二十八年五月初四日寅時

十年二月十二日未時側室馬氏吉林人漢軍鑲紅旗馬德保女生於同治十一年正月二十九日亥時生子一方熾女一俱馬氏出

毓瑩

傳恕兼祧子

多善

傳宣長子生於道光二十三年三月初三日午時卒於光緒二十八年四月二十七日申時享年六十二歲附葬於後花園老塋後地左首第三座寅山申向配

方清

多善長子原名陞生於光緒十五年正月二十二日辰時

方廉

多善次子原名新生於光緒十七年十月

陳氏河南汜水縣人陳盡忠女生於道光二十九年十二月十一日巳時生子二方清方康女一適本邑陳汝堂

多嚴

傳宣次子生於咸豐三年十月初九日辰

二十二日亥時

方燦

多嚴長子生於光緒二十二年十二月二

時配尚氏本邑人生卒無考繼配王氏臨壁縣人王揚之女生於同治元年十月初十日生子二方爔方煥

多玉

傳殿長子生於同治元年七月二十二日

十四日子時

方煥

多嚴次子生於光緒二十七年八月二十日丑時

方璽

多玉長子生於光緒六年十一月十七日

以箋

方璽長子生於光緒二十九年五月十三

申時配曾氏本邑人生於同治元年三月十七日亥時生子五方壐方中方池方正方茂女一適本邑李

亥時配孔氏本邑人孔慶蘭女生於光緒六年十二月二十二日未時生子二以箋以籍女一

方中

多玉次子原名富生於光緒十年八月十

日子時

以籍

方壐次子生於光緒三十二年三月初二日子時

以箴

方中長子生於光緒三十四年正月初一

九日午時配
壽氏本邑人
生於光緒十
七年二月十
八日生子一
以箴

日巳時

方池

多玉三子生於
光緒十四年
二月十三日
午時

方正
多玉四子生於光緒二十一年正月初三日未時

方茂
多玉五子生於光緒二十七年十月十七日寅時

多信

傳殿三子生於同治十三年九月二十五日亥時配薛氏本邑人薛賓遠女生於同治九年十二月二十三日午時生子四方來方伸方佷方休女一

方來

多信長子生於光緒十八年七月二十九日戌時

方伸

多信次子生於光緒二十五年十月十四日亥時

方俍

多信三子生於光緒二十九年九月二十九日戌時

方休

多信四子生於光緒三十三年四月初八日寅時

多樂

傳殿四子生於光緒四年正月十四日子時配王氏本邑人王家德女生於光緒六年八月十二日丑時生子二方月方朋女一

方月

多樂長子生於光緒二十九年十二月二十日未時

方朋

多樂次子生於光緒三十二年五月初六日辰時

多明

傳殿五子生於光緒六年七月初七日巳時配王氏本邑人王登廷女生於光緒七年四月二十四日寅時生子四方和方穩方科方穰

方和

多明長子生於光緒二十六年九月十二日丑時

方穩

多明次子生於光緒二十八年十一月十八日子時

方科
多明三子生於光緒三十年十二月十四日寅時

方穰
多明四子生於光緒三十四年八月二十五日寅時

多賢
傳殿六子生於光緒八年九月二十八日戌時配李氏本邑人生於光緒十年辛於光緒三十三年三月初三日子時歷年二十四歲葬於楊家圩莊東北新塋辰山戌向生子一以行

方行
多賢長子生於光緒二十七年七月十三日申時

多開

傳顯嗣子生於同治六年九月二十九日辰時配鮑氏本邑人鮑常道女生於同治七年九月初九日子時卒於光緒三十四年十月二十二日寅時浮厝於楊

方田

多開長子字耕九生於光緒十三年九月二十一日子時配楊氏本邑人楊德祥女生於光緒十年三月二十八日寅時生子一以簪

以簪

方田長子生於光緒三十四年四月初三日亥時

家圩西北新塋乾山巽向生子二方田多開次子生於方言女一

方言
光緒二十一年八月二十二日辰時

多里
傳樂嗣子原名富生於光緒四年三月初十日亥時配梅氏本邑人梅永昌女生

於光緒八年十月初五日丑時生女一

多長

傳愷嗣子生於光緒三年六月十五日亥時配汪氏本邑人汪金榜女生於光緒七年十月生女二嗣多靜三子方對為

子殤

多靜

傳魁長子生於同治三年二月初九日寅時配劉氏本邑人生於同治十三年二月二十二日寅時生子三方樓方耕方對女二方對出嗣多長

方樓

多靜長子生於光緒二十年正月初二日辰時

方耕

多靜次子生於光緒二十九年五月初十日辰時

多明
傳魁次子生於同治八年九月二十七日子時

多坤
傳魁三子生於同治十一年三月十八日巳時

多竹

傳魁四子生於光緒元年三月十五日子時

多本

傳潤長子生於同治三年三月十七日申時配潘氏亳州人潘金山女生於同治

方謹

多本子生於光緒二十一年六月十六日午時

八年十二月
十二日巳時
生子一方謹

多洪

傳潤次子生於
同治十一年
十月初九日
丑時配韓氏
河南人韓昌
貴女生於光
緒十年正月
初六日酉時
生子一方善

方善

多洪長子生於
光緒三十三
年七月初十
日申時

女一

多城

傳信子生於同治二年

多受

傳淇長子生於光緒元年三月二十八日午時配鄔氏河南人鄔義

方苞

多受子生於光緒三十三年八月二十七日戌時

著女生於光緒十四年生子一方芭女一

多聚

傳淇三子原名品字寶善號進級生於光緒十七年四月初十日亥時配孔氏本邑人孔憲奎女生於光緒

十八年正月十七日卯時

多來
傳鴻子

多樺
傳全子生於道光二十八年二月二十三日亥時配張氏河南人張

方應
多樺子生於光緒十二年四月二十七日午時

樹聲女生於同治元年二月十一日子時生子一方懨女二長適本邑江貴文次待字

多芹

傳茂嗣子生於光緒七年十二月二十六日戌時配張氏鳳臺人生

於光緒十五年九月二十六日申時

多儉

傳現長子生於光緒十六年二月二十九日子時卒於宣統元年正月二十六日丑時葬於黃家圩西南新塋配鄧氏本

邑人無嗣

多第

傳現次子生於光緒二十年九月二十五日子時

多華

傳貴子生於同治十二年十二月初五日

方如

多華長子生於光緒十八年十月十二日

未時配袁氏本邑人袁道純次女生於光緒元年十月初三日丑時生子三方如方成方見女三待字

寅時配彭氏本邑人彭禮德女

方成
多華次子生於光緒二十年八月十六日子時

方見
多華三子生於

光緒三十二年十二月二十八日寅時

士毅五世孫

富多
慎傳長子生於嘉慶十九年八月十四日辰時卒於光緒十三年八月初八日丑時享年七十四歲葬於馬頭集東南迴龍集西新塋卯山酉向配時氏本邑人時大海女生於嘉慶二十

方靈
富多長子生於道光十七年三月初十日丑時配陳氏本邑人陳義忠次女生於道光十五年四月二十四日子時卒於光緒三十一年十月二十九日巳時浮厝本宅東南癸山丁向生

以龍
方靈長子生於咸豐九年十一月二十六日巳時配樊氏河南懷慶府人樊政南三女生於同治四年五月十三日亥時卒於光緒十六年九月二十五日子時歷年二十六歲葬於六安

自讓
以龍子生於光緒十三年二月十七日申時配陳氏本邑人正陽鎮陳發魁女生於光緒十四年十一月二十六日子時生子一全美

全美
自讓長子生於宣統元年三月初七日辰時

五年二月二十一日丑時卒於光緒二十年九月十五日亥時享年七十五歲合葬生子三方靈方賢方端女二長適本邑隱賢集朱大坤次適本邑楊仙鋪陳聯恒遷居六安州北二十鋪

子四以龍以鳳以豹以彪

北二鋪馬家墩新塋艮山坤向生子一自讓女一適六安北二十鋪張德貴

孫氏支譜 卷之七

以鳳

方靈次子生於同治五年正月三十日亥時配段氏合肥縣人段先樹女生於同治七年十一月初六日子時生子三自誠自詳自試女二長適本邑張傳保次未字

自誠

以鳳長子生於光緒十九年七月二十六日午時配裴氏本邑人裴芝成女生於光緒十九年十月二十三日卯時

自詳

以鳳次子生於

光緒二十二年七月十一日寅時聘段氏合肥人段立福女生於光緒二十三年八月二十三日子時

自試

以鳳三子生於光緒二十八年十月十二日亥時

以豹

方靈三子生於同治九年八月初二日午時配湛氏本邑人馬頭集湛金堂女生於同治八年八月初四日子時卒於光緒二十九年十月二十四日丑時歷年三十五歲浮厝石家廟南

自訪

以豹次子生於光緒十八年二月二十七日子時配陳氏六安州人陳春迎女生於光緒十九年三月初六日辰時

自詺

以豹三子生於

新塋癸山丁向生子四自詔自訪自詺自謀女一本字自詁殤

光緒　年　月十八日巳時聘邵氏本邑人邵家壩邵志海女生於光緒二十八年十一月二十八日子時

自謀

以豹四子生於光緒二十九年四月十二

以彪

方靈四子生於同治十二年五月初九日丑時配呂氏本邑人勺坡塘南呂貴和女生於光緒四年正月初四日卯時生子二自計自訟女二長字

日丑時

自計

以彪長子生於光緒二十三年十一月初二日戌時聘王氏本邑人馬頭集王有文長女生於光緒二十三年十月十二日未時

孫氏支譜

方賢
富多次子生於道光二十年十二月二十七日戌時卒於光緒二十二年六月十

本邑隱賢集陳玉蘭次未字

以真
方賢長子生於同治二年八月十八日亥時配薛氏本邑人薛卓明女生於同治

自訟
以彪次子生於光緒二十八年四月十五日辰時

自謙
以真長子生於光緒十三年二月初六日申時配張氏合肥縣人張玉錫女生於

全經
自謙長子生於光緒三十四年七月初七日寅時

五日辰時享年五十七歲附葬於迴龍橋西父塋南首辰山戌向配馬氏本邑人馬頭集馬志廣女生於道光二十年十一月二十七日未時卒於光緒三十年五月十三日未時享年六十五歲合葬生子三以

七年十二月十六日子時生子一自謙女二長字本邑衆興集王應章次字本邑衆興集馬思龍

以貴

方賢次子生於同治九年十月初一日申時配許氏本

光緒十四年十一月初一日未時生子一全經女一字馬頭集金

自詮

以貴長子生於光緒十八年八月初七日亥時配張氏

真以貴以元女二長適本邑衆興集張家亮次適本邑崔家店費鴻甫

邑人馬頭集許兆瑞女生於同治六年十月十七日子時生子一自詮女二長字馬頭集張守先次未字

以元

方賢三子生於光緒二年正月初四日辰時配魏氏本

本邑人喬家壩張明新女生於光緒十八年十二月二十四日子時

自謹

以元子生於光緒二十九年九月初四日辰時聘馬氏

方端

以舜

邑人魏家灣魏春林女生於光緒五年三月二十七日子時卒於光緒三十三年正月初八日戌時歷年二十九歲葬於猪會塘義地巽山乾向生子一自謹

自謅

本邑人馬頭集馬新榮女生於光緒三十一年十一月二十三日子時

富多三子生於咸豐五年十月十一日巳時配劉氏河南懷慶府人劉國起女生於咸豐十年正月十六日子時生子三以舜以虞以姚女二長適本邑候選從九趙克純次字六安木廠舖鮑金玉

方端長子字堯臣生於光緒九年十二月初六日辰時配胡氏本邑人隱賢集胡邦榮女生於光緒十二年正月十六日未時生子二自謡自謨

以虞

方端次子字唐

以舜長子字昌言生於光緒十九年十月初二日巳時

自謨

以舜次子字巽言生於光緒三十二年二月十六日子時

臣生於光緒二十三年十二月二十九日辰時聘馬氏本邑人馬頭集馬呈祥女生於光緒二十四年

以姚

方端三子字盛臣生於光緒二十九年十一月初二日

亥時

益多

慎傳次子生於嘉慶二十三年七月初七日申時卒於光緒元年六月二十日亥時享年五十八歲附葬於喬家壩西老塋北首第四座申山寅向

方徠

益多長子生於道光二十七年十月十七日未時卒於光緒三十一年六月初九日申時享年五十九歲附葬於喬家壩西老塋北首第五座申山

以珠

方徠長子生於同治五年十二月十九日丑時配趙氏本邑人隱賢集趙長清女生於同治六年正月十九日丑時生子二自鉼自鎰女二長適霍

自鉼

以珠長子字孟鋼原名新生於光緒十三年閏四月十六日未時配陳氏本邑人隱賢集陳達莊女生於光緒十四年四月十七日申時生子全純

全純

自鉼長子生於宣統元年十二月初二日子時

配徐氏本邑人迎河集徐大江女生於嘉慶二十五年九月初三日子時卒於咸豐七年二月初五日亥時歷年三十八歲合葬生子二方徠方城女二長適本邑隱賢集張守學次適本邑隱賢集戚守卓

寅向配蒯氏本邑人衆興集蒯耀忠女生於道光二十七年十二月十二日亥時卒於同治十年正月十四日未時歷年二十五歲附葬於喬家壩西老塋北首申山寅向生子三以珠以明以亮遷居隱賢集

邱縣西隱賢集李映賢次未字

以明

方徠次子生於同治八年二月初六日卯時配平氏河南人生子二自鍾自鍊

自錳

以珠次子

自鍾

以明長子生於光緒二十六年十二月十七日巳時

自鍊

以明次子生於

光緒三十二年八月初二日午時

以亮

方徠三子生於同治九年十一月初七日午時

方城

益多次子生於

道光三十年正月初五日子時從軍未回

紀多

慎傳三子生於道光二年八月二十五日亥時卒於光緒二十四年七月初十日未時享年七十七歲葬於

方儀

紀多長子生於道光二十六年九月十八日巳時卒於光緒年葬於六安東岡頭乾山巽向配李氏六安人

以禮

方儀嗣子字立之生於光緒十二年正月二十四日亥時配紀氏合肥人紀維綱女生於光緒十四年九月

自桓

以禮長子生於宣統元年正月初一日申時

喬家壩老塋北新塋庚山甲向配趙氏本邑人隱賢集趙嘉建女生於道光六年卒於道光三十年歷年二十五歲附葬於喬家壩西老塋北首第三座申山寅向繼配姚氏本邑人隱賢集姚家寬女生於道光

李義務女生於咸豐元年二月初一日子時卒於宣統元年正月十　日子時享年五十九歲合葬嗣方永長子以禮為子

方永

紀多次子生於同治三年九

初十日丑時生子一自桓女一現遷居六安州東

以智

方永長子生於光緒十九年

六年卒於咸豐八年七月二十九日辰時歷年三十二歲附葬於元配趙氏北首老塋申山寅向劉氏本邑人衆興集劉金和女生於道光七四年七月初三日亥時卒於光緒七年三月二十三日未時享年四

月十三日未時配蒯氏本邑人喬家壩蒯行伍女生於同治二年七月二十八日亥時生子二以禮以智以禮出嗣方儀

方春
紀多三子生於同治八年正

四月

以綱
方春長子生於光緒二十三

十八歲合葬
生子四方儀
方永方春方
生女一適勺
西余士俊方
儀趙氏出方
永方春方生
女俱劉氏出

月十五日子
時配甘氏本
邑人甘家橋
甘守春女生
於同治九年
十二月初八
日未時生子
三以綱以邦
以安女一適
馬頭集王箴
雲

年五月二十
日亥時聘段
氏六安人生
於光緒二十
六年

以邦

方春次子生於
光緒二十六
年八月初六
日申時

方生

紀多四子生於同治十年九月初十日戌時配姚氏鳳臺人姚家灣姚文中女生

以安

方春三子生於宣統元年二月初一日申時

以仁

方生長子生於光緒二十六年十二月初九日卯時

於同治九年十一月初三日子時生子三以仁以信以廉女二長適馬頭集馬克堂次字隱賢集趙民聚

以信
方生次子生於光緒二十九年十一月十八日寅時

以廉
方生三子生於宣統元年二月二十八日寅時

魁多

慎傳四子字元亭生於道光十四年八月十二日午時配朱氏本邑人隱賢集朱大槐女生於道光十五年八月十三日未時卒於光緒二十一年正月初六日申時享年六十一歲葬於

方浚

魁多子字潔生生於同治六年七月十一日申時配金氏本邑人迎河集金家章女生於同治六年九月二十九日巳時生子一以山女二長適喬家壩東張鴻烈次未字

以山

方浚子字心甫生於光緒二十一年九月初十日申時聘陳氏本邑人隱賢集陳聯珠女生於光緒十八年十月十一日申時

喬家壩老塋南新塋辛山乙向生子一方浚女三長適本邑馬頭集許廣志次適本邑泉興集趙家樂三適鳳臺姚家灣姚紹東

勤多

可傳長子生於道光五年卒

方寅

勤多嗣子生於咸豐十年八

於光緒八年
六月二十日
酉時享年五
十八歲附葬
於喬家壩老
塋南首申山
寅向嗣文多
子方寅為子

義多

可傳次子生於
道光七年辛
附葬於老塋
南申山寅向

月初八日午
時遷居木廠
舖

方有

義多子生於同
治八年正月
二十六日亥
時配傅氏本

配胡氏本邑人胡家樓胡寅祥次女生於道光十五年卒年合葬邑人三覺寺傅天左長女生於光緒六年正月十六日亥時生子三方正方有方貴方正出嗣禮多方貴出嗣文多女一適隱賢集汪全保

禮多

可傳三子生於

方正

禮多嗣子生於

以章

方正子生於光

道光九年卒於光緒十年享年五十七歲葬於閆家店北朱家義田壬山丙向配馬氏隱賢集人生於道光十年卒年合葬嗣義多長子方正為子

同治五年三月初六日寅時卒於光緒二十三年八月二十七日寅時歷年三十二歲葬於城南三覺寺西熊家墩新塋辛山乙向配張氏六安人善家鋪張義和長女生於同治四年正月二十三日辰時卒於

緒十六年十二月二十一日午時配張氏六安善家鋪人秀成長女生於光緒十六年十月初一日卯時

文多
可傳四子生於
道光十一年

方貴
文多嗣子生於
同治十一年
光緒十六年
五月二十三
日辰時歷年
二十六歲附
葬於喬家壩
西老塋南首
申山寅向生
子一以章女
一適茶菴集
楊守愷

十二月三十日亥時卒於光緒十五年二月初六日申時享年五十九歲葬於木廠舖北老軍廟南塋戌山辰向配王氏本邑人王澤南女生於道光十年咸豐十一年殉苗逆難葬於孫氏公塋壬山丙向生子

五月初五日午時

一方寅出嗣勤多嗣義多三子方貴爲子

壽多

可傳五子生於道光二十年五月十五日子時

多敏

方耀

傳德嗣子咸豐多敏兼祧子
七年同母殉粤逆難葬於滿家莊生母塋側艮山坤向以多慶子方耀為祧

多勤

傳喜嗣子生於咸豐六年十二月十七日亥時卒於光緒二十年五

福方

多勤長子生於光緒十年二月二十七日子時配葛氏本邑人九里

月初一日午時歷年三十九歲葬於宗祠西南里許小義地西北隅坤山艮向配陳氏河南懷慶府人陳公望女生於咸豐九年四月二十七日巳時卒於光緒四年五月十四日巳時歷年二十歲葬於宗祠南

溝南葛保成長女生於光緒九年正月初九日子時生女一字本邑九里溝范

祺方

多勳三子生於光緒二十年三月十四日子時

三里孫氏公
塋壬山丙向
繼配水氏本
邑北爐橋入
水友三長女
守節待　旌
生於同治四
年六月二十
七日子時生
子三福方禱
方祺方禱方
殤女一字本
邑洪福方禱
方祺方女俱
水氏出

多瑢

傳理長子生於同治七年二月二十三日亥時卒於宣統二年二月初十日卯時歷年四十三歲葬於宗祠南公塋庚山甲向配張氏本邑八張玉魁長女生於同治七年八月初一日未

祚方

多瑢次子生於光緒十六年二月十二日寅時

祿方

多瑢三子生於光緒十八年三月二十六日子時

時生子七祝
方祚方祿方
祉方禎方祐
方褘方祝方
殤女一字本
邑葛

祉方
多瑢四子生於
光緒二十年
六月二十七
日午時

禎方
多瑢五子生於
光緒二十六
年九月二十
八日亥時

祐方

多瑢六子生於光緒二十九年七月十二日亥時

禕方

多瑢七子生於光緒三十二年三月十八日寅時

多珌

傳理次子生於同治九年正月初九日卯時卒於光緒三十四年二月初八日亥時歷年三十九歲葬於堂兄多勤塋側坤山艮向配張氏本邑人張德法次女生於同治九年五月二十

三日卯時生子祈方殤女三長字本邑吴家嘴吴次字九里溝南陳三末字

多琯

傳理三子生於同治十三年九月三十日未時配魏氏本邑人魏來春長女生於

虓方

多琯子生於光緒二十九年十一月初二日寅時

光緒六年四月十九日子時生子一被方女二長字魏家岡魏次字菱角嘴劉

多慶

傳煥長子原名增字玉山號餘三同治四年投効毅軍軍功歷保外委把總千總

方燿

多慶子原名熠字熠廷號幼三太學生試用縣丞軍功歷保直隸候補知縣　欽

以忠

方燿長子字子貞生於光緒十八年十二月二十六日巳時聘王氏本邑人優貢

賞戴藍翎
遴保守備
賞換花翎都
司儘先補用
管帶毅字後
軍前營加游
擊銜統領武
衛左軍右路
步隊等營以
游擊留直補
用參將加副
將銜以副將
仍留原省補
用加總兵銜
以總兵交軍
機處存記記

加五品銜
賞戴藍翎
例授奉政大
夫生於同治
十一年七月
初九日亥時
配張氏本邑
人張友楊長
女　例贈宜
人生於同治
十一年七月
十三日申時
卒於光緒十
六年九月二
十二日巳時
歷年十九歲

朝考以知縣
用五品銜署
四川營山縣
知縣王榮楙
長女生於光
緒二十一年
七月三十日
亥時

以恕
方耀次子字心
如號仲達生
於光緒二十
四年三月十

名以總兵簡
放議叙軍功
加一級加提
督銜　恩賞
頭品頂戴送
部引見候
旨錄用奉
上諭簡放浙
江海門鎮總
兵時以纖輔
邊防重要留
辦防務暫緩
入覲遽以積
勞病故奉
旨從優議叙
宣附國史館

葬於九里溝
東北新塋艮
山坤向繼配
程氏本邑人
庠生程明顯
長女　例封
宜人生於同
治九年九月
二十七日亥
時卒於宣統
元年八月十
四日子時生
子三以忠以
恕以慈女三
長殤次字本
邑正陽鎮紀

二日辰時聘
張氏蒙城縣
人五品頂戴
江西候補縣
丞張祉聽長
女生於光緒
二十四年十
一月己未日
亥時

以慈
方耀三子字心
茲號叔和生
於光緒二十

立傳附祀宋忠勤公專祠誥封朝議大夫 誥授建威將軍生於道光二十二年十月二十八日子時卒於光緒三十二年三月初十日申時享年六十五歲滘厝於宗祠東花園東壟乙山辛向配陳氏甘肅

三禾字長女張氏出以忠以恕以慈次三女俱程氏出

六年八月十四日子時

慶陽府人陳
世功女 誥
封恭人 晉
封一品夫人
生於咸豐三
年二月初四
日子時卒於
光緒二十八
年五月初十
日亥時享年
五十一歲合
厝繼配錢氏
真隸建昌縣
人錢德高女
誥封恭人
晉封一品

夫人生於光緒四年三月初十日亥時生子一方耀女一未字方耀陳氏出女錢氏出

多𤧟

傳鑫長子原名多𤧟琮字璞安號琢齋六品頂戴生於同治五年十二月

方糯

多𤧟長子生於光緒二十二年十二月初二日亥時

十二日子時配楊氏本邑人老軍營東楊德文長女生於同治七年十月初六日酉時卒於光緒十五年六月十四日酉時歷年二十二歲葬於城南閆家橋南新塋乾山巽向繼配李氏本邑勺西甘棠人太學

生李士華次女生於同治九年三月二十六日亥時生子一方孺女三長字本邑正陽鎮東涼水井彭民傳次子本邑甘棠李家珍三字袁家湖袁方孺三女俱李氏出

多昇

傳垚嗣子原名琛字南金號樂平又號頌平軍功歷保外委把總儘先千總賞戴藍翎·勅授武畧騎尉生於光緒三年四月十三日辰時配陳氏本邑蘇王壩陳東保長女　例贈安

人生於光緒二年二月初二日亥時卒於光緒二十九年六月二十七日卯時歷年二十八歲葬於宗祠南三里堂伯祖父瑞徵塋北壬山丙向生女一字本邑張

多順
傳森兼祧子

方炳
多順長子字蔚廷號汶伯生於光緒二十年九月初七日戌時聘劉氏本邑人劉棟臣長女生於光緒十八年

多順
傳晶子原名珣

方燧
多順次子字照

字立任號遜齋生於同治八年十二月初三日辰時配徐氏本邑人徐本義長女生於同治十年六月二十九日卯時生子三方炳方燧方炎女三長適本城張家昂次殤三未字

廷號協仲生於光緒二十七年十月初七日亥時

方炎

多順三子字晉廷號爍叔生於光緒三十三年正月十五日酉時

士植五世孫

繼多

孔傳長子生於道光二年戌豐七年殉粤逆難歷年三十六歲葬於沙澗鋪西黏魚岡義地壬山丙向配馬氏本邑人馬仿華女生於道光元年戌豐七年同日殉粤逆難合葬生子二殤

明多

孔傳次子生於道光四年咸豐七年殉粵逆難歷年三十四歲葬於雙門鋪東南唐家莊南義地壬山丙向配唐氏本邑人唐家莊唐公舉女生於道光四年咸豐七年同日殉粵逆難合

葵生子三俱殤

惠多

孔傳三子生於道光七年從軍未回

見多

孔傳四子生於道光十年正月十三日子

方愷

見多長子字子怡生於同治七年十月十

以統

方愷長子

時卒於光緒三十二年十一月十八日未時享年七十七歲葬於百步橋東老塋西南新塋坤山艮向配李氏本邑人勺西甘棠李一春長女生於道光十年十二月十二日子時卒於光緒三十三年六月十六

二日巳時配孫氏本邑人孫長全長女生於同治八年二月二十三日未時側室焦氏生於光緒十四年生子一以統焦氏出、

日巳時享年
七十八歲合
葬生子二方
愷方學女一
適本邑馬頭
集胡錫嘏方
學出嗣林多

聞多

孔傳五子生於
道光十四年
咸豐七年殉
粵逆難配沈
氏本邑人沈

方在

聞多子生於咸
豐四年正月
十五日還居
湖北襄陽府
樊城鎮

希瑞女生於道光十二年生子一方在

林多一

孔傳六子字藝甫生於道光二十二年十月初七日亥時卒於光緒十七年十二月二十三日亥時享年五十歲葬於百

方學

林多嗣子生於光緒元年卒於光緒十七年歷年十七歲附葬於父塋側艮山坤向

步橋東新塋艮山坤向配張氏本邑人張務節女生於道光三十五年正月十五日卯時卒於光緒二十三年十月初一日戌時享年五十三歲合葬嗣見多次子方學為子

敘多

洛傳長子生於道光二十一年二月十三年丑時卒於光緒十六年四月二十九日巳時享年五十歲附葬於百步橋老塋東首坤山艮向配陳氏本邑八隱賢集陳遜長女生於道光二

十五年八月初九日巳時生女三長適喬家壩喬錦雲次適衆興集王聯福三適楊仙舖陳瑞齡

樹多

洛傳次子堂行三生於道光二十四年二月二十九日

亥時

福多

派傳長子生於
道光二十一
年二月初二
日子時卒於
光緒二十九
年十二月二
十五日子時
享年六十三
歲葬於迎河
集東北岡巽
山乾向

餘多

洙傳子生於咸豐元年同治十二年出外未回

多起

渭傳長子生於咸豐六年十二月二十五日辰時卒於

光緒三十三年七月十九日亥時享年五十三歲葬於宗祠南孫氏公塋壬山丙向

多秉

渭傳次子生於同治二年卒於光緒十六年三月初四日未時壓年

二十八歲葬於孫氏公塋壬山丙向

祿多

顗傳嗣子咸豐年間從軍江南未回

上海圖書館藏珍稀名人家譜叢刊

上海圖書館 編

【壽縣】壽州孫氏支譜

（卷八至卷十）

3

上海科學技術文獻出版社

目録

壽州孫氏支譜

卷之

字第　號

振錞
傳炳嗣子字和賓生於道光二十一年辛正月二十八日寅時歷年十九歲附葬於櫻桃園老塋側配張氏定遠人待旌節孝生於道光二十年五月二十一日卒於光緒

義方
振錞嗣子號質軒生於咸豐十年六月二十二日未時配龔氏合肥人蔭穀長女生於同治元年二月十二日申時生子二以文以斌女一適涇縣庠生鄭麟章

以文
義方長子字海清生於光緒十五年四月十九日丑時聘龔氏合肥人慶雲長女生於光緒十四年二月初八日未時

以斌
義方次子字淮

三十一年四月初四日午時享年六十六歲葬於城東二十店新塋

振鏞

廷弼長子字應韶太學生生於道光十八年十二月初九日卒於同治十一年歷

善方

振鏞長子字積之生於同治三年十二月二十八日子時配楊氏本邑人生於同

清生於光緒二十年八月二十三日寅時聘郭氏合肥人維考次女

以讓

善方長子生於光緒十六年二月十七日戌時聘樊氏本邑人生於光緒十三年

年三十五歲配俞氏定遠人生於道光　年卒於光緒十五年九月初九日時生子三義方善方永方義方出嗣振錞

治二年十二月二十九日卒於光緒十五年六月初九日生子二以讓以棟女一適本邑鄭補山

永方

振鏞次子生於同治七年九月十二日子時卒於光緒

以棟

善方次子生於光緒十八年二月聘李氏本邑人

以勳

永方長子原名以勤字吉臣生於光緒十四年六月初

二十三年十
月初八日亥
時配黎氏定
遠人守節待
旌生於同
治九年二月
初二日未時
生子三以勲
以動以勤

三日卯時聘
張氏定遠人
家深長女

以動

永方次子原名
以儉生於光
緒十六年十
二月初六日
辰時

以勤

永方三子生於光緒十九年七月初五日卯時聘陳氏定遠人

振衢
廷贊長子字子雲生年卒葬失考配秦氏無錫人咸豐年間粵逆陷杭州夫婦同時殉難奉

霈方
振衢嗣子原名震方字澤之監生生於光緒十四年六月初五日丑時配黄氏本邑人五品銜

以瑋
霈方長子生於宣統元年五月初四日亥時

旨入祀忠義祠嗣振林子霈方為子

振興

廷贊次子娉蔣氏浙江人未婚振興殁聞訃絶粒殉節旌表貞烈

霈方

振興兼祧子江蘇候補府經歷黃臻祺次女生於光緒十一年四月二十九日卯時生子一以瑋女二

生卒葬均失
考以振林子
霈方兼祧

振林

廷贊三子字子
熙藍翎五品
銜浙江候補
巡檢　誥授
奉直大夫生
於道光二十
六年六月二
十一日巳時
卒於光緒二

霈方

兼祧本生父振
林

十四年三月二十九日卯時享年五十三歲配方氏定遠人粤逆陷杭州殉難繼配趙氏本邑人趙守和女生於道光三十年十二月初七日未時卒於光緒十四年六月初十日辰時享年三十九歲側室胡氏

守節待旌
生女三長適
阜陽縣李國
楹次殤三適
本邑庠生金
鍾文霈方出
嗣振衢兼祧
振興霈方長
次三女俱趙
氏出

振鑾
傳庚長子字仙
坡生於道光

瑜方
振鑾嗣子字子
璧生於光緒

振瀛

十六年同治二年殉苗逆難從祀專祠歷年二十八歲配胡氏本邑人聲南長女待旌節孝生於道光十四年六月二十八日辰時嗣振瀛子瑜方為子

瑜方

二十三年二月二十八日亥時聘李氏本邑人映興之女

傳庚次子字蔚仙候選巡檢例授登仕佐郎生於道光十八年五月十一日辰時配李氏阜陽人福建福安縣知縣士錚長女生於道光十八年正月二十四日卒於光緒三十一年三月二十四日亥時享年六

兼祧本生父振瀛

十八歲葬於本莊東首壬山丙向側室杜氏亳州人生於同治元年六月二十七日戌時卒於光緒三十一年二月二十七日申時附葬東塋壬山丙向生子一瑜方女二俱杜氏出瑜方出嗣振鑾

振棫

傳鼎嗣子字樸齋候選衛守備　賞戴藍翎　例授武德騎尉生於道光二十三年四月十六日辰時卒於光緒二十七年四月初一日子時享年五十九歲葬於張家岡祖塋配江氏本

經方

振棫子原名深方字壽泉號孟綸生於光緒十二年三月初一日巳時配鄧氏本邑人五品銜藍翎督標儘先把總家喆長女生於光緒十三年十月十六日未時生子二以楷以枚

以楷

經方長子字民模生於光緒三十二年八月二十五日申時

以枚

經方次子字禹吉生於光緒三十四年四月二十五日寅時

邑人　例封
宜人生於道
光二十八年
十月初二日
戌時卒於光
緒三年正月
初二日寅時
歷年三十歲
葬於張家岡
祖塋繼配熊
氏本邑人
例封宜人生
於同治元年
六月初七日
丑時卒於光
緒五年六月

十八日巳時葬於城東蓮花塘鄧氏本邑人四品銜花翎守備瑞清長女生於咸豐五年正月十九日子時生子一經方女一適浙江甯波府五品銜安徽即補按司廳部鍾英

振業

傳銘長子字極甫從九職銜例授登仕佐郎生於道光十九年九月十三日辰時卒於光緒四年三月十六日辰時歷年四十歲配李氏阜陽人廩生二品封典士錕長女生於道光二

訓方

振業長子字少甫號聖伯生於咸豐十年三月二十三日申時配羅氏霍邱人鴻昌長女生於咸豐九年十月初六日亥時生子三以羅以恭以忠女二長適霍邱田震勳次適阜陽李炳

以羅

訓方長子字霍生生於光緒八年十一月初九日丑時配龔氏合肥人心鏡次女生於光緒十一年七月初四日辰時卒於光緒三十年七月初六日辰時歷年二十歲繼配凌氏浙江烏

十一年九月
二十三日未
時卒於光緒
七年八月十
二日未時歷
年四十一歲
生子三訓方
省方智方女
四長適直隸
候補知縣前
署隆平縣知
縣阜陽人李
國玫次適合
肥戴汝驥三
適合肥譚家
萃省方出嗣

謙以恭出嗣
省方

程人洪範長
女生於光緒
五年九月十
六日巳時

以忠

訓方三子字蓋
臣生於光緒
十七年十月
初十日戌時
配羅氏霍邱
人長齡次女
生於光緒十
七年

振沅

智方

振業三子字月冰號鏡人生於同治七年二月初六日子時卒於光緒三十年五月二十一日寅時歷年三十七歲葬於城東南鄉十集北配李氏阜陽人仁溥長女生於同治六年正月

以僅

智方長子字慎之生於光緒十五年正月初七日寅時配葉氏合肥人志鵬次女生於光緒十四年三月初四日寅時生子一自引

以烱

自引

以僅長子生於光緒三十四年三月十四日寅時

初三日午時側室雷氏生子七以僅以烔以烔以燕以鼎以儉以寬女一以僅以烔以烔以燕以鼎以儉女俱李氏出以寬雷氏出

智方次子生於光緒十七年七月初八日巳時聘姚氏本邑人有樂長女生於光緒十六年七月二十六日巳時

以烔

智方三子生於光緒十九年五月十七日

巳時

以燕

智方四子生於光緒二十三年六月二十三日午時聘李氏阜陽人桂郛次女生於光緒二十五年

以鼎
智方五子生於光緒二十五年十二月二十日巳時聘任氏江蘇人塏之次女生於光緒二十六年四月十三日未時

以寬
智方六子生於

光緒二十七年九月二十三日寅時

以儉
智方七子生於光緒二十九年十月初六日亥時

以恭
省方嗣子生於

省方
振沅嗣子字效

振沅
傳銘次子字芷

薌增生生於咸豐八年十一月二十日申時卒於光緒十六年五月二十五日午時歷年三十三歲配黃氏舒城人生於咸豐九年二月十三日未時卒於光緒八年三月十六日辰時歷年二十四歲繼配趙氏

曾庠生生於同治元年八月初四日巳時卒於光緒二十年六月十三日申時歷年三十三歲葬於高塘集北卯山酉向配石氏本邑人萬慄長女生於同治元年四月初六日卯時生女一嗣訓方次子以恭為

光緒十一年五月二十三日子時卒於光緒二十五年五月初二日卯時歷年十五歲

子

阜陽人待旌節孝生於咸豐十一年二月十六日酉時卒於光緒十八年正月十三日辰時歷年三十二歲嗣振業次子省方為子

振麟

傳銘四子生於

光緒十九年八月初三日亥時配李氏阜陽人生於光緒十五年三月初六日亥時

毓荃

傳鈞長子原名振紀字子綱太學生同知銜加一級誥授朝議大

植方

毓荃長子字培生太學生河南候補巡檢例授登仕郎生於光緒

以炎

植方長子生於光緒三十三年三月二十六日寅時

夫生於道光二十九年七月初九日寅時配李氏阜陽人庠生三品封典士銓之女　誥封恭人生於道光二十四年七月十二日戌時卒於光緒三十四年五月二十五日申時享年六十五歲浮厝城南蔡家

十一年五月二十八日午時配顧氏本邑人太學生雲騎尉世職雲龍之女例封孺人生於光緒八年十二月十八日戌時生子二以炎以煒

幹方

毓荃次子字仲

以煒

植方次子生於宣統二年九月三十日巳時

以鼎

幹方長子生於

莊側室王氏
例封孺人
生於同治元
年五月二十
六日未時卒
於光緒二十
四年十月十
九日巳時歷
年三十七歲
浮厝於城南
莊生子二植
方幹方女三
長適本邑朱
紹文次適山
陰譚贊先三
殤俱王氏出

超太學生議
敘從九品
例授登仕佐
郎生於光緒
十三年四月
初三日巳時
配郭氏臨淮
鄉文生傳甲
之女　例封
孺人生於光
緒十五年正
月十四日子
時生子一以
鼒女一

宣統二年八
月二十六日
丑時

振淮

傳鈞次子字子川增貢生同知銜河南候補知縣 誥授奉政大夫生於咸豐九年八月初二日午時配李氏阜陽人廩貢生廣西新甯州知州士鍔之女 誥封宜人生於咸豐九年十

二月二十七日丑時生女一未字

毓淦

傳綸長子原名振翰字舫泉號莢村附貢生二品銜陝西候補道署陝安兵備道賞戴花翎誥授資政大夫生於道

詢方

毓淦子字小村號問渠議敘從九品銜例授登仕佐郎生於光緒三月七月十一日未時配馬氏本邑人承恩長女生

以約

詢方長子生於光緒三十三年正月二十三日寅時

光十五年九
月初九日子
時卒於光緒
十六年八月
十二日未時
享年五十六
歲配李氏阜
陽人士諱長
女　誥封夫
人生於道光
十六年五月
初八日辰時
卒於光緒二
十四年七月
十五日寅時
享年六十三

於光緒二年
七月十三日
子時生子一
以約女五

歲側室王氏
貤封孺人
生於道光二
十七年二月
十四日亥時
卒於光緒三
十二年二月
二十二日辰
時享年六十
歲生子一詢
方女一適固
始湖北候補
典史汪繼先
詢方女俱王
氏出

振翮

傳綸次子字仲建號養雲知府銜直隸州用歷署直隸樂亭廣昌廣宗等縣候補知縣 誥授朝議大夫生於道光二十年二月初七日寅時配李氏阜陽人士鋒次女 誥封恭人生於

汝方

振翮子字彤甫附貢生北河候補縣丞署直隸遵化州州判生於咸豐九年七月十九日申時配楊氏固始人鼎銘次女生於咸豐十年十二月二十二日寅時生子一以銜女二長適浙

以銜

汝方長子生於光緒二十二年四月初十日巳時

道光十九年
九月十八日
未時生子一
汝方女三長
適江甯安徽
候補典史陳
垚次三殤

毓棻

傳綸三子字瞻
雲五品銜通
判用江蘇候
補按經歷
例授奉政大

江桐鄉縣陸
榮錢次適浙
江桐鄉縣錢

夫生於道光二十五年八月十七日亥時卒於光緒三十二年二月十九日享年六十歲配李氏阜陽人士政之長女
例封宜人生於道光二十四年十二月初十日巳時以振翮長子汝方兼祧

振漢

作霖嗣子字東潁太學生布政司理問銜例授宣德郎生於道光二十二年五月十七日戌時卒於宣統元年二月二十九日申時享年六十八歲配李氏阜陽人士琯長女 例封安

詵方

振漢長子字和亭號默存廩貢生生於同治元年五月十一日亥時配吳氏鳳臺人可訓長女生於同治元年五月二十八日未時卒於光緒二十三年十一月二十九日巳時歷年三十

以沅

詵方長子原名以謌字伯潛生於光緒十一年二月十五日戌時配朱氏江蘇溧水人朱桐長女生於光緒十一年五月初六日卯時

以堅

人生於道光二十年四月十七日亥時生子二誂方誠方女二長適江蘇丹徒安徽試用縣丞任塏次適阜陽補用知縣汪蘇試用縣丞李萃林誠方出嗣振瀾

六歲繼配田氏懷遠人步坦長女生於同治十一年六月十六日寅時生子四以沅以堅以琮以璜俱吳氏出女二田氏出

誂方次子原名以鍼字仲達生於光緒十三年十一月十七日戌時

以琮

誂方三子字叔玉生於光緒十八年九月二十日丑時

振瀾
作霖嗣子字文波生於道光二十四年十一月初九日子時卒於咸豐十一年五

誠方
振瀾嗣子字意軒議敘從九品銜　例授登仕佐郎生於同治十年八月十五日

以鑽
誂方四子生於光緒二十年七月二十三日辰時

月初九日寅時歷年十八歲聘李氏阜陽人士容長女未婚振瀾卒聞訃過門守貞　旌表貞節生於道光二十二年五月十六日辰時嗣振漢次子誠方為子

寅時配吳氏本城人錦華長女生於同治十一年二月初三日亥時

多藻

傳厚子字蒲庵雲騎尉世職例授武德騎尉生於同治七年十一月二十六日辰時配楊氏本邑人五品銜松柏之女例封宜人生於同治八年九月初十日子時生子三定方有方

定方

多藻長子生於光緒十五年十月二十七日亥時

有方

多藻次子生於光緒二十八年六月十七日午時

德方女一

多榕
傳厚次子生於光緒十八年八月初二日辰時

義方
多藻三子生於光緒三十四年十月十四日辰時

多蔭

傳燾長子號息菴雲騎尉世職　例授武德騎尉生於同治七年十二月二十九日申時配徐氏鳳臺人監生思德之女　例封宜人生於同治十年正月十二日卒於光緒十六年正月

濠方

多蔭長子生於光緒三十二年四月二十一日亥時聘廖氏本邑人歲貢生第甲之女生於光緒三十二年十二月二十日戌時

十三日巳時
歿年二十歲
繼配蔣氏亳
州人記名提
督希夷三女
例封宜人
生於光緒三
年七月二十
五日辰時側
室陳氏生子
一濠方女一
女蔣氏出濠
方陳氏出

多藩

傳壽次子字用之號价人山東候補縣丞敕授修職郎生於同治九年六月初二日申時配黃氏本邑人例封孺人生於同治十年四月二十七日亥時繼配甯氏阜陽人例封孺

人

多葵

傳纛三子號景陽生於同治十二年八月二十七日申時卒於光緒十九年三月歴年二十一歲配袁氏本邑人監生從龍之女待旌節孝生於

同治年

多荃

傳轟四子號波香生於光緒二年正月二十日未時配陳氏定遠人衍磐長女生於光緒五年九月二十日子時生子一源方女二

源方

多荃長子生於光緒二十三年十月初十日午時

慼曾

傳洙子原名多祝字華三雲騎尉世職例授武德騎尉生於咸豐四年十二月十九日戌時卒於光緒十二年十二月十七日申時歷年三十三歲配甯氏阜陽人河南候補知州書紳

之女　例封宜人生於咸豐三年十二月二十日生女三長適本邑戴秀遠次適阜陽李作霖三未字

多瑛

傳溶嗣子邑庠生世襲雲騎尉江蘇試用縣丞生於光

品方

多瑛長子生於光緒二十年八月十三日丑時

緒元年十二月初八日配朱氏本邑人監生汝茂之女　例封宜人生於光緒元年八月初七日未時卒於光緒二十八年六月十五日未時歷年二十八歲繼配楊氏懷遠人候補知縣乃晉之女　例封宜人

矩方
多瑛次子生於光緒二十三年十一月初九日未時

同方
多瑛三子生於光緒二十五年三月十五日戌時

生於同治十三年十月十三日丑時側室金氏生子四品方矩方同方成方女一品方矩方同方女俱朱氏出成方金氏出

多畋

傳湧長子字穆如生於光緒

成方

多瑛四子生於光緒三十二年正月二十九日午時

方裕

多畋長子字季穆生於宣統

十六年六月
十九日辰時
配張氏本邑
人歲貢生候
選教諭樹德
三女生於光
緒十四年七
月十三日子
時生子一方
裕女一

多鍵

傳熉長子字幼
銘雲騎尉世

二年五月十
八日酉時

職生於光緒二十一年八月二十五日酉時

多瑜

傳熉次子字企周生於光緒二十七年正月二十日酉時

多琛

傳熉三子字獻卿生於光緒三十一年二月初八日丑時

鑫庚

傳淑長子原名多昶字晴和壽春鎮標警察學堂兼陸軍一等畢業

生奬給五品
頂戴生於光
緒十五年五
月二十一日
亥時配蔡氏
本邑人花翎
遊擊銜儘先
都司明善四
女生於光緒
十三年五月
十四日卒於
光緒三十三
年八月初二
日酉時葬於
東鄉蓮花塘
巽山乾向

多晟

傳淑次子字韶清壽春鎮標警察學堂兼陸軍一等畢業生獎給五品頂戴生於光緒十六年六月十五日辰時配張氏六安人廩貢生五品銜河南候補知縣蓮青三女生於光緒十六

年五月十八日寅時生女一

多煥
傳楷長子字希文生於光緒二十七年三月初七日寅時

多烇

傳楷次子字理蓀生於光緒三十一年七月初四日申時

多銓

傳基長子字子衡太學生候選州同敕授儒林郎生於咸豐十一年八月初三日辰時卒於

濰方

多銓長子字漢濤生於光緒十二年七月初八日丑時配黃氏本邑人庠生黃臻喬女生於光

光緒二十四年八月二十九日戌時歷年三十九歲配宋氏懷遠人太學生春瀛之女　例封安人生於咸豐九年九月二十九日巳時卒於光緒二十四年四月初一日亥時歷年四十一歲合葬於東鄉施家

緒十六年二月初十日辰時

沛方

多銓次子生於光緒二十二年九月二十二日丑時

嘴坤山艮向
繼配宋氏懷
遠人三品封
典春雲之女
例封安人
生子三淮方
沛方溥方淮
方元配出沛
方溥方繼配
出溥方出嗣
多鈖

多錕
傳基次子字劍

潤方
多錕長子字漱

潭號煥若附貢生生於同治二年十一月初十日子時卒於光緒二十五年五月初一日寅時歷年三十八歲葬於東鄉施家嘴坤山艮向配鄒氏本邑人監生冠春之女生於同治二年十月初十日未時卒於

六由阜財學堂高等小學畢業考取中等學部核准作為附生生於光緒十九年六月十一日寅時聘李氏本邑人歲貢生瑞滏之女生於光緒十九年九月　日　時

光緒二十五年六月初一日未時歿年三十八歲合葬生子一潤方女一字懷遠縣林顯祖

多鈖

傳基三子字聘之優廩貢生候選訓導敕授修職郎生於同治六

汶方

多鈖長子字企騫生於光緒十六年二月十五日亥時配葛氏本邑

年正月十五日巳時配邵氏本邑人鎮標候補守備盈泉之女誥贈孺人生於同治四年正月二十日戌時卒於光緒十七年五月十一日未時歷年二十七歲葬於九柸椿祖塋東偏癸山丁向繼配方氏霍人二品廪生家貴之女生於光緒十六年三月初一日未時

洛方

多鈐次子生於光緒二十九年十二月十二日午時

山人江蘇候
補縣丞業煃
之女　例封
孺人生於同
治八年正月
初一日寅時
生子四汶方
洛方瀚方滌
方女二長字
定遠縣鈕家
駒汶方邵氏
出洛方瀚方
滌方女二俱
方氏出

瀚方

多鈞三子生於
光緒三十二
年七月十六
日巳時

滌方

多鈞四子生於
宣統元年八
月二十一日
丑時

多鉎

傳基四子字麗之太學生藍翎五品銜候選巡檢生於同治七年十一月初十日申時配時氏本邑正陽人候選巡檢時振之女生於同治八年正月十七日辰時生子五浚方澄方灃方

浚方

多鉎長子字允明生於光緒十七年八月二十九日辰時聘顧氏本邑人庠生仰中之女生於光緒十六年八月二十一日寅時

澄方

三

瀛方淇方女多鉒次子字月秋生於光緒二十二年八月初七日子時

澧方

多鉒三子字醴泉生於光緒二十七年二月初八日寅時

瀛方
多鉒四子字仙槎生於光緒二十八年十二月十二日戌時

淇方
多鉒五子字竹軒生於光緒三十三年十月初二日卯時

多鈖

傳基五子字管
如附貢生五
品銜　誥授
奉直大夫生
於同治九年
十月初五日
寅時卒於光
緒三十二年
八月二十二
日丑時歷年
三十七歲配
張氏本邑人
監生行端之
女　誥封宜

溥方

多鈖嗣子字博
泉生於光緒
二十四年九
月二十二日
子時

人　旌表節
烈生於同治
八年二月二
十五日子時
卒於光緒三
十二年十月
初六日戌時
歷年三十九
歲合葬於施
家岡祖塋西
北新塋艮山
坤向嗣多銓
三子溥方為
子

多銳

傳基六子字季剛太學生候選府經歷勅授宣德郎生於光緒三年五月二十三日辰時配張氏合肥人候選從九家鼎之女生於光緒四年九月初四日午時生子一淦方女二

淦方

多銳長子字培源生於光緒二十六年十二月初二日未時

多鉞
傳均長子字幼山五品銜候選州同　例授奉直大夫生於光緒六年十二月初二日丑時配方氏霍山人從九品銜業源之女　誥贈宜人生於光緒五年五月十三日亥時卒於光緒

鴻方
多鉞長子字雁賓生於光緒二十九年四月二十日巳時

濟方
多鉞次子字汝楫生於光緒三十四年九月十八日寅時

二十九年八
月二十六日
丑時歷年二
十五歲附葬
於孟家岡祖
塋左側辛山
乙向繼配宮
氏懷遠人山
西候補縣丞
元良之女生
於光緒六年
七月初一日
巳時生子二
鴻方濟方女
二鴻方方氏
出濟方女二

俱宮氏出

多鎰

傳均次子字仲璞生於光緒九年七月十八日申時配王氏鳳臺人河南典史鴻恩之女生於光緒十一年九月二十日戌時生女一

多鎮

傳均三子字叔藩生於光緒十三年十二月十八日寅時配田氏懷遠人候選從九步台之女生於光緒十四年十二月十八日子時

多錡

傳垣次子字仲湘生於光緒五年五月初十日酉時配張氏本邑人歲貢生候選教諭樹德之女生於光緒五年十一月二十八日丑時

多銑

傳彰子字榮階

澤方

多銑長子字汝

太學生五品
銜候選布理
問　誥授奉
直大夫生於
光緒七年十
一月二十四
日午時卒於
光緒三十一
年四月十八
日巳時歷年
二十五歲葬
於九極椿老
塋側卯山酉
向兼乙辛配
沈氏江蘇宿
遷人候補參

霖生於光緒
二十七年六
月初七日辰
時

治方

多銑次子字理
庭生於光緒
二十九年十
一月十九日
戌時

將長淮水師統領振慶之女　誥封宜人，待旌節孝。生於光緒八年八月二十四日戌時。生子二：澤方、治方。

多文

傳錄長子，字富如，號華伯。生於道光十八

年三月十一日亥時咸豐七年二月二十日殉粤逆難歷年二十歲葬於菱角嘴老塋側子山午向

多慶

傳錄次子字峻卿號仲餘生於道光二十八年七月初

方坤

多慶長子字玉甫生於光緒十年五月初三日子時配

以淼

方坤長子字伯濱生於光緒三十二年八月二十六日

二日巳時配鄭氏本邑人從九心源長女生於咸豐十年六月十五日子時生子三方珅方玧方頤女一方玧出嗣多澳為子

汪氏涇縣人興讓三女生於光緒十二年十月初二日戌時生子一以淼

方頤

多慶三子字養貞生於光緒二十九年八月二十三日未時聘沈氏本邑人從九

子時

炳清之女生於光緒二十八年三月二十五日午時

多益

傳溥子字翕堂生於道光二十九年九月二十五日子時卒於光緒二十八年七月初六日巳時享年五十

方樺

多益長子字祝三生於光緒二年正月初一日丑時卒於光緒三十二年六月二十八日辰時歷年三十一

以鑫

方樺長子生於光緒二十七年八月二十日午時

四歲葬於華家莊本宅南配柏氏本邑人生於道光二十九年十月十六日申時生子四方樺方瑛方琅方璟方琭殤女四長適本邑程次適合肥王三四未字

歲配陶氏本邑人生於同治十三年六月初三日酉時生子二以鑫以鈞女一以鈞出嗣方瑛

方瑛

多益次子字少堂生於光緒四年正月二十四日亥時

以鈞

方瑛嗣子生於光緒二十九年三月初三日亥時

卒於光緒二十四年九月十八日午時歷年二十一歲葬於本宅東配吳氏本邑人生於光緒三年正月初十日辰時嗣方樺次子以鈞為子

方璟

多益四子原名

多焌

傳豫長子號子明生於同治二年八月初九日亥時配

方琇字石農生於光緒十年八月初八日午時配董氏本邑人生於光緒十年三月初六日子時生女一

方麟

多焌長子原名方璞號琢如生於光緒十年十一月二

以銓

方麟長子生於光緒三十四年六月二十日卯時

尹氏本邑人太學生傳鼎之女生於同治元年八月二十六日寅時生子七方麟方澤方騮方璪方璽方璡方理女一

十一日巳時配方氏懷遠人詩壎之女生於光緒十一年九月二十八日申時生子一以銓女一

方澤

多焌次子原名方珹號華卿生於光緒十三年三月二

以鉷

方澤長子生於宣統元年二月十三日亥時

十二日戌時配李氏合肥人從九李敦仁女生於光緒十三年正月十四日午時生子一以鉷

方騮

多焌三子原名方琸號治筠生於光緒十五年八月二

十七日亥時聘李氏合肥人廩生太平縣教諭李乃琦女

方璪

多焌四子原名方珂號玉如生於光緒十八年三月十四日申時聘黃氏本邑人候選從九黃

臻福女

方壐

多焌五子號寶廷生於光緒二十年四月十一日午時聘王氏合肥人郡庠生王潤昌女

方璡

多焌六子生於
光緒二十四
年二月二十
七日午時聘
裴氏本邑人
山東候補縣
丞裴乾中女

方理

多焌七子生於
光緒三十年
四月十五日
未時

多猷

傳柯嗣子號少勲生於咸豐三年三月二十八日寅時卒於光緒十三年四月十一日戌時歷年三十五歲配沈氏本邑人沈清華女生於咸豐元年九月初九日子時生子二方正方元

方正

多猷長子號康卿生於光緒五年二月二十五日未時配余氏本邑人余本貴女生於光緒四年十月二十二日卯時生子一以讓女二

以讓

方正長子號興齋生於光緒三十二年十月初九日辰時聘桑氏本邑人桑世民女

多猷

傳裘兼祧子

多珊

傳業嗣子字鐵

方元

多猷次子號建屏生於光緒十年十二月十二日午時配尹氏本邑人尹繡榮女生於光緒十一年八月十三日未時

梓方

多珊長子字伯

君生於光緒四年正月初六日寅時配程氏本邑人程寶徵三女生於光緒三年六月十一日卯時生子三梓方楷方杶方女二長字本邑閆增培次字定遠方毓賢

琴生於光緒二十六年十月二十五日戌時聘羅氏霍邱人羅壯適長女生於光緒二十三年十二月廿八日卯時

楷方

多珊次子字仲模生於光緒二十八年十

一月十九日寅時

杶方

多珊三子字幹臣生於光緒三十四年十月二十三日子時

多恕

傳謹次子原名

方鼎

多恕長子生於

多鍵字仲甫生於光緒十二年正月二十六日辰時配龔氏合肥人五品藍翎儘先補用守備龔心怡女生於光緒七年十月初四日未時生子一方鼎

毓麟

光緒三十四年十月初十日卯時

方臻

以驤

傳賢嗣子字子疇藍翎五品銜山東候補州同 例授奉政大夫生於道光二十六年九月十八日申時卒於光緒十八年二月二十七日卯時歷年四十七歲配萬氏鳳臺人 例封宜人生於道光二十九年十

毓麟長子字佰巘議敘從九品 例授登仕佐郎生於同治八年正月二十四日未時卒於光緒三十年七月初三日寅時歷年三十六歲配吳氏鳳臺人武舉吳清標三女生於同治十二年六月十五日巳時生

方臻長子號龍文生於光緒十五年六月初三日辰時聘江氏潁上人江小泉女生於光緒十七年十二月二十日戌時

以驊

方臻次子號駿一生於光緒十七年十二

月初五日未
時卒於同治
八年九月初
八日申時歷
年二十一歲
繼配時氏本
邑人從九時
庶之女　例
封宜人生於
咸豐元年九
月十二日酉
時生子三方
臻方煥方瑜
女三長適雲
南臨安府建
水縣五品銜

子四以驤以
驊以騮以驥

月十二日亥
時

以騮
方臻三子號駿
甫生於光緒
二十年七月
二十六日卯
時

以驥
方臻四子生於

湖北候補縣丞武光適次適金陵五品銜河南候補巡檢查丈英三未字方臻萬氏出方煥方瑜長次三女俱時氏出

方瑜

毓麟三子號叔琪生於光緒十年二月十四日申時配程氏本邑人從九程述先女生於光緒八年二月十三日丑時

光緒二十五年七月初十日子時

毓麟
傳箕兼祧子

方煥
毓麟次子原名方琦號仲祥庠生生於同治十二年八月十六日寅時配楊氏本邑人廩貢生楊承恩長女生於同治十年四月十四日巳時卒於光緒三十三年十二月三十一日巳時

以駿
方煥長子生於光緒二十九年八月初八日寅時

以驃
方煥次子生於光緒三十二年六月十六日子時

歷年三十七歲葬於九里溝坊艮山坤向側室韓氏生於光緒十年四月二十一日卯時生子二以駿以驃女一未字俱韓氏出

多年

傳甲嗣子字少屏太學生湖

方寅

多年嗣子字子賓生於光緒

以驄

方寅長子字桓軒生於光緒

北候補巡檢　例授登仕佐郎生於同治六年四月初三日卯時卒於光緒二十三年三月初七日亥時歷年三十一歲附葬於十八里荒老塋側巽山乾向配鈕氏定遠人三品銜候選道鈕秉臣三女　例封

八年二月二十二日亥時配黃氏本邑人江蘇候補府經歷黃臻祺長女生於光緒六年二月初六日卯時生子二以驄以駁以駁出嗣方灝女二

三十年六月二十一日巳時

宜人生於同治四年二月初三日子時嗣多齡次子方寅為子

多齡

傳墀長子字子九庠生江蘇候補巡檢例授登仕佐郎生於咸豐四年七月二十二日巳時

方灝

多齡長子字慕梁生於光緒二年十二月初四日子時卒於光緒三十二年九月初八日子時

以駿

方灝嗣子生於光緒三十二年六月初一日申時

辛於光緒十五年九月二十五日亥時歷年三十六歲葬於城北施家山下新塋艮山坤向配李氏本邑人監生李煦次女　例封孺人生於道光三十年八月二十八日辰時側室周氏生於同治四年二月二

葬於城北施家山老塋側艮山坤向歷年三十二歲配鄒氏本邑人鄒銘勳女生於光緒四年九月十九日辰時生女三嗣方寅次子以駁為子

十三日子時卒於光緒十年八月初四日戌時歷年二十一歲陳氏河南信陽州人生於同治元年十二月十六日卯時生子二方灝方寅女一適本邑楊國鼎方寅出嗣多年為子方灝女俱李氏出方寅周氏

出

毓筠
傳根兼祧子

毓筠
傳晉子原名多琪字竹如號少侯優廩生議敘光祿寺署正銜　例授儒林郎生

檮方
毓筠長子生於光緒十七年九月初四日巳時

於同治八年九月十四日亥時配汪氏江蘇無錫人五品銜安徽候補知縣汪昌耆女例封安人生於同治七年五月十四日巳時卒於宣統元年十二月　日　時生子二檮方枏方

枏方

毓筠次子生於光緒十九年正月二十四日寅時

多彝

傳斌長子號秉臣附貢生生於同治五年十二月初八日巳時配俞氏涇縣人俞嚴官女生於同治七年十一月十五日卯時卒於光緒十六年六月初六日戌時歿年二十三歲繼配張

方璹

多彝長子號玉伯附生生於光緒十三年十一月初七日申時

方何

多彝次子生於光緒十六年五月二十五日丑時聘李氏本邑炎劉

氏本邑人張允升女生於同治六年六月初八日辰時生子三方璹方何方剛女三長字本邑李邦煊次三未字方璹方何俞氏出方剛長次三女張氏出

多襄

廟人

方剛

多彝三子生於光緒三十二年五月初六日辰時

方冕

傳斌次子號贊臣生於同治十年六月二十八日寅時配裴氏本邑下塘集人候選教諭裴廷鈞女生於同治八年八月十二日卯時卒於光緒十六年四月初九日未時歷年二十二歲繼配李氏本邑雙棗樹人

多襄長子號冠生生於光緒十七年十月二十日寅時聘杜氏合肥人守備杜蓮舟女生於光緒十九年

方晟

多襄次子生於光緒二十二年十月初七日寅時聘薛

監生李永年
女生於同治
六年正月二
十一日亥時
生子四方冕
方晟方昇方
暹女二俱李
氏出

氏本邑人

方昇
多襄三子生於
光緒二十四
年九月十二
日寅時

方暹
多襄四子生於
光緒三十年
正月二十日

寅時

多鎣
傳斌三子號治臣生於光緒六年四月三十日申時配李氏本邑人老官巷把總李遇春女生於光緒七年正月初二日亥時
一

多鎏

傳斌四子生於光緒十四年九月十四日戌時配袁氏本邑人袁本行女生於光緒十三年十月初十日卯時

多崟

傳斌五子生於

光緒十六年四月初六日亥時聘鮑氏本邑人鮑蘭生女生於光緒十八年十月二十一日辰時

多涵

傳孚長子字淵如號海珊生於同治六年七月二十三

懷方

多涵長子字威輔生於光緒十五年三月二十日戌時

以崇

懷方長子字朝如生於光緒三十四年八月十七日戌

日寅時卒於光緒二十五年八月二十八日寅時歷年三十三歲附葬於城南邱家古堆老塋西側配黃氏本邑人世襲雲騎尉黃文炟女生於同治四年九月二十三日戌時生子三懷方方怡慣方女二長適

配薛氏本邑人河南候補典史薛毅生女生於光緒十二年九月初七日戌時生子三以崇以崙以崧

方怡

多涵次子字和甫生於光緒十九年十月初六日寅時

時

以崙

懷方次子字崑山生於宣統二年五月二十三日丑時

以崧

懷方三子生於宣統三年六月初二日丑

本邑顧堃棣
次殤

聘皮氏本邑人筱菴長女生於光緒十九年六月二十六日子時

時

慣方

多涵三子字紛珊生於光緒二十一年十二月二十九日亥時

多淮

傳孚次子字酒如號蓮舫五品藍翎生於同治八年九月初八日酉時配王氏鳳臺人生於同治七年十一月十四日卯時卒於光緒十三年九月初十日巳時歷年二十歲葬於城南夏

恆方 一

多淮長子字守常生於光緒二十五年十一月初八日寅時

愉方

多淮次子字　生於光緒三十一年五月十八日午時

家寨東首新塋繼配黃氏本邑黃家樓人生於同治九年十二月初四日亥時卒於光緒二十九年五月二十一日子時歷年三十四歲葬於城南夏家寨東南新塋姚氏本邑正陽人生於光緒六年十月初六

懿方

多淮三子生於宣統元年十月二十九日巳時

象方

多淮四子生於元年正月初六日子時

日戊時生子
五恆方愉方
懿方象方鈐
方恆方黃氏
出愉方懿方
象方鈐方姚
氏出

多源

傳孚三子字濬
溪生於同治
十年十二月
初五日戊時
配薛氏本邑

鈐方　一

多淮五子生於
三年二
月初二日丑
時

惠方

多源長子字益
疇生於光緒
十九年六月
十七日午時
配薛氏本邑

人五品銜候選主簿洪緒女生於同治八年正月十四日子時生子五惠方恂方慶方志方悖方女五

人薛毅次女生於光緒二十三年二月十八日丑時

恂方

多源次子字誘之生於光緒二十八年十月十四日寅時

慶方　多源三子字篤之生於光緒二十九年十二月十一日戌時

志方　多源四子生於光緒三十三年八月初九日亥時幼殤

悖方

多源五子生於宣統二年四月十三日辰時

多潞

傳孚四子字蔭堂生於同治十三年十二月初二日子時配姚氏本邑人五品銜

桂方

多潞長子字馨山生於光緒十九年十月十八日寅時配穆氏本邑人景堯之女

候選教諭紹禮之女生於同治十三年十二月十七日卯時生子二桂方慎方女三

生於光緒二十一年十二月二十日卯時

慎方

多璐次子字敏軒生於光緒二十四年六月十六日辰時

多永

傳熙子字思臣號子山增生雲騎尉世襲例授武德騎尉生於咸豐十一年九月初六日未時配周氏本邑人　例封宜人生於同治二年三月十六日未時卒於光緒五年六月初二

觀方

多永長子字少山號衡之生於光緒八年八月二十三日寅時配王氏本邑人生於光緒十一年四月二十七日戌時

正方

多永次子字仁

以顯

觀方長子

以伯

正方長子生於

日寅時歷年十九歲葬於城南東陡澗新塋坤山艮向繼配石氏本邑人　例封宜人生於咸豐十年正月十四日未時生子二觀方正方安四長適合肥龔二三待字四字本邑朱俱石氏出

甫號端揆生於光緒九年十月十五日子時配周氏本邑人生於光緒十一年四月初八日辰時生子一以伯

光緒三十四年九月二十日辰時

多藻

傳文長子號采臣字晴湘五品藍翎江蘇候補縣丞生於同治三年正月初七日寅時配郭氏本邑人副將郭則棵女生於同治三年十二月十一日子時生子四職方覲方書方鎮方覲

職方

多藻長子字少湘號補之六品軍功生於光緒十一年五月二十八日亥時配李氏本邑人優廩生李瑞清長女生於光緒十年十二月十二日子時卒於光緒三十二年十二月初八日

方殤女二長
適定遠武鉦
次待字

午時厝於宗
祠西南繼配
顧氏本邑人
顧蘭階女

書方

多藻次子字振
華號味之州
同銜吉林即
補審判員生
於光緒十三
年十月二十
九日子時聘
郭氏本邑人

守備郭傳珍長女生於光緒十四年七月二十六日亥時

鎮方

多藻三子字晚香號輔之生於光緒十八年八月初五日丑時聘鮑氏本邑人鮑少芹女

多芑

傳文次子號紫封生於同治八年正月二十一日子時卒於光緒三年十月初七日辰時歴年三十六歲厝於宗祠西南二里許配郭氏本邑人貢生郭文清女生於光緒二十九年十月

興方

多芑長子生於光緒二十八年正月初七日丑時

二十六日丑時生子一興方女一待字

多榮

傳粹長子字孟戟日本陸軍士官學校畢業生宣統戊申年 廷試取列優等特賞陸軍步科舉人授陸軍副軍校廣

西督練處參
事兼教練處
幫辦生於光
緒八年五月
初十日酉時
配鄧氏本邑
人福建汀州
鎮總兵鄧溪
納長女生於
光緒八年正
月二十四日
亥時生子一
方女一

多棨　汝方

傳粹次子字循之生於光緒十年十一月二十七日寅時配李氏本邑人江蘇候補巡檢李明新次女生於光緒六年十一月二十五日寅時生子一汝方女一

多棨長子

多循

傳昭長子號伯駭候選從九品　例授登仕佐郎生於咸豐四年十一月十一日寅時卒於光緒五年二月十三日丑時歷年二十六歲附葬於城南高家庄老塋左首第一座子山午向

方溶

多循嗣子號靜川太學生布政使司理問銜敕授儒林郎生於光緒十六年八月十五日寅時配李氏本邑人附貢生李明鑑女　敕封安人生於光緒十六年四月十七日申時生子一

以顯

方溶長子號耀廷生於宣統二年四月二十一日卯時

配方氏定遠人太學生為楫女待旌節孝例封孺人生於咸豐三年正月初七日辰時卒於宣統二年六月十五日寅時歷年六十八歲合葬嗣多錧子方溶為子

以顯

多館

傳昭次子字仲軒號稚臣太學生生於同治八年四月十七日辰時配葉氏本邑人庚午舉人葉家良次女生於同治八年正月三十日辰時生子三方溶洪方澐方女三長殤次未字三

洪方

多館次子號禹疇生於光緒二十三年二月初三日子時

澐方

多館三子字禹汲生於光緒三十四年六月十五日丑時

字本邑葛傳
瑋方溶出嗣
多循

占元

傳昭三子號鼎
若原名多鑰
藍翎五品銜
生於同治十
年七月二十
八日寅時卒
於光緒三十
二年七月十
四日巳時附

漢方

占元長子號倬
雲阜財學堂
畢業生獎給
附生生於光
緒十八年八
月十六日丑
時聘李氏本
邑人太學生
李明遠女

葬於城南高家莊老塋右首第二座配王氏本邑人太學生王廷桂女生於同治十一年八月初十日辰時生子一漢方女一

多鋑

傳祚長子號幼臣太學生生

榮方

多鋑長子號華九生於光緒

於同治七年三月十五日子時配武氏定遠人雲騎尉世職德鄰長女生於同治七年十月二十二日辰時生子五榮方毅方豫方琨方環方女二豫方殤

十四年七月初二日丑時聘方氏定遠人附生方兆元四女生於光緒十五年九月十七日子時

毅方

多鋑次子號良甫生於光緒十七年十一月十五日辰

時卒於光緒三十年九月十五日子時葬於城南張家小圩北首酉山卯向

琨方

多鋑四子號璞如生於光緒二十九年閏五月二十七日辰時

多鑲
傳祚次子號仲銘太學生生於同治九年九月二十九日辰時配李

璟方
多鋑五子號仰宋生於光緒三十二年十一月初三日戌時

鵬方
多鑲長子號翼雲阜財學堂優等畢業生獎給增生生於光緒二十

氏霍邱人記名總兵李國棟長女生於同治十一年九月初二日申時卒於光緒二十六年四月二十三日巳時葬於

山　向歷年二十九歲

繼配何氏定遠人五品銜直隸候補典史何炳燾長

年九月十一日丑時配程氏丹徒縣人仲銘之長女生於光緒二十二年十一月二十四日辰時

鶚方

多鑲次子生於光緒三十年九月二十七日酉時幼殤

女生於光緒七年三月二十五日辰時卒於宣統三年五月十五日申時葬於
山　向歷年三十一歲
繼配王氏丹徒縣人安徽候補巡檢廣榮之女生於光緒八年十月二十日寅時生子四鵬

鷚方
多鑲三子生於宣統二年四月十八日巳時幼殤

騤方
多驤四子生於
二年四月十四日申時

方鵠方鵝方騤方女一未字鵬方女一李氏出鵠方鵝方何氏出幼殤騤方王氏出

毓新

傳祚三子原名多鉞字訪樵附貢生候選翰林院待詔分省補用州

方駿

毓新長子字冀生生於光緒二十七年六月初九日亥時幼殤

同　敕授儒林郎生於同治十二年五月初三日辰時配余氏本邑人候選府經歷余諧恩女　敕封安人生於同治十一年十月初四日巳時卒於光緒三十三年五月二十三日酉時歷年三十六歲繼配李

瑜方

毓新次子生於

氏本邑人李
廼琦之女生
於光緒十二
年七月二十
一日丑時生
子二方駿瑜
方方駿余氏
出殤瑜方李
氏出

多錦
傳祚四子字濯
江太學生州
同職銜　勅

琦方
多錦長子號偉
侯生於光緒
二十九年九

授儒林郎生於光緒二年八月初四日子時配李氏本邑人候選縣丞五品封典李遇杰長女　敕封安人生於同治十三年九月初三日寅時卒於光緒三十四年七月十二日申時歷年三十五歲繼配方氏

月十四日申時

定遠人候選縣丞方樹藩長女生於光緒十年正月廿一日辰時生子一琦方長女二琦方長女李氏出長女殤次女方氏出

多銩

傳祚五子字紹臣生於光緒

譽方

多銩長子生於光緒二十九

四年七月二
十二日未時
卒於光緒三
十四年正月
初七日寅時
葬於
山向
歷年三十一
歲配陳氏本
邑人陳中和
女生於同治
十二年六月
十二日申時
卒於　三
年　月
日　時

年八月初六
日寅時

葬於　山　向
歷年三十
歲生子一譽
亦女一

多銳
傳謨長子字孟
敏號椿庭生
於同治十年
六月初四日
寅時配方氏
霍山人江蘇
候補縣丞方

直方
多銳長子生於
光緒二十一
年八月十四
日寅時

業槰次女生於同治十年五月十八日子時生子四直方策方善方梧方

策方

多銳次子生於光緒二十三年二月十九日巳時

善方

多銳三子生於光緒二十八年八月二十六日寅時

多銑
傳謨次子號澤民生於光緒元年八月十七日寅時配葉氏頴上人太學生葉蘭

桐方
多銑長子生於宣統元年十二月二十五日辰時

梧方
多銳四子生於宣統元年七月二十二日午時

生長女生於光緒三年二月初六日申時卒於光緒三十一年八月二十九日未時歷年二十九歲葬於城南高家莊卯山未向繼配劉氏本邑人從九品銜劉俊逸長女生於光緒十年九月十二日亥時生子

一桐方女二
桐方劉氏出
長次女葉氏
出

多鍠

傳謨三子號和
叔安徽練軍
學堂畢業生
獎給六品頂
戴生於光緒
四年八月二
十五日丑時
配方氏定遠

鎧方

多鍠長子字冠
羣生於光緒
三十三年十
二月二十八
日申時

人附貢生方裴林長女生於光緒十年閏五月二十日午時生子一髗方

多鍾

傳謨四子號錦瑩生於光緒八年九月二十九日申時配余氏本邑人附生余濰

恩次女生於光緒十年七月初八日卯時生女二

多鏡

傳謨五子號鑑堂安徽武備練軍畢業生奬給五品頂戴生於光緒十一年六月二十九日戌時配黃氏本

邑人太學生黄文翰次女生於光緒十一年八月十四日寅時

多沅

傳楨長子原名元字鏡蓉號湘伯太學生歷保本班儘先候選縣丞欽加同知銜賞戴藍

鴻方

多沅長子字第聲號賓南上海龍門師範學堂附屬高等小學優等畢業生獎給增生生於光

以勤

鴻方長子字念曾生於四年十月初十日辰時

翎分省候補
知縣　欽加
三品銜　賞
換花翎分省
補用知府加
三級　誥授
通議大夫
晉授榮祿大
夫　覃恩三
代及本身妻
室一品封典
生於同治十
三年三月二
十二日子時
配時氏本邑
人五品銜候

緒十九年十
月初二日丑
時元配周氏
合肥人直隸
候補道周家
梁之五女生
於光緒二十
二年三月十
八日戌時

驥方

多沅次子出嗣

多鑠

選巡檢時佩箴長女　覃恩誥封一品夫人生於同治十二年七月十二日子時生子五鴻方驥方麟方燕方麒方女三長適望江何世棨驥方嗣多鏻

麟方

多沅三子字徵祥生於光緒三十二年四月二十八日戌時

燕方

多沅四子字安瀾生於宣統二年六月初八日寅時

多鑠

傳楨次子字治丞 覃恩貽贈朝議大夫四品銜候選布理問生於

麒方

多沅五子字守仁生於元年十二月二十四日子時

驥方

多鑠嗣子字仲良上海澄衷學堂高等小學班優等畢業生聘程氏

光緒四年五月二十六日亥時卒於光緒二十三年四月初四日寅時歷年二十歲厝於城南十三里廟高家圩西南山　向聘夏氏本邑人夏克修四女守貞待　旌
覃恩貤封恭人生於光緒五年正月

安徽歙縣人舉人殷峋之女

二十九日子
時嗣多沅次
子驥方為子
次女為女

多濟

傳楨三子原名
焜字耀軒號
鹿萍太學生
候選布政使
司理問　欽
加四品銜
賞戴花翎
誥授朝議大

鵷方

多濟長子字冠
之生於光緒
二十八年七
月十二日午
時

夫生於光緒八年五月十九日亥時卒於民國元年六月十五日子時歷年三十一歲厝於城南十三里廟高家圩西南 山 向
配李氏霍邱人記名總鎮李國棟次女
誥封恭人生於光緒六年八月二十

一日寅時卒於宣統元年七月初九日午時歷年三十歲厝於城南十三里廟高家圩西南山　向生子一鴻方女一

多保

傳緒長子字定卿號九如太

方義

多保長子字少九軍功五品

以滋

方義長子字驥良號樹臣生

學生生於咸豐元年二月十五日亥時卒於光緒十四年五月二十一日亥時歷年三十七歲附葬於朱家寺西南老塋側丁山癸向配宮氏懷遠人直隸候補縣丞宮西堂女生於道光三十年二月二十九日

頂戴生於同治十三年四月二十五日亥時配王氏鳳臺人太學生王斯齋女生於同治十二年閏六月初八日寅時生子二以滋以元女一

於光緒十九年十二月初六日午時配徐氏鳳臺人候選府經歷徐受之女生於光緒十八年九月十四日子時

以元

方義次子字吉甫生於光緒二十五年三

亥時生子一
亥義女一殤

多保

傳薪兼祧子

月二十八日
辰時聘沈氏
本邑人太學
生沈才英女
生於光緒二
十七年十一
月十八日巳
時

多裕

傳鋆長子原名
多治字輔廷
太學生　欽
加同知銜
賞戴花翎江
西候補知縣
誥授奉政
大夫生於同
治五年七月
廿六日巳時
配姚氏本邑
人邑庠生五
品銜候選教
諭姚士楷四

鑫方

多裕長子字少
廷生於光緒
二十一年十
二月十三日
卯時

鍵方

多裕次子字筱
廷生於光緒
二十七年六
月十四日子
時聘李氏本

女　誥封宜
人生於同治
五年八月初
三日寅時生
子二鑫方鍵
方女三未字

毓興

傳鑾次子原名
名多治字仲
陶號子良太
學生　欽加
提舉銜賞戴
藍翎山東候

邑人太學生
李明鑄長女

錦方

毓興子字繡生
號雲蓀太學
生生於光緒
十三年八月
十二日戌時
配姚氏本邑

以德

錦方子字聚齋
生於光緒三
十二年三月
二十六日寅
時

補通判　誥授奉直大夫生於同治九年十月初十日丑時配方氏定遠人候選從九品方臻范長女誥封宜人生於同治六年九月初七日申時卒於光緒二十三年正月二十一日丑時歷年三十一歲葬

人候選千總姚有謙女生於光緒十一年九月二十三日丑時生子一以德

於城北平岡頭新塋壬山丁向繼配郭氏臨淮人頭品頂戴賞換花翎彥勇巴圖魯記名簡放提督郭占元女誥封宜人生於同治十年十一月二十一日亥時生子一錦方女一待字俱方氏出

多怡

傳鎏三子字子和太學生五品藍翎河南候補縣丞生於光緒七年正月二十一日子時配蔡氏本邑人副將銜儘先即補遊擊蔡秉初次女誥封宜人生於光緒五年五月二十六日

方鑄

多怡子字壽魚生於光緒三十一年八月初八日寅時聘李氏本邑人太學生李明鑄女

寅時生子一
方鑄女二長
字本邑邵次
待字

多濤

傳詩長子字松
山生於同治
十一年三月
十一日卯時
配徐氏正陽
人候選訓導
徐協中女生
於同治九年

秩方

多濤子生於光
緒三十年四
月十六日亥
時

三月二十八日辰時生子一秩方女二未字

多汶

傳詩次子字萊山生於光緒二年四月十六日午時配方氏定遠人方臻范次女生於光緒二年九月二十

福方

多汶子生於光緒二十五年十二月十六日午時

八日酉時卒於光緒二十四年正月初六日午時歿年二十二歲繼配時氏正陽人太學生時振之女生於光緒二年七月二十日未時生子一福方

多禮

傳詩三子字蓮山生於光緒三年十二月二十六日寅時配姚氏本邑人五品銜候選教諭姚士楷五女生於光緒五年三月初四日丑時生女四未字

多湝

祿方

傳詩四子字馨山生於光緒六年四月初三日寅時配王氏鳳臺人王玉良女生於光緒九年十一月初四日子時生子一祿方女一未字

多和

傳泗長子字用

多淮子生於光緒二十六年三月二十七日戌時

洳方

多和子字濟南

之生於咸豐十年五月二十七日辰時卒於光緒二十九年十二月二十二日未時歷年四十三歲配鄭氏本邑人生於咸豐九年九月二十日子時生子一泖方女一未字

生於光緒二十四年十二月十五日丑時聘葉氏本邑人

多容

傳泗次子字其如太學生生於同治二年三月二十七日亥時配張氏本邑人生於同治二年十月二十七日戌時生子三淮方漢方濟方

淮方

多容長子字振南生於光緒十五年十二月十九日亥時配董氏合肥人生於光緒十四年十月初十日丑時

漢方

多容次子字景

西生於光緒十八年六月十四日亥時聘鄧氏本邑人

濟方

多容三子字源兆生於光緒二十二年三月二十二日卯時聘方氏定遠人

多宜

傳泗三子字適之號室芝太學生生於同治十二年八月二十一日申時配黃氏本邑人生於光緒元年九月初七日子時生子一淇方女二未字

淇方

多宜子

多輯

傳泗四子字瑞五生於光緒四年正月初七日寅時卒於光緒三十年四月三十日巳時歷年二十七歲配鄭氏本邑人待旌節孝生於光緒三年十月十二日辰時生子一溥方

溥方

多輯子字同仁生於光緒二十五年二月初九日酉時聘方氏合肥人

多昌

傳泗五子字熾甫生於光緒七年四月初三日寅時配邵氏本邑人生於光緒五年十月初五日寅時生子一澤方女二待字

澤方

多昌子

壽州孫氏支譜

卷之

字第　號

多玖

傳樑長子字佩軒太學生縣丞銜　例授修職郎生於同治十二年十一月二十六日卯時配趙氏本邑人廩生趙咸章長女　例贈孺人生於同治十二年八月初六日子時卒於光緒

二十三年七月初九日戌時歷年二十五歲葬於城南西十八里荒新塋坤山艮向繼配何氏定遠人直隸欒城典史何炳輝長女
例封孺人
生於光緒元年九月二十九日寅時卒於光緒三十三年十二月

初五日子時
歷年三十三
歲附葬城南
西十八里荒
新塋右首坤
山艮向楊氏
懷遠人湖北
候補知縣楊
啟後長女
例封孺人生
於光緒五年
四月十四日
巳時生女二
長字懷遠宋
何氏出次未
字楊氏出

多康

傳孔嗣子字錫蕃號達五太學生生於光緒二年八月初八日辰時配張氏本邑人張榮生長女生於光緒元年四月十三日亥時生子一經方女二待字

經方

多康長子字綸卿生於光緒二十九年九月二十九日丑時

多强

傳灼次子字子堅生於光緒六年十一月十七日寅時配黄氏本邑人黄文昇三女生於光緒九年正月二十九日寅時生子二和方治方

和方

多强長子字怡如生於光緒二十九年四月二十一日午時

治方

多强次子字良卿生於宣統元年十二月十六日巳時

多廸

傳灼三子字吉軒生於光緒十八年五月十九日巳時配牛氏本邑正陽人附貢生候選訓導牛錫璋長女生於光緒十一年五月初一日卯時生子一怡方

怡方

多廸長子字和甫生於宣統元年九月初三日丑時

多佶

傳灼四子字吉人生於光緒十六年九月二十二日子時配李氏本邑正陽人太學生江蘇候補道庫大使李蓉鏡次女生於光緒十六年三月十九日辰時

多庚

傳櫟長子號紹伯生於光緒三十三年五月二十七日寅時

多超

傳繡嗣子字儀亭生於光緒六年十月二十五日配常氏頴上人常

琢章女生於光緒五年六月十四日未時

多超

傳綬兼祧子

多超

兼祧本生父傳紳

多捷

傳瑑長子字奏三號紹唐邑庠生光緒辛卯科解元生於同治五年四月初七日丑時卒於光緒二十八年二月二十七日亥時歷年三十七歲附葬於康家橋南老塋右首乙山辛向配

方僅

多捷長子字少三號才甫生於光緒十四年七月十五日子時配葛氏本邑人葛家貴長女生於光緒十三年十二月初十日丑時

方伊

王氏本邑人
王建章次女
生於同治五
年四月初三
日卯時生子
二方僅方伊

多祚

傳瑑次子字仲
賢郡庠生生

多捷次子字著
甫號莘臣生
於光緒十九
年十一月二
十九日戌時
聘張氏本邑
人張景文次
女生於光緒
二十三年五
月

方鼎

多祚次子字新
甫生於光緒

於同治十年
正月初四日
申時卒於光
緒三十四年
九月十五日
巳時歷年三
十八歲葬於
康家橋南新
塋配柴氏本
邑人柴志仁
次女生於同
治八年九月
二十九日亥
時生子四方
臨方鼎方豫
方萃女二未

二十二年正
月初七日亥
時聘陳氏懷
遠人陳銘勳
長女生於光
緒二十一年

方豫

多祚三子字欽
甫生於光緒
二十三年十
一月二十六
日未時

字方臨殤

多祿
傳璪三子字受臣試用縣丞生於同治十一年八月初九日申時配宋氏本邑人

方萃
多祚四子生於光緒三十四年四月三十日未時

方新
多祿長子生於光緒三十年八月初十日子時

宋毓希長女生於同治九年三月初八日子時卒於光緒二十五年六月初六日巳時葬於康家橋南新塋歷年三十一歲繼配張氏本邑人張幹之次女生於光緒三年四月初十日未時生子二方新方明殤

張氏出

多藝

傳璋子字少達號子文邑庠生光緒庚子辛丑併科舉人生於光緒元年十二月初三日丑時配陳氏懷遠人陳保昌女生於光緒二年正月二十

六日子時生
女一待字

多照

傳棟長子字乙齋號藜堂附貢生五品銜江蘇試用巡檢署昭文縣巡檢　誥授奉直大夫生於咸豐元年九月初九日申時配方氏

履方

多照嗣長子字誌祥邑庠生候選縣丞例授修職郎生於光緒四年正月十八日巳時配金氏盱眙人河南候補直隸州知州金占

定遠人太學生方維洪長女　例封宜人生於咸豐二年十一月二十二日亥時側室彭氏河南人生於同治九年三月初二日未時常氏山東人生於光緒九年八月十六日寅時雲氏山東人生於光緒八年

元女　例贈孺人生於光緒五年八月初二日申時卒於光緒二十三年十一月初一日申時歷年十九歲厝於城南東九里溝繼配田氏霍邱人庠生田廸夫女　例封孺人生於光緒三年十月二十三日生

四月初九日丑時嗣多煌長子履方為長子生子二循方致方女六長字本邑裴益祥循方致方五女雲氏出長次女彭氏出三四六女常氏出

女一田氏出

循方

多照次子生於光緒二十九年四月二十八日巳時

致方

多照三子生於光緒三十一年十月初十

日丑時

多煌

傳棟次子字煒
生邑庠生五
品銜山西候
補通判歷署
托克托陶林
等處通判
例授奉直大
夫生於咸豐
八年十一月
十九日子時
配張氏本邑

舒方

多煌次子原名
守方字簡齋
山西候補典
史生於光緒
十年八月初
十日巳時配
楊氏懷甯人
山西試用巡
檢楊士銓長
女生於光緒
十二年二月

人候選鹽大使張錫璠長女　例封宜人生於咸豐七年二月二十六日巳時側室鄭氏山西人生於光緒十年六月二十六日寅時卒於宣統元年正月二十九日申時葬於山西榮河縣生子七履方舒方知

二十七日未時卒於光緒三十三年五月十八日巳時歷年二十三歲厝於山西太原府生女一

敘方

多煌四子字季澄生於光緒十二年七月初二日寅時

方敘方翼方軫方鎮方知方殤女四長女殤次適直隸優貢朝考以知縣用現署山西萬泉縣知縣賈宇熙履方舒方知方敘方翼方軫方長次女張氏出鎮方三四女鄭氏出履方出嗣多照

聘山西祁縣知縣現署沁源縣知縣定遠李樹杞四女

翼方

多煌五子字燕貽生於光緒十六年九月初五日戌時配張氏本邑人太學生張立中長女生

於光緒十七年九月二十四日未時

軫方

多煌六子字轂卿生於光緒二十一年十二月初六日卯時

鎮方

多炳
傳棟四子字楚生號祖卿太學生五品銜候選主簿例授奉直大夫生於同治四年六月初

多煌七子字鎔卿生於光緒三十三年二月十八日午時

五日午時配張氏本邑人候選從九張錫瑜次女例封宜人生於同治二年二月十八日亥時卒於光緒十一年二月初十日丑時歷年二十二歲葬於城南九里溝史家墳右新塋坤山艮向繼配沈氏本邑

人五品銜江
蘇候補巡檢
沈學敏長女
例封宜人
生於同治元
年八月十二
日寅時卒於
光緒二十七
年六月十三
日未時葬於
城南九里溝
廟前新塋丙
山壬向繼配
李氏阜陽人
提舉銜江蘇
候補主簿李

玉田三女生於光緒八年正月十九日戌時卒於光緒三十四年六月十八日酉時歷年二十七歲葬於元配張氏塋左坤山艮向

俞氏定遠人太學生俞鵬鳴長女生於光緒十三年八月二十七日辰時生女

二沈氏出長適阜陽李熙武次待字

多燿

傳棟五子字鄴生太學生五品銜浙江臨安縣知縣誥授奉政大夫生於同治六年七月二十日巳時卒於光緒二十四

覲方

多燿長子原名靖方字子安生於光緒十八年四月十八日子時卒於宣統二年三月二十日辰時壽州公學畢業生

年正月二十
六日戌時歿
年三十二歲
葬於東九里
溝北新塋配
王氏霍邱人
太學生直隸
候補縣丞王
乾訓長女
例封宜人生
於同治六年
十一月十一
日子時生子
一靖方女二

多煦

傳棟六子字芷軒號近膧太學生候選州同生於同治十一年六月初九日未時配金氏盱眙人頭品頂戴烏魯木齊提督鑾僧額巴圖魯　誥授建威將軍金運昌女　例封安人生於

鎰方

多煦長子生於光緒二十九年十二月二十七日亥時

峻方

多煦次子生於光緒三十二年正月初三日卯時

同治十三年正月初十日丑時生子二鎰方峻方

多烺

傳棟七子字灼卿太學生候選從九生於光緒三年八月初八日未時配郭氏鳳陽人 誥授振威將軍記

名提督郭恆昌次女生於光緒三年二月二十七日丑時卒於光緒二十四年十二月初六日寅時歷年二十二歲葬於城南九里溝新塋卯山酉向繼配宋氏懷遠人附貢生　貤贈朝議大夫四品銜補用同

知宋春源長女，例封孺人，生於光緒六年八月初三日午時生，女一，郭氏出

多祁

傳栻長子，字亦郊，河南候補知縣，歷署商水、武陟、祥符等縣，補授滎陽縣知縣，直

丙方

多祁長子，字南軒，太學生，分發補用運判，誥授奉政大夫，生於光緒　年

隸候補道
欽加二品銜
賞戴花翎
誥授資政
大夫生於同
治十年十月
二十六日未
時配李氏本
邑人運同銜
直隸候補知
縣李蓀森女
誥封夫人
生於同治七
年十一月十
二日卒於光
緒十七年八

月　日
時配李氏本
邑人廩生李
文煥女　誥
封宜人生於
光緒十六年
閏二月初二
日

一

月二十九日
葬於　　塋
山　向繼配
謝氏浙江人
謝廷恩女
誥封夫人生
於同治七年
十一月十二
日未時卒於
光緒三十三
年七月十六
日葬於　　塋
側室張氏余
氏生子二丙

方瑞方女一字湖北張丙方李氏出瑞方張氏出女余氏出瑞方出嗣多礽為子

多礽

傳栻次子字嗣蕃道銜　誥授中憲大夫生於光緒三年八月十三日

瑞方

多礽嗣子生於光緒二十九年十月十九日

日卒於光緒
二十七年十
二月初七日
葬於
塋
山　向配方
氏定遠人方
吉雙女誥
封恭人生於
光緒　年
月　日
卒於光緒二
十八年五月
初九日葬於
塋
山　向生

女一嗣多祁
次子瑞方為
子

多禔

傳栻三子字履
安太學生直
隸長蘆候補
運判署海豐
蘆台場鹽大
使 欽加鹽
提舉銜 賞
戴花翎 誥
授奉政大夫

培方

多禔長子生於
光緒二十七
年十一月初
七日申時

多煊

生於光緒六年十月初三日戌時配姚氏懷遠人河南候補直隸州知州姚延祺女 誥封宜人生於光緒八年五月初十日側室丁氏生子一裴方女二未字

遂方

傳樞嗣子字顯庭四品銜分省補用通判誥授朝議大夫生於咸豐十年九月十三日丑時配鈕氏定遠人三品銜候選郎中鈕秉臣三女　例封恭人生於同治元年五月二十六日未時卒於光緒二十九年

多煊長子生於光緒二十年十二月二十八日申時

述方

多煊次子生於光緒二十七年三月初七日午時

運方

閏五月二十六日午時歿年三十二歲葬於城南東九里溝大路東新塋乾山巽向繼配朱氏貴州松桃廳人安徽候補縣丞朱定國女 例封恭人生於同治十一年十二月二十九日巳時側室程氏劉氏楊

多煊三子生於光緒二十八年七月二十六日子時

進方

多煊四子生於光緒三十二年九月十三日午時

適方

氏劉氏李氏
劉氏卒於光
緒三十四年
八月二十四
日葬於東九
里溝大路東
新塋乾山巽
向兼巳亥生
子五遂方述
方運方進方
適方女八遂
方述方運方
長次七女程
氏出進方三
女楊氏出適
方劉氏出五

多煊五子生於
光緒三十二
年十月二十
六日丑時

六女李氏出
四八女繼配
朱氏出

多軺

傳梓長子字星垣太學生候選縣丞例授修職郎生於同治十年十二月二十一日寅時配范氏江甯上元縣人江西

源方

多軺長子字滙泉生於光緒十五年五月初八日巳時配李氏本邑人庠生同知銜李樹藩三女生於光緒十七年五月

候補知縣范啟璋長女生於同治八年六月二十三日寅時側室馬氏生子四源方濤方海方沂方濤方沂方俱殤女三源方濤方海方沂方長次女俱范氏出三女馬氏出

二十七日亥時

海方

多輅三子號巨川生於光緒二十四年閏

多璐

傳楙長子字琢臣邑廩生廣東候補同知署增城縣知縣　誥授朝議大夫生於

三月初七日丑時聘黃氏鳳陽人山東候補知縣黃乃漢次女

元方

多璐長子字景西生於光緒九年二月二十日未時聘程氏舒城人江蘇候補通

咸豐十一年
十一月初七
日午時卒於
光緒二十一
年六月二十
六日午時葬
於雙龍橋新
塋申山寅向
配薛氏本邑
人殉苗逆難
旌表忠義
傳載省志薛
鴻儒女 誥
贈恭人生於
咸豐九年十
月廿五日辰

判程埏之長
女

季方

多璐次子生於
光緒十一年
五月十四日
巳時配湯氏
浙江蕭山縣
人江蘇即補
知府湯在衡
嗣女浙江杭
縣江蘇督糧
道馮祖蔭女

以繼

季方子生於
年
月 日
時

時卒於光緒十五年十二月二十三日巳時歷年三十一歲合葬生子二元方季方

多瑬

傳楙次子字晃臣太學生考取謄錄國史館議敘鹽大使欽加同

生於光緒十一年九月二十二日子時生子一以繼

裕方

多瑬長子生於光緒十一年三月十二日子時

知銜 賞戴
花翎河南候
補知縣署孟
縣知縣 誥
授奉政大夫
生於同治三
年十二月二
十日辰時配
羅氏霍邱人
太學生羅蔭
樵女 誥封
宜人生於同
治五年九月
二十九日寅
時生子四裕
方京方方鵬

京方

多瘞次子生於
光緒十六年
二月二十三
日子時

方鵬

多瘞三子本邑
阜財學堂中
等畢業生部
獎附生生於
光緒二十年
二月十四日

鴻方女四三
殤

多玢

傳楙三子字潤
甫號溫如邑
庠生光緒己

丑時

鴻方

多鍌四子生於
光緒二十三
年六月初九
日未時

達方

多玢長子字晉
三生於光緒
十八年十一

丑科舉人庚
寅　恩科進
士翰林院庶
吉士授職編
修國史館協
修記名簡放
道　欽加二
品銜　賞戴
花翎　誥授
資政大夫生
於同治九年
閏十月初五
日酉時卒於
光緒二十七
年七月初七
日辰時附葬

月十九日巳
時聘曹氏湖
南長沙人禮
部左參議曹
廣權女生於
光緒十八年
八月二十三
日卯時

邁方
多玢次子生於
光緒二十年
二月初三日
辰時

於丁家山老塋午山子向兼丁癸三分配宋氏懷遠人候選同知宋春頤女誥贈夫人生於同治七年十二月初七日寅時卒於光緒十五年七月二十九日子時歷年二十二歲合葬繼配陸氏江蘇太倉州

達方
多玢三子生於光緒二十四年閏三月二十六日丑時

人都察院左都御史　子諡文愼陸寳忠女　誥封夫人生於同治十一年十月初四日午時生子三達方邁方逵方女一俱陸氏出

多瑩

傳棶四子字琇

鶚方

多瑩長子生於

臣號朗甫稟貢生法部員外郎審錄司行走　欽加四品銜　誥授朝議大夫生於同治十二年五月十三日申時配李氏定遠人江蘇候補縣丞李乃弼女　誥封恭人生於同治十二年四月十九日戌時生

光緒十九年十二月十三日亥時

濟方

多瑩次子生於光緒二十三年七月十二日辰時

澄方

多瑩三子生於

子三鵬方濟
方澄方女三

多珍
傅楙五子字端
甫附生生於
光緒二年二
月二十七日
子時配柳氏
鳳陽人生於
光緒元年八
月初五日午
時生子一毅

光緒三十二
年七月十一
日午時

毅方
多珍長子生於
光緒二十九
年七月初八
日酉時

方女三均幼
未字

多鑫

傳樾長子字荔軒附監生光緒辛卯科舉人分省補用知府江蘇補用道奏調直隸候補道賞戴花翎欽加二品銜

震方

多鑫嗣長子字仰儒生於光緒十二年八月十七日亥時配胡氏安徽秋浦縣人分省試用道胡琪次女生於光緒二十

生於同治四年二月初七日丑時卒於光緒三十二年十一月十四日酉時歷年四十二歲照軍營積勞病故　例追贈内閣學士銜廕一子以知縣用　誥授資政大夫葬於城南棉羊橋巽山乾向兼巳亥五

一年四月二十九日申時

啟方

多鑫次子生於光緒三十二年十月二十七日酉時

一

分配何氏定遠人南河堰盱廳同知江蘇補用知府何維楨女誥封恭人誥贈夫人生於同治五年八月二十六日未時卒於光緒二十四年十二月二十八日卯時歷年三十二歲葬於城南油坊店巽山

乾向繼配李氏合肥人翰林院編修李經世女　誥封夫人生於光緒元年十一月二十四日寅時生子一啟方嗣多森子震方為長子女三長字江蘇山陽顧翼經次三待字長女何氏出啟方次三女李氏出

多森

傳樾次子字蔭庭邑廩生南河補用同知直隸候補道農工商部頭等議員三品銜二品頂戴賞戴花翎直隸勸業道誥授資政大夫生於同治六年十二月十八日午時配沈氏浙

師彦

多森四子生於光緒三十年九月十六日戌時

江甯波人江蘇常鎮通海兵備道沈敦蘭女　誥封宜人　誥贈夫人生於同治五年十一月二十七日卯時卒於光緒七八年閏六月初八日戌時歷年二十七歲葬於西九里溝甲山庚向兼卯酉五分繼配

劉氏鳳陽人
分省補用道
劉開誠女
誥封夫人生
於同治九年
八月十一日
子時生子四
震方復方觀
方師方女六
震方長女沈
氏出復方觀
方師方次三
四五六女劉
氏出震方出
嗣多鑫為子
復方殤觀方

出嗣多堃爲子長女出嗣多培爲女適無錫賈熙曾三女出嗣多堃爲女字揚州李次四五六女待字

多培

傳檝三子字植軒　貤贈奉直大夫翰林院庶吉士加

晉方

多培嗣子生於光緒二十六年六月二十七日午時

四級生於同治九年十月二十日午時卒於光緒十四年九月初二日申時歷年十九歲葬於油坊店寅山申向聘李氏阜陽人五品銜候選知縣李汝楫三女未婚多培卒聞訃過門守貞待 旌貞節 貤封

宜人生於同治九年十一月十二日巳時嗣多焱次子晉方為子嗣多森長女為女

多焱

傳樾四子字履平邑庠生分部主事 欽加四品銜誥授朝議大

豫方

多焱長子生於光緒二十四年二月十二日亥時

夫生於光緒元年十二月十六日亥時配方氏定遠人候補縣丞方臻邁女誥封恭人生於光緒二年十月初十日子時卒於光緒三十三年四月初十日寅時歷年三十二歲葬於城南二十舖乙山辛向兼

卯酉四分生子二豫方晉方女二待字晉方出嗣多培

多塋

傳檝五子字厚甫太學生貤贈奉政大夫翰林院檢討加四級生於光緒四年十月二十八

觀方

多塋嗣子生於光緒二十七年十二月十四日戌時

日巳時卒於
光緒二十八
年二月二十
七日 時歷
年二十五歲
配吳氏盱眙
人江南鹽巡
道吳炳祥女
貤贈宜人
旌表節孝
生於光緒五
年正月初五
日辰時卒於
宣統二年八
月二十日子
時葬於

山
向嗣多森
三子觀方為
子多森三女
為女

多鈺
傳樾六子字章多鈺長子生於
甫美國康奈
而大學工科
畢業生授工
科學士庚戌
學部考試取
列最優等

萃方
年 月 日 時

鼎方

賞給工科進
士辛亥　廷
試一等授翰
林院檢討加
四級歷充吉
長鐵路局工
程司局長甯
湘鐵路局局
長　誥授奉
政大夫生於
光緒八年正
月初九日未
時元聘陳氏
江蘇江陰人
都察院左副
都御史陳名

多鈺次子生於
年
月　日
時

侃三女生於光緒八年六月二十六日卒於宣統元年九月二十一日歷年二十八歲配張氏直隸豐潤人署安徽徽甯池太廣兵備道張佩緒女誥封宜人生於光緒十四年正月初十日卯時子二莘方女

一咸方

多巘
傳櫟長子字摯甫南河補用同知民政部主事職方司行走四品銜誥授朝議大夫生於光緒元年十月初二日巳時配李氏阜陽人候選知縣

煜方
多巘長子字伯羣生於光緒十八年九月二十七日酉時

焯方
多巘次子字仲羣生於光緒

李汝楫五女
誥贈恭人
生於同治十
三年十二月
二十一日寅
時卒於光緒
二十二年七
月二十日寅
時歷年二十
三歲附葬於
城南油坊店
新塋繼配李
氏直隸廣平
府永年縣人
江西崇仁縣
知縣李寶權

十九年十二
月二十七日
申時

熾方

多巘三子字叔
羣生於光緒
二十九年八
月二十四日
酉時

燽方

女生於光緒二年五月初三日子時例封恭人生子五煜方焯方熾方燾方焜方女四長字定遠方毓紀次三四待字煜方焯方長女元配李氏出熾方燾方焜方次三四女繼配李氏出

多巘四子字彥博生於光緒三十年十二月十三日午時

焜方

多巘五子字景文生於光緒三十二年二月十七日未時

多敉

傳樸長子字建侯邑庠生候選縣丞　敕授修職郎誥封中憲大夫四品銜法部審錄司主事生於同治四年四月十七日酉時配李氏阜陽人五品銜候選知縣李汝楫次女　敕封

方夏

多敉長子字履中號華伯太學生四品銜法部主事審錄司行走誥授朝議大夫生於光緒九年正月二十三日亥時配黃氏本邑人候選縣丞黃臻福女誥封恭人生於光緒八年

以慶

方夏長子生於宣統元年四月初十日申時

以愷

方夏次子生於　年　月　日　時

孺人　誥封
太恭人生於
同治四年十
月十四日酉
時生子二方
夏方尚女一
適陜西盩厔
縣農科舉人
學部主事路
孝植

七月初九日
辰時生子三
以慶以愷以
悌女一

方尚

多教次子字渭
漁號仲昆日
本早稻田大
學畢業考取
優等　賞給
舉人郵傳部

以悌

方夏三子生於
年
月　日
時

主事承政廳行走生於光緒十年九月二十三日子時聘趙氏本邑人太學生趙長紱女未婚早逝配吳氏河南固始人候選縣丞吳江之女生於光緒七年十二月二十一日午時生女一

多騭

傳楫長子字伯升太學生生於光緒三年二月二十九日寅時配宋氏懷遠人候選同知宋春頤女生於光緒二年十二月二十七日丑時

多勳

傳縱長子字紫猷號誦莪附貢生四品銜分省補用州同　誥授朝議大夫生於咸豐七年二月二十七日申時配金氏霍山人廩貢生候選教諭金錫麟長女　例封宜人　誥封太恭

方域

多勳長子原名方塾字正齋太學生山東曹州鎮標千總生於光緒元年九月二十七日戌時配段氏本邑人太學生殷懋賢女生於光緒元年八月十九日丑時生子二以純以祥

以純

方域長子字履真生於光緒二十六年九月十六日丑時聘李氏本邑下塘集人李如泰女生於光緒二十八年二月十四日子時

以祥

人生於咸豐四年八月十三日午時生子十一方域方墜方增方堅方均方圻方垣方塏方堡方堉方址

方墜

多勳次子字仲杰太學生山

方域次子字元吉生於光緒二十九年八月十一日丑時聘沈氏本邑人正陽鎮沈德培女生於光緒二十九年八月十六日未時

以桂

方墜長子字馨甫生於光緒

東候補知縣歷署城武東阿館陶等縣四品銜　賞戴花翎保升直隸州知州　誥授朝議大夫生於光緒四年正月十七日酉時配顧氏本邑菱角嘴人世襲雲騎尉就職候選同知顧雲龍長女生於光緒元

二十四年七月十六日申時聘程氏江西人山東候補知府程　女生於光緒二十八年

年八月初二日卯時生子一以桂女三

方增

多勳三子字馥棠太學生分省補用通判生於光緒五年九月三十日辰時配陳氏本邑隱賢集人太學生陳治本長女

生於光緒四年十二月初十日丑時

方堅

多勳四子字鐵臣皖省武備學堂畢業生充當奉天督練處提調三鎮十一標二營督隊官候選縣丞生於光緒七年八

以權

方堅長子字衡平生於光緒二十九年閏五月十四日巳時

月初六日戌時配吳氏盱眙人太學生候選知縣吳維城四女生於光緒六年四月二十五日申時生子一以權

方均

多勳五子字書城號平甫皖省武備學堂

畢業生五品銜候選縣丞生於光緒八年九月初四日子時配周氏本邑安豐塘人拔貢周儀典之孫女生於光緒九年五月初九日卯時

方圻

多勳六子原名

以振

方圻長子字倬

方塈字厚田號華廷生於光緒九年十二月初一日丑時配程氏阜陽人記名總鎮程文田次女生於光緒七年三月十七日寅時卒於宣統元年七月初六日亥時歷年二十九歲厝於城南崔家廟艮山坤向

卿生於宣統元年六月三十日寅時

生子一以振

方坦

多勳七子原名方垕字坤甫號拱辰太學生候選縣丞生於光緒十一年二月初三日戌時配金氏霍山人候選州同金鳳鈞次女生於光緒十一

年四月初五日辰時

方塏

多勲八子原名方墏字爽之號繼元生於光緒十三年五月初二日亥時配徐氏鳳臺人徐立德長女生於光緒十五年六月初一日

以正

方塏長子生於宣統二年七月十一日亥時

卯時生子一
以正

方堡
多勲九子字相
㘈如生於光緒
十四年十一
月初一日戌
時配陳氏定
遠爐橋人舉
人舒城縣訓
導陳謹臻次
女生於光緒
十五年八月

二十五日戌時

方堉

多勳十子原名方璧字寶田號涵之生於光緒十六年十一月初三日丑時配顧氏本邑菱角嘴人世襲雲騎尉就職同知顧雲龍三

女生於光緒十二年五月初八日巳時

方址

多勲十一子原名方埜字殿伯生於光緒十八年閏六月十一日午時聘李氏阜陽人李松培次女

多琦

傳柷長子字伯韓生於光緒十六年六月三十日寅時聘繆氏江蘇溧陽人內閣中書繆侢之長女

多鉉

傳柷次子生於光緒二十八

年五月十七
日戌時

多焌

傳榕嗣子字静
菴號灼三一
品廕生恩
賞以郎中分
部補用生於
光緒十八年
八月二十四
日辰時配周
氏建德人長
蘆鹽運使周

學熙次女生於光緒十六年十一月二十六日午時生女一

多熢

傳桀次子字德符一品廕生恩賞以郎中分部補用生於光緒十九年四月初一日子時聘

劉氏直隸吴橋縣人翰林院典簿劉祖棠長女生於光緒二十年五月十五日丑時

多瑞

傅師長子字輯五生於同治十二年九月二十九日巳時配戚氏本

方彝

多瑞長子生於光緒三十二年七月初八日午時

邑人戚蓮溪女生於同治十二年二月十六日子時生子一方彝女一

多播

傳師次子字仲璵生於光緒七年八月十六日未時配陶氏本邑人陶丙春女生

於光緒八年四月二十一日戌時

多璵

傳師三子字楚珍生於光緒十九年六月十二日亥時聘裴氏本邑人

多琛

方榕

傳潔長子字獻卿生於光緒五年十二月初五日辰時配黃氏本邑人儘先即補千總黃世忠女生於光緒十一年十一月初九日辰時生子一方榕女一

多枚

多琛長子生於宣統元年八月初六日丑時

傳澐長子字子和生於光緒元年十一月十五日亥時

多裴

傳澐次子字豹卿生於光緒十二年八月廿二日寅時

多錚

傳洵長子字聲甫生於光緒八年六月初四日子時配薛氏本邑人薛鑑遠女生於光緒十一年九月十三日寅時

多恭

傳治長子字敬卿生於光緒十三年七月

二十三日丑
時

多慧
傳治次子字德
菴生於光緒
十六年二月
初九日寅時
聘方氏霍邱
人

多祥

傳淙長子生於光緒四年九月十三日戌時

多春

傳淙次子生於光緒九年十二月二十七日亥時

多疇

傳淙三子生於光緒十四年二月廿六日丑時

多璋

傳溱長子字子鏡生於光緒三年六月初一日酉時配鄭氏本邑人鄭廣學女生

於光緒四年九月二十六日辰時卒於光緒二十四年九月十二日辰時歷年二十歲葬於城南北橋灣東新塋卯山酉向繼配倪氏合肥人倪華封女生於光緒五年四月初七日未時生女三長字本邑鄭

多彩
傳溱次子生於光緒十四年八月初十日子時配呂氏本邑人呂長星女生於光緒十七年十一月十六日辰時生子一
方鐸

多祝

方鐸
多彩長子生於宣統元年二月初八日辰時聘鄭氏本邑人鄭子蘇女生於光緒三十四年十二月初六日寅時

傳漢嗣子生於光緒十七年三月二十五日巳時配楊氏本邑人楊傳德女

多聞

傳沂長子字小泉生於咸豐五年五月初三日未時卒於光緒十六年七月初九

悅方

多聞嗣子生於光緒十二年三月二十日寅時

日亥時歿年三十六歲葬於城北李家窪新塋酉山卯向配沈氏本邑人生於同治元年八月十六日子時卒於光緒九年三月十二日酉時歿年二十二歲合葬嗣多年長子悅方為子

多福

傳沂次子字備五生於咸豐十年五月二十日寅時卒於光緒三十三年歷年四十八歲葬於城南陶家樓新塋配趙氏本邑人趙春魁女生於同治五年二月初四日未時生子一方奎

方奎

多福長子

女一

多年

傳沂三子字子豐生於同治二年正月十一日午時卒於光緒三十四年六月初四日卯時歷年四十六歲厝於城南隱賢集新塋配許氏鳳臺人

俊方

多年長子生於光緒二十二年四月二十九日丑時

許化清女生於同治元年九月十四日辰時生子二悦方俊方女二長適鳳臺李元榮次適鳳臺朱悦方出嗣多聞

多富

傳沂四子字少泉生於同治七年四月二

方崙

多富長子

十六日寅時
配邱氏本邑
人邱長悅女
生於同治十
一年四月二
十六日寅時
生子三方崙
方岑方嵩女
一

多澳
傳馨長子字俊
生附監生江
蘇即補縣升

方岑
多富次子

方嵩
多富三子

方琉
多澳嗣子字琇
若生於光緒
十六年五月

用直隸州知州 誥授奉政大夫生於同治六年十一月二十三日辰時卒於光緒三十年八月初五日歷年三十八歲葬於城南宋家莊新塋配羅氏盱眙人兩淮補用都司羅李平女生於同治三年十一月

二十三日辰時

二十六日子時生子長儒殤女一嗣多慶次子方玧爲子

多淮

傳馨次子生於光緒二十七年十一月十八日

多濬

傳彬嗣子字文孚太學生生於光緒十年正月二十三日辰時配許氏本邑人庠生許家均女生於光緒七年二月二十三日丑時生子二方祥女一方祥出嗣多臻

多臻

傳鍇長子字仰儒生於光緒三年正月初四日辰時卒於光緒二十五年十月十八日亥時歷年二十三歲葬於城北李家窪新塋亥山乙向配王氏本邑人王奎遠女待旌節孝生於

方祥

多臻嗣子生於光緒三十年二月十五日申時

光緒四年四月初四日未時生女一嗣子濬長子方祥為子

多繼

傳恆長子字敬熙生於光緒八年二月十八日卯時配趙氏本邑人趙咸育女生年無考卒葬

益方

多繼長子生於光緒二十七年三月十五日丑時

走馬嶺南老塋西北卯山酉向繼配趙氏本邑人趙臧孚女生年無考卒葬走馬嶺南老塋側配劉氏本邑人劉恩培女生於光緒九年六月初五日辰時生子一益方元配趙氏出

多棣
傳恆次子字仲郛生於光緒十二年十月二十六日子時

多靄
傳恆三子字吉臣生於光緒十四年九月初四日卯時配宋氏懷遠

人生於光緒十六年正月初九日寅時

多棉

傳恆四子字陞卿號厚培生於光緒十八年八月初二日未時聘趙氏本邑人

多泉

傳恆五子字及源生於光緒二十年十二月三十日午時

多雖

傳恆六子字旭鳴生於光緒二十二年十月初七日亥時

多肅
傳恆七子生於光緒二十五年二月十一日戌時

多麒
傳輔長子字瑞卿生於光緒三十年四月十三日辰時

多麟

傳輔次子字仲祥生於光緒三十一年六月初八日巳時

多廙

傳亶長子字植之號虛園生於光緒四年五月初十日未時卒於光

緒方

多廙嗣子

緒二十三年八月十六日未時歷年二十歲附葬於劉木匠店老塋左首午山子向聘何氏鳳陽縣人分部郎中花翎浙江補用府候補同知何雲藻次女生於光緒六年九月初九日巳時未婚夕虞卒聞訃過

門守貞待旌貞節嗣多旬長子緒方爲子

多旬

傳奭次子字挺之號仲誠附監生主事職銜例授承德郎生於光緒十三年正月初九日辰時配王氏懷

遠人附貢生三品銜直隸候補知府贈太僕寺卿王錫恩次女例封安人生於光緒十三年四月初十日亥時生子一緒方女一緒方出嗣多麇

多輅

傳浵長子字乘之號純如生於光緒六年十一月初四日丑時配凌氏定遠人增生詹用州判凌厚均長女生於光緒九年八月初二日子時

多軾

傳浵次子字斐

之號景蘇生於光緒十五年正月三十日丑時

多軫

傳抃長子字念之又字慎餘號公健生於光緒十一年十一月二十一日寅時配方氏定遠人附監生山東

訓方

多軫長子生於宣統元年七月十四日辰時

候補縣丞方茂林三女生於光緒十年九月二十八日子時生女一子一訓方

多興

傳抃次子字衡之號仲得阜財學堂畢業考取最優等學部獎為廩生生於光緒

十七年十月十六日辰時

多轍

傳忭三子字存之號肖蘇生於光緒二十年十月二十四日午時

多輪

傳忭四子字周

之生於光緒二十四年七月二十三日亥時

多輗

傳梓五子生於光緒三十年二月初九日卯時

多軏

傳𤅢六子生於光緒三十二年十月十四日申時

多𤝏

傳述長子字幼圃生於光緒三十一年六月二十二日亥時聘梁氏本邑人五品銜梁文翰長女生於光緒

十八年五月
二十五日辰
時

多羆

傳述次子字次
如生於光緒
二十二年十
二月十五日
辰時聘史氏
本邑人庠生
史愛棠次女

多彪

傳述三子字炳若生於光緒二十四年正月二十八日丑時聘王氏本邑人庠生王振鵬次女生於光緒二十二年八月二十七日戌時

多麒

傳述四子生於光緒二十九年四月初九日酉時聘顧氏本邑人顧培傑女生於光緒二十八年十一月十六日巳時

多獬

傳述五子生於

光緒三十四年四月十四日未時

多敔
傳覺長子生於光緒二十五年八月二十二日申時

多藺
傳韶嗣子

多胄

傳軒長子生於光緒三十三年十月初七日子時

多鵠

傳翁長子生於光緒二十二年六月初七日亥時聘張氏鳳臺人太學生張永懋

次女生於光緒二十三年

多豐
傳翁次子生於光緒二十四年正月二十七日亥時

多餘
傳旭長子字積三生於光緒

二十五年三月初九日巳時

多賢

傳璘長子字孟齊生於光緒二十一年八月二十九日午時

多貽

傳璘次子字仲穀生於光緒二十四年十二月初七日丑時

多貢

傳箴長子字禹功生於光緒二十七年五月十三日申時聘吳氏本邑人從九品吳懋修次女

多賡

傳箴次子字子揚生於光緒二十九年二月十七日未時

多質

傳箴三子字叔平生於光緒三十一年十月三十日未時

多寶

傳箴四子字季敦生於光緒二十四年二月十一日辰時

多寶

傳箴五子生於宣統二年庚戌七月十七日辰時

多萱

傳濂長子生於光緒元年七月初一日丑時配李氏蒙城人生於光緒十一年四月十二日子時生子一方椿

多鄰

傳濂次子生於

方椿

多萱長子生於宣統元年七月二十一日亥時

光緒四年正月二十三日午時

多芷

傳濂三子生於光緒八年七月十八日丑時

多蕙

傳濂四子生於

曾五世孫

光緒十四年九月初八日子時

多文

傳瑩次子字質夫雲騎尉世職　例授武德騎尉生於咸豐元年十二月十九日未時配林氏懷遠人二品頂戴山東即

補道前署濟東兵備道林介景女生於道光二十年十二月十二日寅時卒於光緒元年四月二十六日亥時歷年三十六歲葬於城南十里鋪繼配張氏懷遠人生於同治二年二月十四日午時卒於光緒二

十四年二月初一日卯時歷年三十五歲葬於北山遯園右首

多芬

傳志嗣子字稚農太學生候選縣丞生於咸豐七年閏五月二十八日丑時配方氏定遠人從

方鎬

多芬長子字仰周太學生生於光緒四年四月初十日戌時配李氏本邑人廩生李鴻材女生

九品方維洪
三女生於咸
豐七年九月
十九日子時
生子四方鎬
方鍵方錦方
鐈方鐈殤女
三長適甯國
府同知銜現
授鳳陽府臨
淮鄉訓導崔
鎮邦次適本
邑太學生張
善澤三殤

於光緒六年
十月十四日
巳時生女一

方鍵

多芬次子字修
甫號管丞生
於光緒六年
六月十四日
丑時配方氏
定遠人庠生
方照元長女
生於光緒六
年九月二十

以綵

方鍵子生於宣
統元年七月
十九日亥時

五日酉時生
子一以綵女
二

方錦
多芬三子字慕
琦生於光緒
八年正月初
五日亥時配
趙氏本邑正
陽人太學生
趙硯芬女生
於光緒七年
六月初六日

以綸
方錦子生於光
緒三十四年
九月十一日
亥時

亥時生子一以綸

多蔚

傳惠三子字仲文太學生分省試用縣丞生於光緒四年正月初五日巳時配趙氏本邑人從九品趙咸育長女生於同治十年十月

方銶

多蔚長子字敦甫生於光緒三十五年二月十二日丑時

方鉅

多蔚次子字谷

初一日丑時生子二方釗方鉅女二長字鳳陽縣臨淮鄉郭

橋生於光緒二十九年九月十八日亥時

多芑

傳惠四子原名多埜字叔穀號幼之太學生生於光緒六年九月初六日辰時配方氏定遠人

雲騎尉世職方藝林次女生於光緒六年十二月十五日酉時卒於光緒二十八年二月初六日未時歿年二十三歲葬於城北曹家山十里坂新塋繼配張氏本邑人庠生張樹棠女生於光緒十年十月二十

五日丑時生女三長女方氏出次三女張氏出

多蘅

傳惠五子字季芳號蕪君太學生生於光緒八年十一月初七日子時配方氏定遠人山東試用縣丞方茂

方鐘一

多蘅子字戩穀生於光緒二十九年七月初十日子時

林次女生於光緒七年四月二十九日亥時卒於光緒三十二年丑月十一日子時葬於北山遊園後新塋酉山卯向

繼配周氏本邑人廩貢生周咸熙次女生於光緒十二年十二月十一日子時生子一芳鍾

方氏出

多芾

傳惠六子原名多荀字景伯太學生生於光緒十一年三月初十日酉時配李氏本邑人從九品李蓉春四女生於光緒十一年七月二十四日戊

時生女一

多哲

傳惠七子字采丞號少之監生生於光緒十二年十二月二十七日戌時配陳氏定遠人從九品陳清汭次女生於光緒十四年正月初五日亥時

生女一

多珮

傳恕長子字幼心太學生生於同治八年正月初三日配吳氏固始人生於同治九年四月初五日子時卒於光緒二十年葬於固始繼配吳氏江

方鎮

多珮長子字壽域生於光緒二十一年七月初八日寅時

蘇寶應縣人生於同治十二年十月初二日寅時生子一方鎮繼配出

多棨

傳懋次子字少如試用府經歷生於同治十年六月二十四日巳時配方氏定遠

人花翎同知銜兩淮補用鹽大使方模經女生於同治八年十月二十六日辰時生女一

多璟

傳怨三子字紫雲生於光緒六年七月二十八日子時配龔氏合肥

人五品銜浙江候補縣丞龔澍霖女生於光緒六年六月二十一日卯時

多芷

傳恩長子字沅甫號伯芳附生同知銜兩淮候補鹽大使生於同治十二年七月

方鈞

多芷長子字幼甫生於光緒二十年七月十九日午時

初六日子時
配陳氏定遠
人五品銜湖
北候補縣丞
陳衍濟女生
於光緒二年
十一月二十
一日亥時生
子四方鈞方
鈺方錚方銘
女一字鳳陽
府臨淮鄉郭

方鈺
多芷次子字寶
君生於光緒
二十一年七
月十九日寅
時

方錚
多芷三子字鐵
臣生於光緒
二十四年八
月二十九日
申時聘陳氏

定遠人

方銘

多並四子宇新
盤生於光緒
二十六年九
月初五日午
時聘廖氏本
邑人同知銜
直隸補用鹽
大使廖冠甲
次女

多莘

傳恩次子字仲耕附貢生生於光緒八年十月初五日午時配陳氏定遠人從九品陳清納長女生於光緒九年四月初十日辰時生女一

多美

傳恩三子字次耕原名多茹五品銜議敘縣丞生於光緒十二年十一月十四日午時配何氏定遠人直隸候補巡檢何維栻女生於光緒十三年十一月十二日巳時

多蓮

傳懃長子字眷源生於光緒元年正月二十六日寅時卒於光緒二十四年九月初一日寅時歷年二十四歲葬於北山邂圍東首配黄氏合肥人五品銜候選知縣黄企純女生於同治

十二年前六月二十日子時卒於光緒二十年三月十七日申時葬於合肥黃氏塋內繼配王氏合肥人附貢生玉德明女生於光緒二年十月二十日午時待旌節孝

多孳
傳懃三子字善
夫生於光緒
十六年正月
二十二日巳
時配王氏本
邑人王用賓
女生於光緒
十四年八月
十五日亥時

多蔬
傳懃四子字企

圖生於光緒十八年九月二十八日申時聘愛氏本邑公夏居業女生於光緒二十一年四月十四日子時

多蓀

傳懿次子字慎初太學生生於光緒三年

正月十五日
酉時配李氏
合肥人江蘇
候補巡檢李
乃弼次女生
於光緒元年
五月初七日
子時卒於光
緒三十一年
十二月二十
八日亥時歷
年三十一歲
葬於城北曹
家山新塋

多蘩

傳懋三子字藻如生於光緒八年七月初九日配方氏定遠人廩貢生雲騎尉世職候選縣主簿方梓林女生於光緒六年七月二十一日辰時生子一方鑒

方鑒

多蘩子字孟綱生於光緒三十二年二月十五日午時

多萇

傳懋四子字楚臣生於光緒二十六年二月二十八日子時

多墀

傳懿子字邂谷號彤雲太學生光祿寺署正銜生於光緒十年三月

方鎔

多墀長子字孟華生於光緒二十九年正月初七日辰時

初一日辰時
配吳氏四川
銅梁縣人同
知銜安徽候
補知縣吳鍾
瀛次女生於
光緒九年十
月二十日卯
時生子二方
鎔方鍹女一

方鍹
多𢡟次子字召
臣生於光緒
三十四年九
月二十九日
午時

壽州孫氏支譜

卷之

字第　號

多升

傳懋長子字企堂附監生州同銜江蘇候補巡檢生於同治五年十月二十二日戌時配宋氏本邑人從九品宋毓珮次女　誥封安人生於同治五年八月二十八日亥時卒於光緒十

方鑄

多升長子字則顏號鐵菴附生己酉科優貢生於光緒十年十二月二十二日巳時配晁氏六安人監生晁顯嗣三女生於光緒十年正月十一日卯時生子一以畧

以畧

方鑄子字師猛生於光緒三十四年十一月二十四日卯時

八年八月十八日酉時歷年二十七歲葬於北山遜園側酉山卯向繼配李氏阜陽人歲貢生李士銘女生於同治八年十月初九日酉時生子二方鑄方鏐女一方鑄女俱宋氏出方鏐李氏出

方鏐

多升次子號希越監生生於光緒二十六年閏八月十六日亥時聘顧氏本邑人甲午舉人河南候補知縣顧堯階長女

多觀

傳懋次子號鑒堂監生候選縣丞生於同治十三年八月二十四日戌時配李氏本邑人從九品李璜女生於同治九年十二月二十四日申時生子一方鍇

方鍇

多觀子號孟堅監生生於光緒二十四年十二月十四日寅時聘顧氏本邑人顧彥賓女

多恒

傳懋三子號鶴堂五品藍翎生於光緒二年十月二十三日戌時配趙氏本邑人監生趙咸恭女生於同治十三年十月十五日巳時生女一

多震

傳懋四子號肅堂從九品生於光緒十一年十一月十五日午時配龔氏合肥人附貢生龔毓琛長女生於光緒十年十一月二十六日丑時生子一方錡女一

方錡

多震子號效周生於光緒三十三年十二月二十七日亥時

多節
傳懋五子號介堂監生生於光緒十八年九月十三日丑時配宋氏本邑仝從九品宋毓球女生於光緒十六年十二月廿四日卯時

多星

毓方

以恭

傳硯長子字孟
輝太學生
貤贈奉政大
夫貴州補用
知縣生於同
治四年九月
二十四日申
時卒於光緒
二十七年十
二月初一日
巳時配李氏
本邑八太學
生張培春長
女　貤贈宜
人生於同治
七年八月初

多星長子字秀
之生於光緒
十五年八月
二十四日卯
時配張氏本
邑八太學生
張慎輝長女
生於光緒廿
二年四月二
十七日巳時
生子一以恭

毓方長子生於
光緒三十四
年四月初六
日午時

五日卯時卒
於光緒二十
七年九月十
五日申時生
子一毓方女
一

多璘

傳硯次子原名多璘長子
慎字惠五太
學生五品銜
貴州即補知
縣升用直隸
州　誥授朝

方

議大夫生於同治八年八月十一日申時配蘇氏鳳臺人生於同治七年五月二十五日寅時卒於光緒二十年三月二十一日歷年二十七歲葬於城南八畝塘東南向繼配陳氏定遠人生子一方女四長

女蘇氏出
方二三四女
俱陳氏出

多堡

巽方

傳硯三子原名多堡長子
寶字敦吾太
學生五品銜
分省補用巡
檢　例授奉
政大夫生於
同治十一年
二月二十七
日卯時配沈

氏本邑人沈學高長女例封安人生於同治十年三月二十八日辰時生子一巽方女四

多寶

傳硯四子字椒升候選從九品生於同治十三年七月初六日丑時

敏方

多寶長子生於光緒二十七年六月十三日未時

配吳氏鳳臺人庠生吳廷選長女生於同治十三年正月十一日未時生子三敏方僅方震方

僅方
多寶次子生於光緒二十九年閏五月初四日丑時

震方
多寶三子生於光緒三十二年七月初二日未時

多裕
傳峴長子字紹先生於光緒十九年十一月十二日亥時聘胡氏鳳臺人胡延年長女

多誠
傳峴次子生於光緒三十三年八月二十

一日寅時

多譆

傳魯長子字善
臣太學生五
品銜候選縣
丞　例授奉
直大夫生於
咸豐九年十
二月初九日
午時配方氏
定遠公監生
方維植女
例封宜人生

悅方

多譆長子字少
臣號怡齋候
選從九生於
光緒九年四
月初七日子
時配張氏本
邑人張化楠
之女生於光
緒六年正月
十七日丑時
生子一以熏

以熏

悅方長子字南
軒生於光緒
三十四年九
月二十日丑
時

於同治二年九月二十六日子時生子一悅，方女一字本邑郭開基

多諶
傳魯次子，字少愚，監生，生於同治十年五月二十九日寅時，卒於光緒十八年三

岵方
多諶長子

月十六日子時歷年二十二歲葬於城東感佛寺新塋乙山辛向配袁氏本邑人候選從九袁從龍女旌表節烈生於同治八年四月初八日未時卒於光緒十八年閏六月二十五日戌時歷年二十四歲合

奠生子一岵
方

多讓

傳魯三子字允
臣號退之監
生生於光緒
二年七月三
十日巳時配
李氏本邑人
歲貢生候選
訓導李召棠
女生於同治
十二年十二

月二十四日亥時生子方殤女一

多烋

傳澍長子字廷揚號伯英附貢生山東候補縣丞補缺後以知縣用生於同治四年十一月初二日戌時配時氏本邑人

昶方

多烋次子字暢之生於光緒十六年八月初九日子時聘張氏本邑人壬寅順天舉人廣西知縣張立政女

世襲雲騎尉
補用副將時
苓女生於同
治五年九月
二十二日戌
時生子四濟
方昶方旭方
晟方女三長
適江蘇清河
縣吳超時次
字本邑顧濟
方殤旭方出
嗣多訓

晟方
多杰四子字詠
春生於光緒
二十七年五
月十九日子
時

多墉 一

傳澍三子字佃夫號仲弼由供事議敘縣丞生於光緒四年二月十二日寅時配紀氏鳳臺人貢生紀益三女生於光緒四年十月初七日亥時生子一昱方女一

昱方

多墉長子生於光緒三十四年二月二十一日申時

多訓

傳澍四子字叔英監生生於光緒八年十月初十日辰時卒於光緒三十一年六月二十八日申時歷年二十四歲附厝於城東盛佛寺新塋配方氏鳳臺人補用都司方長禧女守節待

旭方

多訓嗣子字和之生於光緒二十四年正月初一日子時

旌生於光
緒七年十月
初一日嗣多
杰三子旭方
為子

多譓
傳習長子字仁
甫候選從九
生於光緒三
年正月二十
三日寅時配
蔡氏江蘇江
甯縣人監生

林方
多譓長子生於
宣統元年十
二月二十一
日辰時

蔡長和女生於光緒四年九月二十日未時卒於光緒二十八年二月二十四日巳時歷年二十五歲葬於城南八畝塘新塋繼配顧氏本邑人監生顧居廣女生於光緒七年十二月二十六日辰時生子 方

殤女一蔡氏
出

多誠

傳習次子改名
多懿字仲嵒
號和甫五品
藍翎督標候
補千總生於
光緒六年六
月二十四日
酉時配張氏
本邑人監生
張允德女生

於光緒七年
二月二十二
日卯時生女
一

多琦

傳益長子字慕
韓雲騎尉世
職 例授武
德騎尉生於
同治十三年
十二月十二
日辰時卒於
光緒三十三

年十月初八日歷年三十四歲配江氏本邑人太學生江志道女
例封宜人生於光緒元年卒於光緒二十三年九月二十六日寅時葬於城南八畝塘繼配方氏本邑人太學生方文華女　例
封宜人待

旌節孝生於光緒七年四月初六日未時生女一江氏出

多瑜

傳益次子字瑾卿原名多忱生於光緒五年十二月初十日申時配陳氏本邑人廩生陳文定

女生於光緒八年三月初八日

多琤

傳益三子字聘之原名多悦生於光緒八年九月二十二日巳時配戴氏本邑人太學生戴吉慶女生於光緒十三年三

月初六日子時

多珣

傳兆長子字會甫原名多荀生於光緒十二年十月初八日辰時配岳氏鳳臺人庠生恒新女生於光緒十三年四月十二日子時卒

於光緒三十四年九月十六日卯時歷年二十二歲葬於城南八畝塘新塋

多宸

傅森長子字朔甫優廪生光緒丁酉科拔貢考取八旗官學教習同知銜山東升

慰方

多宸長子生於光緒二十五年十二月二十日子時聘張氏本邑人附貢生張銘

用直隸州候
補知縣代理
長山縣知縣
署東平州知
州現署濱州
知州．誥授
奉政大夫生
於同治十一
年八月初八
日辰時配姚
氏本邑人太
學生四品銜
姚長鑫女
誥封宜人生
於同治九年
六月二十六

遠女生於光
緒二十三年

日午時生子
一慰方女四
長字定遠何
次字本邑顧
三字本邑李
四字本邑張

多灝

傳緗長子字伯
良附貢生提
舉銜兩淮候
補運判　誥
授奉直大夫
生於光緒二

方銘

多灝長子

方鈞

多灝次子

年八月十一日子時卒於光緒三十二年七月十七日戌時歷年三十一歲配陶氏江蘇陽湖縣人 例封宜人生於光緒二年十二月十三日申時生子二方銘方鈞女三

多懿

傳緗次子字仲一年附貢生同知銜湖北候補知縣誥授奉政大夫生於光緒四年三月初六日丑時配汪氏江蘇元和縣人例封宜人生於光緒六年二月二十八日生子二方鑄方

方鑄

多懿長子

方錫

多懿次子

錫女二

多顯
傳綺長子生於
光緒十七年
三月二十九
日辰時

多項
傳綺次子

多項
傳綺三子

多顥
傳綺四子

多傾
傳徽長子

多灝

傳績長子

多轍

傳質長子生於光緒三年十月初四日丑時卒於光緒二十年六月初一日歷年十八歲葬於鎮江西門外壬山午向聘

林氏懷遠人候選府經歷林介良女旌表貞節生於光緒三年六月初三日辰時

多輔

傳質次子字仲弼生於光緒十年七月十六日丑時配宋氏懷遠人

喜方

多輔長子

生於光緒
年卒於光
緒三十一年
繼配吉氏本
邑人候選縣
丞吉玉岡女
生於光緒十
七年正月初
五日卯時生
子一喜方

多霖

棣長子原名多
聞字雨農太

方璽

多霖長子生於
光緒二十四

學生生於光緒四年五月十二日辰時配夏氏盱眙人同知銜江蘇候補知縣夏爾熾女生於光緒三年十二月二十四日子時光緒二十一年九月初二日子時卒於母家歷年十九歲附厝於城南十里鋪老

年九月初十日午時聘宋氏懷遠人庠生候選縣丞宋陛輔女

塋側子山午向繼配淩氏廣東番禺縣人庠生五品銜江蘇溧陽縣縣丞淩松年女生於光緒二年九月初四日未時生子一方璽女二俱淩氏出

多霈

方璽

多聯

棣次子原名多見字慰農郡廩生生於光緒八年九月初八日子時配陶氏本邑人附貢生試用訓導陶翊之女生於光緒六年二月十九日辰時生子一方鑿

多霈長子生於光緒三十三年十月初一日未時

傳祿長子號幼祉生於光緒十七年六月二十四日卯時配俞氏定遠人武庠生俞法鑣女生於光緒十五年

傳祿次子生於光緒二十五年八月二十

多陞

一日午時配韓氏本邑人韓東明女生於光緒二十四年

多瑾
傳雯長子字瑜甫生於光緒十年九月十八日亥時配徐氏本邑人生於光緒十年二月初五

森方
多瑾長子生於光緒三十四年十月初六日午時

日戌時生子
一森方

多琫
傳雯次子生於
光緒十三年
十二月初七
日戌時

多璋
傳雯三子生於
光緒十六年

八月初五日
寅時

多瓊
傳霦長子生於
光緒廿八年
九月十二日
巳時

多瑄
傳霦次子生於
光緒二十一

年七月十五日巳時

多巽

傳冕長子字次巖

多謇

傳璟長子字泊謇生於光緒二十五年十一月初四日

寅時聘田氏鳳陽公山東候補知縣田鵬揚女

多畏

傳環次子字畏侯生於光緒三十一年八月初九日子時

多均

傳珍長子原名多權字立泉生於光緒十三年十一月初十日卯時

多址

傳珍次子原名多秩字吾泉生於光緒十五年十一月十三日卯時

多埭

傳璞長子字白泉生於光緒十八年六月初一日未時配王氏鳳臺人太學生王文成女

多㙂

傳璞次子生於光緒二十八年二月初五

日卯時

多坦
傳璞三子生於
光緒二十九
年十二月十
六日辰時

多埒
傳瑛長子生於
光緒二十八
年六月初六

日未時

多堭

傳瑤長子生於光緒二十八年十月二十八日申時

多塏

傳瑤次子生於光緒三十三年六月三十

日辰時

多玲
傳璪嗣子生於
光緒三十二
年正月二十
日酉時

多熙
傳瑗長子生於
光緒十八年
五月十八
日

亥時

多軼
傳瑗次子生於光緒二十七年三月初二日亥時

多茵
家霖孫傳鑫長子字文溪監生 欽加五

方閬
多茵長子字升甫生於光緒二十二年七

品銜候選布
政司理問
誥授奉政大
夫生於光緒
元年四月十
九日巳時配
馬氏懷遠人
太學生馬春
臺女　誥封
宜人生於同
治十三年十
月初五日子
時生子二方
閱方閶

月十四日亥
時聘顧氏本
邑人附貢生
顧升階女生
於光緒二十
年七月二十
三日子時

方閶

多蕳次子字履
初生於光緒
二十六年十
一月二十五
日丑時

多芸

家瀚孫傳鑫次子字吟舫監生欽加五品銜候選縣丞誥授奉政大夫生於光緒三年八月二十八日未時配顧氏本邑人附貢生議敘鹽大使顧慶榮女誥封宜人生於光緒二

方闓

多芸長子字乾龢生於光緒二十六年正月二十八日子時

方閣

多芸次子字坤吉生於光緒二十七年九月十五日寅時

年二月初十日辰時卒於光緒三十四年八月二十二日亥時歷年三十三歲繼配管氏霍邱人五品銜湖北候補縣丞管厚蘧女誥封宜人生於光緒十四年四月二十八日亥時生子二方闓方闓顧氏出

多鄉

家穀孫傳辰次八子原名多茳字吟秋號香若附監生浙江候補同知誥授奉直大夫生於光緒元年十月二十五日戌時配方氏定遠人江西候補縣丞方臻邁女誥封宜人生於同

方聞

多鄉長子字聽之生於光緒三十三年六月初三日戌時

治十三年十月初二日午時側室錢氏盱眙人生於光緒十三年八月十五日亥時生子一方聞錢氏出

多苓

家喆孫傳辰長子字椿若號稱伯附監生五品銜兩淮

方聞

多苓長子字掟三號覲侯生於光緒十六年十月初二

候補鹽大使補用知縣誥授奉政大夫生於同治九年十一月初八日子時卒於光緒三十一年四月初九日酉時歷年三十六歲葬於城南江黄城陶家大莊新塋癸山丁向配程氏歙縣人兩淮候補鹽大

日巳時配陳氏定遠人監生陳世樑女生於光緒十五年正月十五日戌時

方闓

多苓次子字澤覃生於光緒二十五年正月十六日酉時聘宋氏懷遠人江蘇候

使程恩圻女誥封宜人生於同治九年九月二十一日丑時卒於光緒二十二年四月初九日酉時歷年二十七歲合葬繼配陳氏懷遠人徐州總鎮陳鳳樓女誥封宜人生於光緒五年二月十七日寅時

補知縣宋乃謙女生於光緒二十五年正月十四日

生子二方闓

方闓女二方闓長女程氏出方闓次女陳氏出長殤次字臨淮郭念慈

多蒓

傳棣子原名多艾字頌耆號稡華附生貤贈奉直大夫同知銜中

方闓

多蒓長子字履中生於光緒十七年三月二十七日卯時

書科中書生於同治十年五月十四日寅時卒於光緒二十二年葬於北山李家窪配劉氏鳳陽人江蘇補用道劉開誠女　貤封宜人侍　旌節孝生於同治十六年三月十八日卯時生子三方閾方閬方閎

方閬　多蘸次子字仰山生於光緒十九年三月初五日寅時

方閾　多蘸三子字騰九生於光緒二十二年二月二十九日戌時

多萬

傳兗長子原名多弟字賓鹿號簡舞同知銜中書科中書賞戴花翎誥授奉政大夫生於光緒十四年正月初八日丑時配陸氏江蘇長洲人福建崇安縣知縣陸錦燧女誥封宜

人生於光緒十四年二月二十七日子時生女一

多菼

傳沂次子字次萑號擷秋生於光緒十年閏五月二十六日酉時

多蓁

傳沂三子字頌楠號樾泰生於光緒十三年十二月廿五日寅時

多蕙

傳沂五子字蜀馨號佩璋生於光緒十七年七月二十九日巳時

多蓉

傳璪長子字鏡涵號芙初候選通判　欽加五品銜兼襲雲騎尉誥授奉直大夫生於同治十一年十一月二十七日巳時配沈氏蕪湖人四川雅安縣典史

方閭

多蓉長子字湘三號倚懷生於光緒二十年五月十九日寅時聘林氏懷遠人山東試用縣丞林廷鈺女生於光緒十八年六月二十八日巳時

沈景曾女
誥封宜人生
於同治九年
十一月二十
九日丑時卒
於光緒二十
三年二月十
四日卯時歷
年二十八歲
附葬江家拐
新塋午山子
向兼壬丙三
分繼配張氏
本邑 陜西
候補知州張
桂森女 誥

方閶

多蓉次子號騫
始生於光緒
三十年九月
十三日申時

封宜人生於
同治十二年
正月二十七
日酉時生子
二方閭方閭
女一方閭女
俱沈氏出方
閭張氏出

多芾

傳璪次子字召
民號愛棠候
選縣丞欽
加五品銜

誥授奉直大夫生於光緒七年五月初六日未時配甯氏阜陽人太學生甯友本女誥封宜人生於光緒九年四月二十四日子時生女一

多蓀

傳年長子生於

光緒三十二年十月二十三日一

多菁

家翹兼祧孫傳多菁長子生於宣統元年十月二十八日子時

方闓

郢嗣子

多菁

家翊孫傳郢嗣

子兼祧傳郢本生父家翹為孫守貢淮號杖唐生於光緒十三年十一月十六日亥時配符氏廣東海康人安徽試用巡檢符兆鵷女生於光緒十四年十二月二十三日丑時

多勝

傳復長子字善如生於光緒三十二年八月二十一日申時

多翔

傳復次子字鳳舉生於宣統元年四月二十五日亥時

多鴻

傳奎長子字雁賓生於光緒三十一年九月十二日亥時

多昇

傳萃長子字子彝號實孫郡庠生生於同治十三年三月三十日戌時

炳方

多昇長子字兆南生於光緒三十年六月二十六日寅時

時配朱氏本邑人監生朱裕昆女生於同治十一年四月初六日寅時生子一炳方女二長字本邑李次未字

多貫

傳萃次子字西辰號子宿太學生生於光

緒二年九月十一日巳時配劉氏旌德縣人候補巡檢劉廷振女生於同治十二年七月初二日辰時

多異

傳薪三子字撰臣生於光緒五年二月初二日未時配

炎方

多異長子字灼雲生於光緒二十九年七月十六日未

時

方氏定遠人山東候補巡檢方茂林女生於光緒五年正月二十二日申時生子一炎方女一

多畟

傳華四子字季良號善臣生於光緒七年五月十九日

辰時配方氏定遠人世襲雲騎尉方藝林女生於光緒五年三月二十九日辰時

多畯

傳蔚長子字興農太學生生於同治十一年六月初七日卯時卒於

方銑

多畯嗣子生於光緒二十七年五月初二日寅時

光緒二十一年五月二十八日寅時歷年二十四歲葬於城北山竹園新塋配朱氏本邑人禾汝淇女生於同治九年二月十一日卯時卒於光緒十七年六月初一日卯時歷年二十二歲葬於興塘橋祖塋側

繼配薛氏本邑人鳳陽守備薛鴻濤女生於同治八年八月初九日子時待旌節孝嗣多畹子方銑為子

多畇

傳蔚次子字佛隰邑庠生五品銜山東候

方錦

多畇長子字子秀生於光緒二十五年十

補知縣生於
同治十三年
八月十六日
寅時配蕭氏
本邑人府經
蕭厚甫次女
生於同治十
二年二月初
九日辰時卒
於光緒十八
年七月初十
日亥時附葬
於滕家窪祖
塋側繼配張
氏爐橋人張
志立長女生

二月二十五
日戌時

方鈺

多昀次子生於
光緒二十八
年二月二十
八日巳時

於同治十二年正月二十日辰時生子二方錦方鈺

多疇

傳蔚三子字壽多疇長子生於田邑庠生山東候補縣丞生於光緒三年三月十一日申時卒於光緒二十八年八月十二

方鑅

光緒二十四年十二月十五日子時

日申時葬於北山瑯琊套新塋配牛氏本邑人庠生候補巡檢牛錫璜長女生於光緒二年九月初五日子時待旌節孝生子一方鏇

多畋

傳蔚四子字洛

方鍵

多畋長子生於

溪生於光緒六年三月二十六日午時配劉氏鳳陽人鹽大使劉少勤次女生於光緒七年二月初八日巳時生子一方鍵女三

多畹
傳蔚五子字香谷生於光緒

光緒二十八年正月二十四日子時

方鋭
多畹次子字子進生於光緒

八年正月十五日辰時配黄氏本邑人浙江參將黄金貴女生於光緒酉年二月初一日辰時生子二方銑方鋭方銑出嗣多畯為子

二十八年十月二十七日寅時

多畸

傳蔚六子字真

方鐸

多畸長子生於

如生於光緒九年七月初七日申時配郭氏本邑人二等侍衛龍山游擊郭則樑次女生於光緒五年十一月十七日子時卒於宣統元年八月二十三日寅時歷年三十一歲葬於城北山新塋寅山申向生子

光緒三十二年九月二十一日午時

一方鐸

多膦

傳蔚七子字耘溪生於光緒十一年十一月初九日午時配方氏定遠人庠生方户卿女生於光緒十年六月二十八日亥時

多睮

傳蔚八子字雨耕生於光緒十三年四月二十五日酉時配郭氏合肥人府經郭道煥長女生於光緒十四年正月二十五日子時

多畦

傳蔚九子字遴
廬生於光緒
十五年二月
二十三日亥
時聘方氏定
遠人庠生方
稼林女生於
光緒十八年

多嵫

傳蔚十子字慕
農生於光緒
十八年六月
二十二日酉

時聘廖氏本邑人廖本初女生於光緒二十一年

多甸

傳鼎長子字繼禹號繡川生於同治十二年十二月初三日未時卒於宣統元年正月初九日子時歷年三

方琰

多甸長子生於光緒十八年十一月初八日未時

方壤

十七歲葬於
北山新塋配
劉氏本邑人
劉治世女
旌表節烈生
於同治十二
年正月初五
日亥時卒於
宣統元年正
月初九日卯
時歷年三十
七歲合葬生
子三方坟方
壤方塩女三

多甸次子生於
光緒二十三
年正月二十
三日亥時

方塩

多甸三子生於
光緒二十九
年閏五月十
九日未時

多莫

傳豫長子字雋如號覺斐太學生候選通判配金氏盱眙人頭品頂戴烏魯木齊提督鑾僧額巴圖魯金運昌女生於光緒六年六月二十六日寅時生女二

多戴

傳豫次子字德如號仲禮生於光緒八年十一月初七日子時選用布政司理問奏留民政部差委四等烏布歷充外城巡警總廳行政處行走司法處行走兼左右分廳總稽查員配方

氏定遠人監生方維洪女生於光緒八年十二月二十三日寅時生女一

多奮

傳豫三子字石如號筱先生於光緒十三年七月二十八日亥時壽春鎮標營察

學堂優等畢業生聘陳氏廬州人浙江候補知縣陳女生於光緒十二年九月初二日寅時

多畢

傳豫四子字萬如號星垣生於光緒十八年七月初二

日丑時聘陳氏定遠人監生陳光祿女生於光緒十八年五月初六日巳時

多倆

傳豫五子字美如生於光緒三十三年十一月二十五日子時

多榴

傳潒長子字孚圖生於光緒十五年八月二十二日午時配劉氏本邑人劉士魯女生於光緒十五年二月初一日寅時

多傑

傳準長子字森

伯號戟堂生於光緒十一年十二月三十日未時配方氏定遠人候選主事方肇槐女生於光緒十四年生女一未字

多淦

傳準次子字涎湖號淼泉生於光緒二十

二年六月初三日未時

多梓

傳淮長子字琴仙號桐卿生於光緒二十二年五月二十三日辰時

多壁

傳瀅長子原名多壁長子生於

慶方

棎號棟臣字
子完監生生
於光緒十四
年六月初七
日午時配李
氏本邑人五
品銜李德懋
女生於光緒
十七年九月十
二日寅時生
子一慶方女
一

光緒三十三
年正月二十
四日亥時聘
張氏本邑雙
廟集人張雲
鵬女

多琛

傳瀅次子號獻卿生於光緒十六年八月二十日辰時配唐氏本邑人唐道行女生於光緒十七年四月二十八日卯時

多琳

傳清長子號子琢生於光緒二十一年九

月二十八日
巳時聘楊氏
本邑三義集
入楊傳棟女

多璠
傳清次子生於
光緒二十五
年三月十一
日寅時聘鄧
氏本邑鄧家
橋人鄧善道
女

多珹

傳清三子生於光緒二十六年十二月十五日亥時聘高氏本邑雙廟集人附生高鳳洲女

多瑾

傳清四子生於光緒二十九年十一月二

十三日子時

多鋆

筠瀛長子字東臣號笥華監生生於光緒十四年十一月十九日寅時配黄氏本邑氏華人黄信圖女生於光緒十三年九月初二日申時生女一

多鎮

傳灝次子號小亭生於光緒二十一年十一月初九日丑時聘吴氏本邑人吴承緒女生於光緒十九年九月二十七日戌時

多經

傳琦長子字濟多經木雲騎尉世職例授武德騎尉生於光緒五年六月初七日寅時卒於光緒三十年七月二十二日亥時歷年二十六歲配徐氏本邑菱角嘴人徐佩珠長女生於光緒

嚴方

多經長子雲騎尉世職例授武德騎尉生於光緒二十八年三月十五日子時

一

七年正月二十日戌時生子一嚴方、

多緯

傳琦次子字理屛生於光緒十二年五月十四日丑時配王氏本邑人王長勝女生於光緒十四年十月二十三日卯時

傳彭長子生於光緒三十四年九月初六日卯時

多全

傳敏長子生於光緒二十六年十一月二十二日巳時

多純

傳典長子生於光緒二十八年五月十三日寅時。

多申

傳璞長子生於光緒三十四年八月二十六日子時

多綱

傳智長子生於光緒十六年正月十三日寅時配李氏本邑八藍翎五品銜李寶德女生於光緒十七年六月二十六日未時

多紀

傳智次子生於光緒二十五年六月初六日亥時

多繡

傳智三子生於光緒三十二年十月十二日辰時

多綺

傳一長子字世熙生於光緒二十九年十二月初一日酉時

多禎

傳篔長子字世和生於光緒二十九年十二月初十日酉時

多延

傳祿長子字伯年生於光緒十七年六月二十一日巳時

多建

傳祿次子字仲屏生於光緒二十二年十二月十四日亥時聘徐氏

孫氏支譜　卷之二　三

本邑菱角嘴人徐佩英女

多蓉

傳祥子字蓮仙生於光緒二十七年二月初十日卯時

多綿

傳綬次子生於光緒二十四

年二月十九日